Ingeborg Haffert
Eine Polin für Oma

Ingeborg Haffert

Eine
Polin
für Oma

DER PFLEGE-NOTSTAND
IN UNSEREN FAMILIEN

Econ

Econ ist ein Verlag
der Ullstein Buchverlage GmbH

ISBN: 978-3-430-20166-7

2. Auflage 2014

© der deutschsprachigen Ausgabe
Ullstein Buchverlage GmbH, Berlin 2014
Alle Rechte vorbehalten
Gesetzt aus der Wilke
Satz: Pinkuin Satz und Datentechnik, Berlin
Druck und Bindearbeiten: GGP Media GmbH, Pößneck
Printed in Germany

Für Danuta

Inhalt

Vorwort

Im Jahr 2012 drehe ich für das ARD-Morgenmagazin einen Film über eine Familie, die eine polnische Pflegekraft beschäftigt. Der Sohn hatte entschieden, seine 88-jährige Mutter von einer Polin versorgen zu lassen, weil er und sein Bruder beruflich sehr eingespannt sind. Mich interessiert, wie es allen Beteiligten in dieser Situation geht.

Neben der Haustür an der Klingel entdecke ich ein weißes Stück Klebeband mit einem fremd klingenden Namen darauf. Olga W. öffnet mir, lächelt verlegen und bittet mich und das Fernsehteam herein. Ihr Gesicht ist freundlich, ihr Blick warmherzig. Es ist nur ein kurzer Moment, in dem wir zusammen in der kleinen Küche des Hauses verweilen, ehe ich sie frage: »Wie geht es Ihnen?« Olga W. bricht sofort in Tränen aus. Sie kann sich gar nicht wieder beruhigen. Ich bin völlig irritiert über diesen Gefühlsausbruch und frage mich, warum diese unscheinbare Frage sie so sehr trifft. Als sie sich wieder gefasst hat, erklärt sie mir, dass sich in all den Jahren, die sie in Deutschland als Pflegekraft arbeitet, noch nie jemand danach erkundigt hat, wie es ihr geht. Dieses Erlebnis hat mich tief bewegt und lange beschäftigt. Schließlich fasste ich den Plan, mehr über die Lebens- und Arbeitssituation polnischer Pflegekräfte zu erfahren.

Bevor ich mit den Recherchen begonnen habe, war mir diese Form der häuslichen Pflege fremd. Unverständlich war für mich vor allem, wie deutsche Familien ihre nächsten Familienangehörigen von Menschen versorgen lassen, die aus wirtschaftlicher Not ihre Koffer packen und die eigenen Angehörigen verlassen. Menschen, die oftmals unsere Sprache nicht verstehen und für die Arbeit, die sie hier leisten, meistens nicht qualifiziert sind. Und das alles, damit unsere Welt sich in ihren gewohnten Bahnen weiterdrehen kann? Kaufen wir uns auf diese Weise nicht von der Pflege unserer Eltern und Schwiegereltern frei? Auf der anderen Seite konnte ich auch nicht nachvollziehen, warum sich polnische Frauen und Männer einer Situation aussetzen, in der sie mit fremden, gebrechlichen und oft geistig verwirrten Senioren Wochen, Monate, manchmal Jahre unter einem Dach leben. Warum entscheiden sie sich freiwillig dafür, mit alten, häufig einsamen und verzweifelten Menschen zusammenzuleben, die oft keinen Sinn mehr in ihrem Leben sehen? Nicht wenige Pflegebedürftige blicken auf ein Leben voller Entbehrungen zurück. Viele haben noch den Krieg erlebt und sind nicht gerade begeistert, wenn sie ihr Haus ausgerechnet mit einer Polin teilen müssen. Die alten Klischees und Vorurteile sind in vielen Köpfen noch immer lebendig.

Im Laufe meiner Arbeit an diesem Buch habe ich einen differenzierteren Blick auf das Thema häusliche Pflege durch polnische »GastarbeiterInnen« gewonnen. Eine der wichtigsten Erkenntnisse für mich ist, dass es bei diesem Thema keine einfache Wahrheit gibt. Sowohl die Angehörigen als auch die Pflegekräfte handeln aus einer Notsituation heraus. Die Angehörigen finden keine andere Lösung, die ihnen und den Eltern einigermaßen gerecht wird. Die Pflegekräfte müssen Geld verdienen, was ihnen zu Hause nicht oder nicht ausreichend möglich ist.

Was sich in Deutschland über die Jahre als stets wachsender grauer Arbeitsmarkt entwickelt hat, zeigt symptomatisch, wie wenig wir auf die zunehmende Zahl von pflegebedürftigen Senioren vorbereitet sind. Es gibt keine nachhaltigen politischen Konzepte zur Bewältigung des Pflegenotstands, stattdessen wird an den Symptomen herumgedoktert. Deutlich wird das unter anderem am Konzept von Caritas 24. Der Wohlfahrtsverband arbeitet mit Hochdruck daran, Angehörige und Pflegekräfte bei der Bewältigung ihrer schwierigen Aufgabe durch Beratung und konkrete Hilfsangebote zu unterstützen. Er bietet Qualifizierungs- und Sprachkurse für die Pflegekräfte an, kümmert sich um die Lücke, die die Frauen in ihren Familien in Polen hinterlassen, und vermittelt im Konfliktfall zwischen deutschen Familien und Pflegekräften. Besser kann man es kaum machen. Am eigentlich kranken Pflegesystem ändert es dennoch nichts.

Die Pflege und Betreuung der älteren Generation ist ein wichtiger, wenn nicht gar entscheidender Indikator für den sozialen Gesundheitszustand unserer Gesellschaft. Deutschland ist dringend therapiebedürftig.

Einleitung

Bis zu 200 000 osteuropäische Pflegekräfte, so schätzt der Deutsche Gewerkschaftsbund, pflegen in Deutschland Tag für Tag, Woche für Woche, Jahr für Jahr unsere Eltern, Schwiegereltern und Verwandten. Die Dunkelziffer dürfte noch weit höher liegen. Die meisten kommen aus Polen, genaue Zahlen kennt allerdings niemand.

Sicher ist aber, dass der Pflegebedarf in Deutschland bis zum Jahr 2030 um circa 40 Prozent steigen wird. Bis 2050 soll die Zahl der Pflegebedürftigen von heute 2,5 Millionen auf bis zu 4,5 Millionen ansteigen. Das Gleiche gilt für die Zahl der Demenzkranken. Während heute etwa eine Million Menschen unter dieser Krankheit leiden, sollen es im Jahr 2050 bereits doppelt so viele sein. Diese Zahlen sind alarmierend. Nach heutigem Stand müsste jeder dritte Schulabgänger in die Altenpflege gehen, um den zukünftigen Bedarf zu decken. Undenkbar.

In den letzten Jahrzehnten hat sich außerdem die Lebenssituation der Senioren gravierend verändert. Die Zahl der Senioren, die zu Hause von den eigenen Angehörigen versorgt werden, sinkt stetig. Früher wurden Menschen in der Gemeinschaft einer Großfamilie alt. Die hilfsbedürftigen Eltern wurden von der nachfolgenden Generation, die oft im selben Haus lebte, aufgefangen. Heute wohnen die erwachsenen Kinder oft Hunderte von Kilometern entfernt. Hinzu kommt, dass Frauen, die in vergangenen Generationen die Versorgung und Pflege der Alten wie selbstverständlich übernommen haben, heute berufstätig sind. Neben der Erwerbsarbeit kümmern sie sich außerdem noch um Haushalt und Kinder.

Beide Entwicklungen – die steigende Zahl der Pflegebedürftigen und die rückläufige familiäre Betreuung – führen dazu, dass sich heute immer mehr Familien für eine polnische Pflegekraft entscheiden. »Die Dimension ist gewaltig«, so Professor Heinz Rothgang vom Zentrum für Sozialpolitik an der Universität Bremen. Aus seiner Sicht können ausländische Pflegekräfte diese enorme Versorgungslücke auf gar keinen Fall schließen. »Wir reden hier nicht über kleinere Arbeitsmarktverwerfungen. An der Dimension dieses Trends kommen wir nicht vorbei«, betont Rothgang. Pflege als Menschenrecht löse sich nicht über den Markt. Es müsse eine breitere Debatte um Erwerbs- und Pflegearbeit geführt werden. Bis diese Früchte trage, könnten Strategien wie Pflegemigration das Problem lindern, aber nicht lösen.

Um mir ein Bild über die häusliche Pflege durch ausländische Pflegekräfte zu machen, habe ich zahlreiche Angehörige von Pflegebedürftigen ausführlich befragt. Die Kontakte entstanden über Bekannte sowie Wohlfahrtsverbände und Internetforen. In allen Fällen waren es die Töchter, die sich um die Organisation der häuslichen Pflege gekümmert haben. Dies ist kein Zufall, sondern ein Spiegel der gesellschaftlichen Realität: Noch immer sind es fast ausschließlich Frauen, die die Pflege ihrer Eltern oder Schwiegereltern koordinieren. Um Beruf, Familie und Pflege überhaupt über einen längeren Zeitraum vereinbaren zu können, greifen Angehörige in vielen Fällen auf Pflegekräfte aus dem Ausland, zumeist aus Polen, zurück. Viele machen sich Vorwürfe, weil sie ihre Eltern oder Schwiegereltern nicht selbst pflegen können. Andere wiederum wollen sich bewusst nicht um ihre Eltern kümmern. Die plötzliche Nähe, auch die körperliche, ist ihnen unangenehm und passt für sie nicht zu der bis dahin gelebten Beziehung. Zudem haftet der Beschäftigung von polnischen Pflegekräften noch immer das Stigma der Illegalität an. Wie Angehörige die häusliche Pflegesituation erleben und welche typischen Konflikte dabei auftreten, wird im ersten Kapitel ausführlich beschrieben und ausgewertet.

Im Zentrum der Interviews stehen Fragen nach dem persönlichen Verhältnis zur Pflegekraft, nach Sprachproblemen und ihren Auswirkungen auf die Pflegesituation. Viele Pflegekräfte sprechen kaum deutsch. Wie und worüber unterhalten sie sich mit der Polin? Inwieweit erzählen sie ihr im Vorfeld von den Eltern oder Schwiegereltern, so dass diese zumindest einen kleinen Einblick in die Lebensgeschichte der Senioren bekommen? Was wissen sie über die persönlichen Hintergründe der Pflegekraft? Welche Aufgaben übernimmt sie in der Familie? Wo gibt es im Pflegealltag die meisten Probleme?

Ich habe für dieses Kapitel sechs Erfahrungsberichte von Angehörigen ausgewählt, die mir besonders typisch für diese Form der häuslichen Pflege erschienen. Was Brigitte, Marlies, Bettina, Christine, Anne und Rita erzählen, spiegelt sich so oder ähnlich in vielen Erfahrungsberichten von Angehörigen wider.

Im zweiten Kapitel werden die Erfahrungen polnischer Pflegekräfte aufgegriffen und analysiert. Die polnischen Frauen und Männer erzählen von Ausbeutung und schlechter Bezahlung, von Einsamkeit, Sehnsucht und Trauer über »verlorene Jahre«. Durch ihre Schilderungen geben sie Aufschluss darüber, wie wir Deutschen mit Alter, Krankheit und Tod umgehen, und skizzieren dabei eine Gesellschaft zwischen Hilflosigkeit, finanziellen Zwängen und schlechtem Gewissen. In diesem Buch werden fast ausschließlich Erfahrungsberichte von Frauen aufgegriffen, da sie den Großteil der Pflegekräfte stellen.

Und wie erleben die alten Menschen die Rund-um-die-Uhr-Betreuung durch eine polnische Pflegekraft? In den

Gesprächen, die im dritten Kapitel aufgegriffen werden, erzählen sie von ihren innersten Befindlichkeiten, die von ehrlicher Dankbarkeit über Misstrauen bis hin zu Ablehnung reichen. Viele Senioren wünschen sich, von ihren eigenen Kindern versorgt zu werden. Das geben sie ihnen gegenüber aber nur selten zu. Stattdessen fügen sie sich gewissermaßen in ihr Schicksal, akzeptieren schweren Herzens die fremde Person im Haus, an der sie aber auch schon mal ihre Enttäuschung über die eigenen Kinder auslassen.

Die Sichtweisen und Empfindungen der Pflegekräfte, der Angehörigen und der Pflegebedürftigen werden im vierten Kapitel zusammengeführt. Konkrete Hilfestellungen fördern ein besseres und vor allem respektvolles Miteinander, und es wird erläutert, wie wichtig faire Arbeitsbedingungen für den Pflegealltag sind. Die Senioren werden die Not der Pflegekräfte und die Entscheidungen ihrer Kinder vielleicht etwas besser verstehen, die Angehörigen schauen nach der Lektüre dieses Buches gewiss anders auf den Menschen, der da plötzlich zu einem wichtigen Teil der Familie wird. Und die Pflegekräfte achten möglicherweise genauer darauf, dass sie sich mit der Vollzeitpflege im Nachbarland nicht völlig übernehmen und ihr eigenes Familienglück dabei aufs Spiel setzen.

Für bessere Rahmenbedingungen in der häuslichen Pflege tragen Wirtschaft und Politik eine besondere Verantwortung. Anhand von Beispielen wird aufgezeigt, was Firmen tun können, um ihre Mitarbeiter, die sich an der Pflege von Familienmitgliedern beteiligen möchten, zu unterstützen. Im eigenen Interesse. Denn welche ökonomische Dimension das Thema Pflege mittlerweile hat, zeigt die Verwarnung der Ratingagentur Standard & Poor's. Die vielen alten Menschen könnten Deutschland über die Maßen belasten. Obwohl das Bruttoinlandsprodukt stabil ist und der Export läuft, riskiere das Land, seinen Triple-A-Status zu verlieren – einfach weil es keine bezahlbaren Pflegemodelle für seine Senioren entwickelt hat.

Obwohl alle, sowohl die Bevölkerung als auch die Politiker, wissen, dass ausländische Pflegekräfte unter den jetzigen Bedingungen nur eine Notlösung für unseren Pflegenotstand sein können, geschieht wenig. Die Beteiligten halten noch still. Die Gründe dafür liegen auf der Hand: Die Angehörigen sind froh, eine Betreuung für die Eltern zu haben. Die Pflegekräfte sind dankbar, dass sie in Deutschland den Lebensunterhalt für ihre polnischen Familien verdienen können. Und die hilfsbedürftigen Senioren nehmen lieber die Betreuung durch eine fremde Person in Kauf, als in ein Altenheim zu gehen. Es ist angesichts der jetzt schon besorgniserregenden Notsituation in der Pflege unumgänglich, dass wir mit Nachdruck klare Forderungen an die politisch Verantwortlichen, die Verbände, die Kostenträger und die Versicherungen richten und das Thema ganz oben auf die Tagesordnung setzen. Jeder Einzelne muss Alter und Pflege endlich so ernst nehmen, wie es die Lage verlangt. Solange wir uns nicht alle für ein würdiges Altern und eine entsprechende Versorgung stark machen, wird die Politik nur notdürftige Reparaturdienste leisten. Wir müssen uns zum Beispiel auf kommunaler Ebene für Angebote starkmachen, die unseren eigenen Bedürfnissen nach einem menschenwürdigen Altern gerecht werden und die wir selbst für so attraktiv halten, dass wir sie im Alter nutzen möchten. Je eher wir beginnen, nachhaltige Lösungen für unsere alternde Gesellschaft zu entwickeln, umso besser für uns alle.

1. Angehörige unter Druck –
Wenn die Eltern plötzlich Hilfe brauchen

Es kann ein einziger Sturz sein, der alles verändert. Obwohl alle Angehörigen wissen, dass ihre Eltern oder Schwiegereltern irgendwann Unterstützung benötigen, empfinden sie deren plötzliche Hilfsbedürftigkeit fast immer als Schock oder als ein kaum vorhersehbares Ereignis. Sie neigen dazu, dieses unangenehme Thema zu verdrängen, weil es mit zahlreichen Ängsten verbunden ist.

Plötzlich müssen innerhalb kürzester Zeit wichtige Entscheidungen getroffen werden. Welche Form der Unterstützung brauchen die Eltern? Wie sieht der Zeitrahmen aus, in dem sich die Angehörigen in die Pflege mit einbringen können? Ist es möglich, dass die Eltern oder Schwiegereltern in ihrem eigenen Haus oder der eigenen Wohnung bleiben? Müssen vielleicht Umbauten erfolgen? Ist das Altenheim die bessere Alternative, und wenn ja, welches Heim ist das richtige? Welche finanziellen Mittel stehen überhaupt für die Pflege bereit? Ein Pflegeplatz in einem Altenheim kostet im Schnitt immerhin 3000 Euro monatlich.

Angehörige überlegen in einer solchen Situation deshalb auch, ob sie die Eltern zu sich nehmen können. Alte Menschen tun sich aber oft schwer mit einem Ortswechsel, sie möchten lieber so lange wie möglich in ihrer vertrauten Umgebung bleiben. Wollen die Eltern zu Hause bleiben und soll die Betreuung bezahlbar bleiben, erscheint eine polnische Pflegekraft vielen Angehörigen als die einzige Lösung.

Im Schnitt kostet diese Art der Vollzeitpflege zwischen 1000 und 2000 Euro. Mit deutschen Kräften wäre diese Arbeit kaum zu finanzieren, weil pro Tag mindestens drei Personen für jeweils acht Stunden bezahlt werden müssten. Die Krankenkassen unterstützen die Angehörigen aber nur nach den Kriterien der drei Pflegestufen. In Pflegestufe I betragen die Pflegesachleistungen monatlich 450 Euro, in Pflegestufe II sind es 1100 Euro und für Pflegebedürftige der Pflegestufe III werden monatlich 1550 Euro ausgezahlt. Diese Pflegesachleistungen sind in allen Pflegestufen für die Unterstützung der häuslichen Pflege durch einen zugelassenen professionellen Pflegedienst gedacht. Alternativ dazu können sich Angehörige auch für das sogenannte Pflegegeld entscheiden, wenn sie die Pflege komplett selbst übernehmen. Die Höhe der Summe beträgt in der Pflegestufe I 235 Euro, in Pflegestufe II 440 Euro und in Pflegestufe III 700 Euro. Die beiden Leistungsarten können auch kombiniert werden.[1]

Eine Vollzeitpflege im eigenen Haus ist vom Staat nicht vorgesehen. Es gibt im Rahmen der Pflegeversicherung bislang keine Möglichkeit, eine solche 24-Stunden-Pflege durch deutsche Pflegekräfte zu finanzieren.

Die Familien wissen sich oft nicht mehr anders zu helfen, als sich eine Polin ins Haus zu holen. Deshalb ist es wichtig, den Angehörigen keine Schuld zuzuweisen. Sie fühlen sich häufig alleingelassen. Das bestätigt auch Margret Steffen, Pflegeexpertin bei der Gewerkschaft ver.di: »Ich halte nichts davon, die Familien zu diffamieren. Sie wollen ihre Eltern nicht ins Heim geben, haben aber auch kein Vermögen zur Hand.«[2]

Dabei bleibt festzuhalten, dass es derzeit in erster Linie Familien aus dem Mittelstand und dem gehobenen Mittelstand sind, die sich eine polnische Pflegekraft leisten (können). Das bestätigen auch die zahlreichen Interviews mit Pflegekräften, Angehörigen und Pflegebedürftigen in diesem Buch. Es waren fast immer gutsituierte Familien, mit denen ich zu tun hatte. 1000 bis 2000 Euro monatlich, die muss man erst mal übrig haben! In den neuen Bundesländern ist das Phänomen der Pflege durch osteuropäische Migrantinnen sicher auch deshalb weit weniger verbreitet, weil dort der Durchschnittsverdienst noch immer unter dem in den alten Bundesländern liegt.

Schwieriger Rollentausch zwischen Eltern und Kindern

Wenn ein Elternteil plötzlich nicht mehr in der Lage ist, sich selbst zu versorgen, gelangen Angehörige oftmals in einen Strudel sich widersprechender Gefühle von Ohnmacht, Wut, Scham und Schuld. Da ist einerseits die Verpflichtung den eigenen Eltern gegenüber und andererseits der Wunsch, ein eigenes Leben zu führen. Unbewältigte Erlebnisse aus der Kindheit und Jugend, familiäre Verstrickungen sowie Ängste in Bezug auf die eigene Sterblichkeit, aber auch Gefühle wie Dankbarkeit, Liebe und Mitgefühl treten in einer solch akuten Situation häufig zutage. Unter dem Einfluss dieser Emotionen müssen die erwachsenen Kinder jetzt noch einen schwierigen Rollentausch bewältigen, denn sie sind plötzlich mit gebrechlichen, kranken Eltern konfrontiert, die ihnen vielleicht ihr Leben lang Vorbild waren und Orientierung gaben.

Für die Söhne und Töchter ist diese Situation sehr belastend. Als Familienangehörige bekommen sie mit, dass die Senioren in vielen Lebensbereichen nur noch schlecht oder gar nicht mehr allein zurechtkommen, was einen regelrechten Spagat seitens der Kinder erfordert. Einerseits verlangen die Eltern, dass ihre Wünsche nach Eigenständigkeit respektiert werden. Auf der anderen Seite aber führt ihr körperlicher und geistiger Abbau unweigerlich dazu, dass die erwachsenen Kinder die Verantwortung für immer mehr Lebensbereiche der Eltern übernehmen müssen. In manchen Fällen entstehen dadurch unüberwindbare Fronten. Wenn die Kinder die Defizite, die sie bei den Eltern wahrnehmen, offen ansprechen, reagieren diese oft verletzt. Sie wollen nicht einsehen, dass sie Unterstützung brauchen, und erleben die Handreichungen ihrer Kinder als Eingriff in ihr Privatleben und als unumkehrbares Eingeständnis ihrer Hilfsbedürftigkeit. Dies wirkt sich auch auf das Selbstwertgefühl der Senioren aus. Viele wehren sich lange dagegen, der Realität ins Auge zu sehen, und reagieren geradezu aggressiv, wenn Angehörige ihnen helfen wollen.

Ilse Biberti, Autorin des Buches »Hilfe, meine Eltern sind alt«, kennt die Schwierigkeiten, die sich durch die Hilfs und Pflegebedürftigkeit der Eltern ergeben, aus eigener Erfahrung: »Jeder hatte bislang sein eigenes Leben. Die Eltern genauso wie die Kinder. Nun verliert eine Seite einen Teil des gewohnten Lebens, und die andere Seite bekommt mehr Verantwortung und Fürsorge dazu«, so die Autorin.[3] »Es gehört dazu, dass Eltern irgendwann nicht mehr alles wie früher schaffen und nun Hilfe brauchen.« Kinder sollten den Eltern nicht vorwerfen, dass sie etwas nicht mehr schaffen, sondern sich sagen: Das ist jetzt so, das ist normal. Es bringe nichts, sich zu ärgern. Stattdessen sei es hilfreicher, sich konstruktiv mit der jeweiligen Situation auseinanderzusetzen.

Humor ist aus Bibertis Sicht ebenfalls wichtig für eine gute Beziehung zwischen Angehörigen und Pflegebedürftigen. Beide Seiten sollten sich nicht scheuen, immer wieder gemeinsam über sich und lustige Situationen, die sich auch im Pflegealltag ergeben, herzlich zu lachen. Auch mir haben Angehörige geschildert, wie wichtig und beziehungsfördernd das für sie war. Eine 54-jährige Frau erzählte, dass ihre Mutter nachts oft intensive Träume hatte. Sie wähnte sich ständig in den Wohnungen anderer Familien im Dorf und wunderte sich im Traum darüber, dass sie alle dieselben Möbel, dieselben Tapeten und dieselbe Bettwäsche hatten wie sie selbst. Jeden Morgen nach dem Aufstehen fragte die Tochter: »Und Mutter, bei wem warst du heute Nacht wieder zu Besuch?« Der Tag begann damit für beide fast immer mit einem lauten Lachen.

Schwierig hingegen wird es laut Biberti bei intimeren Themen wie Inkontinenz, die mit viel Scham besetzt sind. »Da könnte es gerade für Töchter eine Hemmschwelle geben, mit ihrem Vater darüber zu reden«, sagt Biberti. In solchen Fällen helfen vielleicht andere Angehörige oder Freunde. »Möglicherweise gibt es einen Onkel, mit dem der Vater reden kann, oder der Hausarzt bietet Hilfe an.« Auch wenn es für Eltern anfangs unangenehm ist, würden die meisten Hilfe annehmen. Dabei komme es darauf an, sie weiterhin mit Respekt zu behandeln. »Man muss die Unterstützung auf Augenhöhe anbieten und darf niemanden einfach bevormunden«, erklärt die Autorin. Die Hierarchie sollte gewahrt werden: »Vater und Mutter bleiben Vater und Mutter. Ich wurde eine Tochter mit erweiterten Kompetenzen.«

Erfahrungen deutscher Familien mit polnischen Pflegekräften

Ob illegal oder offiziell mit Vertrag, das macht heute kaum noch einen Unterschied. Viele deutsche Familien bezeichnen eine Pflegekraft, die sich rund um die Uhr um die alten Eltern oder Schwiegereltern kümmert, als »die beste Pflege-Lösung«. Die Vorteile liegen auf der Hand: Die Senioren können in ihrem vertrauten Umfeld bleiben. Außerdem kostet die ausländische Pflegekraft weit weniger als ein Pflegeheim. In den meisten Fällen sind es Frauen aus Polen, die diese Arbeit übernehmen. Fast immer sind es die Angehörigen der älteren Menschen, die sie einstellen.

Brigitte: Häusliche Feldzüge

Brigitte lebt seit über zwanzig Jahren mit ihrem Mann in der Schweiz. Als ihre Mutter plötzlich an Krebs erkrankt und kurz darauf stirbt, bleibt ihr Vater allein zurück. Brigitte wird schnell klar, dass er nicht mehr allein zurechtkommt und Hilfe braucht. Ihre Schwester, die ganz in seiner Nähe wohnt, weigert sich jedoch, ihn zu unterstützen. Sie hat nach einem heftigen Familienstreit keinen Kontakt mehr zu ihm. Zu Beginn kann Brigitte die Haltung ihrer Schwester nur schwer akzeptieren und fühlt sich von ihr im Stich gelassen.

Über eine Nachbarin des Vaters erfährt sie von einer Polin namens Viola, die in der Nähe ihres Elternhauses eine alte Frau gepflegt hat und nach deren Tod jetzt eine Anschlussstelle sucht. Brigitte ruft direkt bei Viola an. Die Polin ist dankbar für das Angebot, und schon wenige Tage später treffen sich die beiden Frauen im Haus von Brigittes Vater. »Wir haben uns gesehen und waren uns gleich sympathisch. Ich konnte mir gut vorstellen, dass sie auch mit meinem Vater zurechtkommen würde.« Doch der zeigt sich bei dieser ersten Begegnung skeptisch. Als ihm aber im Gespräch mit den beiden Frauen klar wird, dass die einzige Alternative zu dieser Lösung ein Pflegeheim ist, willigt er schließlich ein.

Viola hat bereits in vielen deutschen Familien als Pflegekraft gearbeitet, bisher allerdings immer schwarz, was sie zunehmend belastet hat. Nun möchte sie endlich raus aus der Illegalität und von jetzt an nur noch offiziell mit Vertrag arbeiten, allein schon wegen der Kranken- und Rentenversicherung. Auch Brigitte wünscht sich ein legales Arbeitsverhältnis, das ihr Sicherheit und Verlässlichkeit garantiert. Sie entscheidet sich schließlich, Viola fest als Haushaltshilfe mit einem deutschen Arbeitsvertrag einzustellen. Sie möchte sich hundertprozentig darauf verlassen können, dass ihr Vater verlässlich und gut betreut wird. Würde sie Viola über eine Vermittlungsagentur anstellen, hätte das zur Folge, dass die Pflegekräfte alle zwei bis drei Monate wechseln würden. Das möchte sie sich und ihrem Vater nicht antun.

Violas Festanstellung beschert Brigitte einen Wust an Papierkram, den sie aus der Schweiz zu erledigen versucht. Viola und Brigittes Vater haben sich unterdessen besser kennengelernt, und die ersten Konflikte treten offen zutage. Bereits nach wenigen Tagen erhält Brigitte den ersten telefonischen Hilferuf der Pflegekraft. Viola erzählt ihr unter Tränen, dass der alte Mann sie häufig beschimpft und schlecht behandelt. »Geh doch zurück nach Hause. Hier kommt mir keine Polin mehr rein« ist noch eine der milderen Beleidigungen, die sie zu hören bekommt. Mit Gegenständen vom Frühstückstisch stellt er in ihrem Beisein die siegreichen Polenfeldzüge der Deutschen im Zweiten Weltkrieg nach, um ihr wieder und wieder zu zeigen, wer in diesem Haus Sieger und wer Verlierer ist. Mit voller Wucht bekommt Viola seinen angestauten Hass auf die Polen zu spüren. Brigitte ist das Verhalten des Vaters sehr unangenehm, wirklich helfen kann sie Viola aber nicht.

Kriegskinder: Das Polenbild der Senioren

In meinen Interviews mit Angehörigen führt das Gespräch über ihre pflegebedürftigen Eltern irgendwann immer in die Zeit des Zweiten Weltkrieges. Die Werte, Ansichten und Gesellschaftsbilder der Senioren wurden in dieser Zeit geprägt und wirken bis heute in die Beziehungen zwischen Eltern und Kindern hinein. Die Eltern erlebten die Schrecken des Krieges am eigenen Leib. Flucht, Vertreibung und Obdachlosigkeit durch Bombentreffer sind die Ursachen für Traumata, die so gut wie nie verarbeitet wurden. Therapeutische

Behandlungen waren damals völlig unüblich, vieles wurde totgeschwiegen. Ihre nicht verarbeiteten Kriegserlebnisse schleppen viele Senioren wie eine große Last bis ins hohe Alter mit sich herum. »Sie haben den Bombenkrieg oder die Vertreibung miterlebt, ihre Väter waren im Feld, in Gefangenschaft oder sind gefallen. Diese Erinnerungen haben sie bislang in sich verschlossen gehalten, sie trösteten sich mit der Einstellung: Andere haben es noch viel schlimmer gehabt als wir. So wurde eine ganze Generation geprägt. Man funktionierte, baute auf, fragte wenig, jammerte nie, wollte vom Krieg nichts hören – und man konnte kein Brot wegwerfen.« So skizziert die Autorin Sabine Bode die Kriegsgeneration in ihrem Buch »Die vergessene Generation«.

Brigittes traumatisierter Vater hat nie mit ihr über den Krieg gesprochen, zu schlimm waren offenbar die Erlebnisse. Im Unbewussten wirken diese Geschehnisse jedoch weiter und finden ihren traurigen Ausdruck in einem fast despotischen Verhalten gegenüber seiner Familie und der polnischen Pflegekraft. Bis heute ist das Verhältnis zwischen Vater und Tochter kühl und distanziert. Brigitte empfindet keine wirkliche Nähe, geschweige denn Liebe für ihren Vater. Vielmehr beschreibt sie ihn als gefühlskalt und streng, als einen Vater, der sich nie besonders für seine Kinder interessiert hat. Umgekehrt konnte auch sie ihren Vater aufgrund der bedrückenden Sprachlosigkeit in der Familie nie wirklich kennenlernen. Entsprechend wenig wusste sie über ihn. Eltern aus der Kriegsgeneration und ihre Kinder bleiben sich oft ein Leben lang fremd. Viele Senioren haben nie eine wirkliche Beziehung zu ihren Töchtern und Söhnen aufgebaut. Kinder gehörten ganz selbstverständlich zum damals üblichen Lebensmodell dazu. Viele Eltern der Kriegs- und Nachkriegsgeneration haben große Opfer für ihre Kinder gebracht. So ist es nicht verwunderlich, dass sie enttäuscht sind, wenn ihre Kinder ihnen aus ihrer Sicht nichts davon zurückgeben. Die Kinder hingegen fühlen sich oft von den Eltern ungeliebt. Sie haben keine innige, warmherzige Beziehung zu ihnen. Deshalb sind sie häufig nicht dazu bereit, sich um sie zu kümmern. Sie wollen keine Verantwortung für ihre Eltern übernehmen, weil sie ihren Eltern aus ihrer Sicht nicht wirklich wichtig waren.

Die psychischen und physischen Verletzungen, die die Elterngeneration erlitten hat, gibt sie nicht selten an ihre eigenen Kinder weiter. Die Konflikte, die daraus erwachsen, sind oft unüberbrückbar. So hat Brigittes Schwester den Kontakt zu ihrem pflegebedürftigen Vater ganz abgebrochen. Auch Brigitte tut sich schwer, ihren alten Vater zu pflegen, zu tief sitzen die Wunden aus Kindheit und Jugend. Ähnlich wie sie umgehen viele Angehörige das konfliktreiche Verhältnis zu ihren Eltern, indem sie Distanz herstellen und mit einer polnischen Pflegekraft eine »neutrale« Person engagieren, die nicht vorbelastet ist. Aber nur wenigen ist bewusst, dass diese Beziehung einen ganz eigenen Konfliktstoff birgt.

Das Polenbild der Kriegsgeneration ist bis heute von hartnäckigen Vorurteilen und Klischees geprägt, die aus der Geschichte beider Länder herrühren. Viele der heute pflegebedürftigen Senioren haben polnischen Soldaten als Feinde im Feld gegenübergestanden und erlebten Polen als Flüchtlinge und Zwangsarbeiter in deutschen Fabriken. Es ist demnach nicht verwunderlich, dass die Pflegebedürftigen nicht gerade begeistert sind, wenn sie ihr Haus oder ihre Wohnung ausgerechnet mit einer Polin teilen müssen. Viola bekommt die Ablehnung des alten Mannes fast täglich zu spüren. Sie muss sich Beleidigungen anhören, die häufig mit ihrer Herkunft zu tun haben. Brigitte ist sehr erschrocken über das Verhalten ihres Vaters. Sie versucht, Viola zu trösten und ihr Mut zuzusprechen, ändern kann sie allerdings wenig. Und doch zeigt sich, wie wichtig das Gespräch zwischen Brigitte und Viola ist. Beide Frauen realisieren, dass die Beleidigungen und

Beschimpfungen nichts mit ihnen persönlich zu tun haben, sondern Folgen von Kriegstraumata sind. Nur mit diesem Wissen kann Viola das Zusammenleben mit Brigittes Vater überhaupt weiter ertragen.

Brigitte erzählt im Interview von dem Buch »Vatertage«, das sie kürzlich gelesen hat. Die Autorin Katja Thimm beschreibt darin die Geschichte ihres eigenen Vaters, die zugleich die Geschichte Hunderttausender »Kriegskinder« ist. Sie berichtet, wie die schrecklichen Erfahrungen der Vergangenheit in ihrem Vater fortwirken, der mit zunehmendem Alter immer häufiger von den Kriegserinnerungen heimgesucht wird und in das Denken der damaligen Zeit zurückverfällt. »Genauso erlebe ich jetzt meinen Vater. Er lässt alles an Viola aus.« Die zierliche, zurückhaltende Frau weiß der brachialen Kriegsrhetorik des alten Mannes nichts entgegenzusetzen. Brigitte versucht, Viola nach Kräften zu unterstützen, denn ihre größte Hoffnung ist, dass sie noch möglichst lange als Haushaltshilfe und Pflegekraft bei ihrem Vater bleibt.

Dass ihr Vater heute wie selbstverständlich erwartet, dass sie sich als Tochter um ihn kümmert, macht sie ärgerlich. »Ich bin für meinen Vater immer das Kind geblieben. Und Kinder haben sich gefälligst um die Eltern zu kümmern. Das sind wir ihm seiner Meinung nach schuldig.« Das kann und will Brigitte nicht einsehen. Sie würde auch ihre eigene Tochter nicht auf diese Weise an sich binden wollen. »Unsere Eltern haben keinerlei Visionen von einem Leben im Alter. Sie haben sich darüber nie Gedanken gemacht. Bei meiner eigenen Tochter und mir ist das anders. Wir haben einen sehr persönlichen, warmherzigen Kontakt. Sie wünscht sich sogar, dass ich eines Tages, wenn ich mal alt und hilfsbedürftig bin, zu ihr und ihrer Familie ziehe. Mittlerweile kann ich mir das sogar vorstellen.«

Marlies: Gemeinsam stark

Marlies steht am Bahnhof und wartet auf den Reisebus, mit dem Agata aus Polen kommt. Als er um die Ecke biegt, winken vom Fenster aus aufgeregt zwei Arme. Die Deutsche und die Polin kennen sich gut, sie begrüßen sich herzlich. Agata betreut seit Monaten Marlies' 94-jährige Mutter.

Wie alle Angehörigen erinnert sich Marlies noch genau an den Tag, der das Leben ihrer Mutter und auch ihr eigenes regelrecht auf den Kopf gestellt hat. Nach der Arbeit fährt sie wie so oft noch schnell bei ihrer Mutter vorbei und schaut nach dem Rechten. Es wird ungewöhnlich spät an diesem Abend. Gegen halb elf greift ihre Mutter plötzlich mit entschlossener Geste nach der Einkaufstasche. »Ich gehe noch schnell ein paar Sachen für den Kuchen holen.« Marlies glaubt an einen Scherz, aber es ist keiner. Sie erklärt ihrer Mutter, dass die Geschäfte schon lange geschlossen sind, aber das überzeugt die alte Dame nicht. Nur mit Mühe und viel Überredungskunst kann sie ihre Mutter daran hindern, spätabends das Haus zu verlassen. Am nächsten Tag spricht sie mit ihren sechs Geschwistern über den Vorfall. Alle sind sich einig: Das ist der Anfang einer geistigen Verwirrung. Das Schreckgespenst Demenz spricht zu diesem Zeitpunkt noch keiner von ihnen aus.

Die Mutter kann nicht länger alleine wohnen. In den nächsten Wochen fährt Marlies jeden Abend zu ihr, die beiden unterhalten sich und machen Gedächtnistraining. Die Mutter verschwindet dennoch immer mehr ins Vergessen. Marlies macht sich ernsthafte Sorgen. Als Jüngste der sechs Geschwister ist sie diejenige, die sich am meisten verantwortlich fühlt für das Wohlergehen der Mutter. Für sie ist es selbstverständlich, dass sie ihr etwas von dem zurückgibt, was sie als Kind und Jugendliche von ihr bekommen hat: Fürsorge.

Sie nimmt Kontakt zu einer Vermittlungsagentur für polnische Pflegekräfte auf und hält kurze Zeit später eine Hochglanzbroschüre mit Kurzporträts polnischer Frauen in den Händen. Am großen Küchentisch im Haus der Mutter beraten sich die Geschwister über das »Angebot«. »Diese Frau sieht nett aus. Aber die Dame hier wirkt auch sympathisch.« Die Mutter nimmt wenig Anteil, sie verkündet nur immer wieder: »Ihr werdet schon die Richtige für mich finden.« Drei Dinge sind allen wichtig: Die Polin muss gut deutsch sprechen, damit sich die Mutter mit ihr unterhalten kann. Auf diese Weise wird sie geistig gefordert. Sie soll außerdem freundlich und warmherzig sein und ein gepflegtes Erscheinungsbild haben. Letzteres ist vor allem der Mutter wichtig. Als wenige Tage später ein Kleinbus vor dem Haus der alten Dame hält und eine Frau mit Koffer aussteigt, ist für alle in der Familie sofort klar: Mit dieser Frau geht es auf keinen Fall!

Die Polin spricht kaum Deutsch und wirkt unsicher, fast verhärmt. Auf Nachfrage stellt sich heraus, dass es ihre erste Stelle als Pflegekraft ist und dass sie keinerlei Erfahrung im Umgang mit älteren Menschen mitbringt. Die Mutter reagiert abweisend und schubst die Polin weg, als sie ihr abends beim Ausziehen und Waschen helfen will. Marlies ist beschämt über das Verhalten ihrer Mutter. »Die Polin tat mir schrecklich leid. Sie spürte unsere Ablehnung natürlich und hat sich umso mehr bemüht. Sie wollte den Job unbedingt behalten und reagierte fast unterwürfig. Ich war aber vor allem wütend auf die Agentur, die uns in diese peinliche Lage gebracht hat. Ich musste dieser Frau dann sagen: ›Sie sind nicht die Richtige für uns. Wir möchten nicht, dass Sie bei uns bleiben.‹ Das war mir sehr unangenehm.«

Aller Anfang ist schwer: Die erste Begegnung

Für Angehörige ist die erste Begegnung mit der polnischen Pflegekraft immer ein ganz besonderer Moment. Sie sind neugierig und gleichzeitig unsicher, wer da wohl kommt. Und dann steht sie plötzlich da: eine Frau mit einem schwierig auszusprechenden Namen und einem Koffer in der Hand. Die Gefühle der Angehörigen schwanken nicht selten zwischen Erleichterung und schlechtem Gewissen. Erleichterung darüber, dass sich ab jetzt rund um die Uhr jemand um die Eltern oder Schwiegereltern kümmern wird. Ein schlechtes Gewissen deshalb, weil sie diese so wichtige, pflegerische Arbeit nicht selbst übernehmen. Stattdessen wird ab jetzt eine fremde Frau aus einem fremden Land die Eltern waschen, anziehen, für sie kochen, sie zur Toilette begleiten, mit ihnen spazieren gehen und sie trösten. Alle Angehörigen, die ich befragt habe, sind sich einig: Schon nach einem Tag stellt sich heraus, ob alle Beteiligten längerfristig miteinander zurechtkommen werden.

Die erste Begegnung hat etwas Fremdes und zugleich Intimes. Viele Polinnen haben Gastgeschenke dabei, als wären sie eingeladen worden. Sie bringen also – wie es in ihrer Heimat guter Brauch ist – eine Kleinigkeit als Dankeschön für die Einladung mit, als wären sie nur für kurze Zeit zu Besuch in Deutschland. Schon diese Geste verkennt die eigentliche Situation, denn die Frauen werden in diesem Moment zu Arbeitnehmerinnen. Den Angehörigen ist dies selten bewusst, sie behandeln die Frauen fast wie neue Mitglieder der Familie und beziehen sie in persönliche Angelegenheiten mit ein. Es ist vor allem diese undurchsichtige Mischung aus Privatem und Geschäftlichem, die diese Beziehung so besonders macht. Die deutschen Familien sind bemüht, sich bei dieser ersten Begegnung von der besten Seite zu zeigen. Bei Kaffee und Kuchen wird geplaudert und gelacht, alle sind freundlich und zuvorkommend. Doch schon am nächsten Morgen beginnt der Alltag. Die Senioren müssen erdulden, dass eine fremde Frau in ihren Wohnungen agiert und für sie wäscht und kocht. Die Senior*innen* müssen zusehen, wie die Polin in *ihrer* Küche alles ein bisschen anders macht, als sie es gewohnt sind.

Die Angehörigen sind sich einig: Die ersten Tage sind die wichtigsten und zugleich die schwierigsten. Es werden Grenzen gezogen, Territorien abgesteckt, und auch kleine Machtspiele sind an der Tagesordnung. Die erwachsenen Kinder der Pflegebedürftigen sind in dieser Zeit erst einmal dankbar. Dankbar, dass jemand da ist, der sie von der Last der Pflege und Fürsorge befreit. Wenn es zu Konflikten kommt, sind sie es, die vermitteln, denn sie haben fast immer die Initiative für diese Form der Vollzeitpflege ergriffen und fühlen sich verantwortlich.

Alle Angehörigen erzählen, dass sie außerhalb der Familie kaum über die häusliche Pflegesituation sprechen, erst recht nicht über Schwierigkeiten oder Probleme. Bei Nachbarn und Freunden entsteht so der Eindruck, dass alle Beteiligten mit der Situation zufrieden sind.

Auch in den Medien wird häufig ein allzu positives Bild gezeichnet. In der ARD-Krimiserie »Mord mit Aussicht« kümmert sich die attraktive Danuta um den jung gebliebenen Vater der Hauptdarstellerin. Beide amüsieren sich prächtig beim nachmittäglichen Gedächtnistraining. Sogar einen kleinen Flirt zwischen dem deutschen Senior und der Polin haben die Drehbuchautoren mit eingebaut. Sicher gibt es auch positive Erfahrungen mit dieser Art der häuslichen Pflege, auch sie werden in diesem Buch eine Rolle spielen. Aber als heitere Episode lässt sich das Leben von polnischen Pflegekräften in Deutschland sicher nicht zusammenfassen, ganz gleich, wie viel Mühe sich die deutschen Familien auch mit ihnen geben.

Marlies schickt die erste Polin, die über die Agentur zu ihrer Mutter ins Haus kommt, sofort zurück. Und ihr wird bei dieser ersten Begegnung mit der polnischen Pflegekraft schnell bewusst, dass sie sich plötzlich in der Rolle der Arbeitgeberin befindet. Offiziell ist die Polin zwar bei der Agentur angestellt, aber Marlies ist diejenige, die über das Wohl und Wehe dieser Frau entscheidet. Durch *ihr* Votum hat die Pflegekraft eine Arbeit – oder eben nicht. Marlies fühlt sich in dieser ungewohnten Position zunächst völlig überfordert.

Wenige Tage später schickt die Agentur Agata ins Haus, eine gut aussehende, dynamische Frau Anfang dreißig, die fließend deutsch spricht. Ihr achtjähriger Sohn lebt bei der Großmutter in Polen. Das Verhältnis zwischen der alten Dame und Agata ist von Anfang an freundlich und warmherzig. Die beiden mögen sich, das ist offensichtlich. »Wenn ich abends zu Besuch kam, lagen meine Mutter und Agata oft gemeinsam auf dem Sofa und schauten fern. Sie wirkten sehr vertraut, und ich spürte, dass Agata immer wichtiger für meine Mutter wurde.«

Marlies ist überzeugt: Wenn es Agata nicht gegeben hätte, wäre ihre Mutter schon viel früher gestorben. »Sie hat sie mit Hingabe und großem Einfühlungsvermögen versorgt und eine echte, emotionale Beziehung zu ihr aufgebaut, und zwar jenseits aller Kultur- und Altersunterschiede. Agata hat meine Mutter in ihrer ganzen Seele erkannt und verstanden. Genau das ist es, was auch meine Mutter gespürt hat. Sie tanzten zusammen in der Küche, lachten laut, alberten rum. Diese Beziehung hatte ich nie zu ihr. Nur bei Agata konnte sie diese Seiten zeigen. Manchmal hat mir diese Innigkeit zwischen ihr und meiner Mutter einen regelrechten Stich versetzt. Zwischen Agata und mir entwickelte sich fast so etwas wie eine Konkurrenz um die Gunst meiner Mutter. Wenn ich nach meinen Besuchen wieder ging, bedankte meine Mutter sich jedes Mal bei mir. Dann ging ihr Blick zur Seite, zu Agata. Meine Mutter lächelte sie an, drückte ihre Hände und sagte: ›Marlies, du siehst doch, ich bin hier bestens versorgt.‹«

Was Marlies erlebt, beschreiben auch andere Angehörige. Vor allem zu Beginn entsteht häufig eine gewisse Konkurrenzsituation zwischen ihnen und den Pflegekräften, die sich auch indirekt in Sätzen wie »Ich erlebe die Polin als sehr dominant und vereinnahmend« oder »Ich komme gar nicht mehr an meine Mutter heran« äußert. Für die Angehörigen ist dies eine schwer zu bewältigende, emotionale Gratwanderung. Einerseits sollen die Pflegekräfte sich um die alten Eltern oder Schwiegereltern fürsorglich kümmern, immer da sein und sich einfühlen. Wenn dadurch aber eine persönliche, emotionale Bindung entsteht, können viele Angehörige das wiederum nur schwer akzeptieren.

Agata bleibt fast zwei Jahre in der Familie. Alle drei Monate wechselt sie sich mit einer anderen Pflegekraft ab, um zu ihrer Familie nach Polen zu fahren. Wie viele andere Angehörige kann auch Marlies sich überhaupt nicht vorstellen, selbst in einem fremden Land alte Menschen zu pflegen. Sie empfindet tiefes Mitgefühl für die Polinnen, die aus rein finanzieller Not diese Arbeit machen müssen. »Sie haben Heimweh. Alle. Besonders schlimm ist es abends. Dann fließen auch Tränen. Ich habe die Frauen oft getröstet, habe viel mit ihnen geredet. Sie haben mir von den Problemen mit ihren Partnern erzählt, von ihren Müttern und Schwiegermüttern, die sich um ihre Kinder kümmern und sie sich regelrecht aneignen. Wenn sie dann auf Heimaturlaub zu Hause bei ihren Familien sind, kommen sie kaum noch an ihre eigenen Kinder heran«, erzählt Marlies. »Die Omas verwöhnen die Kinder, sie wollen die besseren Mütter sein. Das ist für viele Polinnen ein tiefer Schmerz. Sie spüren, dass sie ihre Familie schleichend verlieren.«

Marlies kümmert sich intensiv um das Wohlergehen der

Pflegekräfte im Haus ihrer Mutter und hält auch regelmäßig Kontakt zu allen anderen Personen, die an der Pflege beteiligt sind: zum Pflegedienst, zum Physiotherapeuten, zum Hausarzt und zu ihren Geschwistern. »Jeder von ihnen glaubte natürlich am besten zu wissen, was für meine Mutter das Richtige ist.« Was ihr besonders unangenehm auffällt: »Die Polinnen wurden vom Hausarzt, dem Physiotherapeuten und dem Pflegedienst nicht wirklich ernst genommen. Sie ignorierten geradezu, dass diese Frauen Tag und Nacht mit meiner Mutter zusammen waren und schon allein aus dieser Erfahrung heraus am besten beurteilen konnten, wie es ihr ging und was sie brauchte. Manchmal saßen sie alle zusammen am Bett meiner Mutter, aber dem medizinischen Fachwissen wurde im Vergleich zum Erfahrungswissen der Polinnen stets weitaus mehr Bedeutung beigemessen.«

So fällt Agata eines Abends, als sie die alte Dame zu Bett bringt, auf, dass das Gebiss der Seniorin nicht mehr richtig sitzt. Sie macht sich Sorgen, dass sie sich daran verschlucken könnte, und bittet sie deshalb, die Prothese herauszunehmen. Doch die Frau wehrt sich heftig gegen den »Eingriff«. Trotzdem setzt sich Agata durch und nimmt ihr die Prothese ab. Sie fühlt sich verantwortlich, kann und will nicht riskieren, dass die alte Dame einen Erstickungsanfall erleidet.

Am nächsten Tag kann sich die Seniorin gar nicht wieder beruhigen über den Vorfall. Als Marlies am Abend zu Besuch kommt, hört sie ihre Mutter schon von draußen mit Agata schimpfen. Aufgebracht erzählt sie ihrer Tochter, was die Pflegekraft ihr, die doch so sehr auf ein gepflegtes Äußeres bedacht ist, angetan hat. Marlies versucht, die Mutter zu beruhigen. »Für mich war Agata die Expertin. Ich habe ihr voll vertraut und konnte sofort nachvollziehen, warum sie so gehandelt hat. Niemand von uns hatte bis dahin überhaupt wahrgenommen, dass die Zähne meiner Mutter nicht mehr passten.«

Am Nachmittag kommt eine Mitarbeiterin vom örtlichen Pflegedienst ins Haus, bei der sich die Mutter auch gleich beschwert. Diese weist Agata ohne zu zögern in ihre Schranken, indem sie ihr Respektlosigkeit gegenüber der alten Frau vorwirft. Schließlich mischt sich auch noch der Hausarzt ein. Marlies versucht in diesen Situationen zu vermitteln, redet mit allen Beteiligten, glättet Wogen, tröstet und erklärt. »Das war für mich manchmal anstrengender als meine Berufstätigkeit«, erzählt sie. Die sei in dieser Zeit notgedrungen immer mehr in den Hintergrund getreten. Die meiste Energie bringt sie für die Organisation der Pflege ihrer Mutter auf. Wenn sie, was nur äußerst selten vorkommt, für ein paar Tage mit ihrem Mann verreist, hat sie immer das Handy dabei. »Es war nicht nur für die Polinnen, sondern auch für mich eine Art Dauerbereitschaft.« Das Handy klingelte oft mehrmals täglich.

»Es gab Tage, da habe ich mich gefragt: Warum stirbt meine Mutter nicht endlich? Ich habe sogar gebetet: Lieber Gott, nimm sie doch endlich mit! Ich war am Ende meiner Kräfte. Ohne Agata wäre das alles nicht gegangen. Sie hat meiner Mutter trotz all ihrer Leiden ein würdiges Lebensende bereitet, wofür ich ihr sehr dankbar bin. Allein hätte ich das nie geschafft.«

Bettina: Pflege ohne Worte

Ihre Eltern waren sechzig Jahre miteinander verheiratet, den größten Teil ihres Lebens haben sie gemeinsam verbracht. Für die ganze Familie ist es ein Schock, als die Mutter, und nicht etwa der schwer kranke Vater, plötzlich und unerwartet stirbt. Die Seniorin hatte ihren Mann jahrelang versorgt und gepflegt. Bettina und ihre Geschwister müssen, wie so viele Angehörige, schnell eine Lösung für den Vater finden. Die

Tochter entscheidet sich, mit ihrem Arbeitgeber zu sprechen, und beantragt kurzfristig ein halbes Jahr unbezahlten Urlaub, der ihr ohne große Umschweife genehmigt wird. Wenige Tage später steigt sie ins Auto und erreicht nach stundenlanger Fahrt das Haus ihres Vaters. Für die nächsten Monate schlüpft Bettina in eine neue, unvertraute Rolle. Sie kümmert sich von morgens bis abends um ihren pflegebedürftigen Vater.

Bettinas Vater ist seit einem Schlaganfall vor einigen Jahren halbseitig gelähmt und sitzt im Rollstuhl. Von einem Moment auf den anderen verlor der gebildete alte Mann damals auch seine Sprache, konnte nicht mehr lesen und nicht mehr schreiben. Die einzigen ihm verbliebenen Ausdrucksformen sind Laute, Mimik und Gestik. An die Sprachlosigkeit des Vaters hat sich die Tochter inzwischen gewöhnt. Zusammen mit den Geschwistern hat sie über die Jahre eine eigene Form der Verständigung mit ihm entwickelt.

Die erste Zeit ist geprägt von der gemeinsamen Trauer über den Tod der Mutter. Vater und Tochter bewältigen gemeinsam einen nicht immer einfachen Alltag. Bettina führt den Haushalt, verbringt viel Zeit mit ihrem pflegebedürftigen Vater, liest ihm gelegentlich etwas vor, oder sie schauen zusammen fern. »Mein Vater sieht sich gerne Filme an, die etwas mit seinem früheren Leben und seinen Erinnerungen zu tun haben. Filme, die in Gegenden spielen, die er kennt. Ich weiß nicht einmal genau, ob er alles versteht, aber das ist auch nicht so wichtig. Manchmal ist es einfach nur schön, mit ihm zusammen zu sein.« Zwei Mal am Tag hilft sie ihrem Vater vom Rollstuhl ins Bett, was für beide einen Kraft- und Geschicklichkeitsakt bedeutet.

Seit zwei Jahren hat der alte Mann die obere Etage seines Hauses nicht mehr verlassen. Er will nicht mehr raus. Morgens und abends kommt ein Pflegedienst zur Unterstützung der Tochter. Dass das keine Dauerlösung sein würde, ist der Familie von Anfang an klar. In ein Altenheim wollen sie ihren kranken Vater aber auf keinen Fall geben. Wie soll er dort, wo alle Pflegekräfte unter ständigem Zeitdruck stehen, ohne Worte seine Wünsche und Bedürfnisse zum Ausdruck bringen? Die Geschwister »besprechen« die Situation auch mit dem Vater, der ihnen durch Gestik und Mimik unmissverständlich zu verstehen gibt, dass er in seinem Haus bleiben möchte. Die Geschwister suchen jetzt mit Hochdruck nach einer Vollzeitpflege. Als einzige praktikable und bezahlbare Lösung erscheint ihnen die Einstellung einer ausländischen Pflegekraft.

Während Bettina Kontakt zu einer Vermittlungsagentur aufnimmt, bringt ihr Bruder eines Tages die Telefonnummer von Aleksandra mit, die er über seine Arbeit als Krankenpfleger kennengelernt hat. Aleksandra kommt aus Polen und hat längere Zeit eine alte Dame im Ort gepflegt. Die Geschwister verabreden sich mit ihr. Als sie dem alten Mann beim Kennenlernen die Hand gibt, lächelt er sie freundlich an. »Viele Leute die ihm das erste Mal begegnen, haben zunächst Angst vor ihm. Sie fühlen sich hilflos und unsicher mit diesem sprachlosen Mann.« Auch Aleksandra ist anfangs etwas unsicher, aber das ändert sich schnell. Die beiden verstehen sich von Tag zu Tag besser. Die Polin spricht gut Deutsch, was den Kontakt wesentlich erleichtert. Aleksandra ist beeindruckt von der Freundlichkeit und dem Vertrauen, das ihr seitens der deutschen Familie entgegengebracht wird.

In den folgenden Wochen erlernt Aleksandra die »Sprache« eines stummen Mannes. Sie beobachtet seine Gesten, versucht seine Laute zu identifizieren, seine Mimik zu interpretieren. Anfangs »dolmetscht« Bettina noch für sie. »Für mich ist das Übersetzen eine Art Liebesdienst für meinen Vater. Es gibt mir auch selbst etwas. Auf diese Weise bin ich ihm einfach noch ein bisschen nah.«

Gemeinsam mit der Pflegekraft überlegen die Geschwister, wie die Pflege des Vaters am besten zu organisieren ist. Zunächst geht es um die Bezahlung: Alcksandra möchte schwarzarbeiten. Obwohl den Geschwistern das zunächst nicht recht ist, akzeptieren sie es schließlich. Sie bekommt 350 Euro pro Woche für die Pflege des Vaters. Kost und Logis sind frei, und die Familie zahlt ihr die Fahrtkosten für drei Heimreisen pro Jahr zu ihrer Familie.

Bettina und ihre Geschwister legen fest, dass an jedem Wochenende einer von ihnen zum Vater fährt. Telefonieren können sie mit ihm ja nicht. Aleksandra kann an diesen Tagen kürzertreten. Meistens geht sie dann in die Stadt oder spazieren.

Jeden Sonntag telefoniert Aleksandra mit ihrer Familie in Polen. Bettinas Vater stellt ihr dafür das Festnetztelefon zur Verfügung. Mittlerweile skypt sie auch häufiger mit ihnen. Es sind die einzigen Kontakte mit ihrem Mann und ihren beiden erwachsenen Kindern. Nur wenn Aleksandra alle paar Monate von einer anderen polnischen Pflegekraft vertreten wird, kann sie für einige Wochen nach Hause fahren. Durch die monatelangen Trennungen entsteht auch eine gewisse emotionale Distanz in der Beziehung. Außerdem fühlt Aleksandra sich von ihrem Mann in ihrer Arbeit nicht wertgeschätzt. Er kann nur schwer akzeptieren, dass seine Ehefrau mit der Pflege eines alten Mannes in Deutschland das Familieneinkommen verdient, während er mit Gelegenheitsjobs mühsam nur einen Bruchteil zum Lebensunterhalt beitragen kann.

»Er versteht nicht, wie schwer es für mich ist, so weit weg von meiner Familie einen fremden alten Mann zu pflegen«, erzählt Aleksandra, als Bettina mal wieder zu Besuch bei ihrem Vater ist. Die beiden Frauen haben mit der Zeit ein gewisses Vertrauensverhältnis aufgebaut. Sie sprechen offen über ihre Sorgen und Nöte. »Es ist eine Herzensverbindung in bestimmten Grenzen, denn ich bin Vertraute und Arbeitgeberin zugleich. Aleksandra und ich leben in sehr unterschiedlichen Welten. Oft habe ich die Sorge, dass ich ihr mit meinem Vertrauen zu viel zumute. Wir sind uns nah und irgendwie auch nicht. Das ist schwer zu beschreiben. Ich möchte sie auch mit meinen Familienthemen nicht zu sehr vereinnahmen. Zwischen Aleksandra und mir ist es immer eine Gratwanderung, die viel Aufmerksamkeit und Achtung erfordert.«

Eine gesunde Nähe, wie sie die Angehörige Bettina mit der Pflegekraft Aleksandra aufbaut, ist selten. Aleksandra spürt, dass es Bettina nicht nur um das Wohlergehen ihres Vaters geht, sondern auch darum, dass es ihr gut geht. Sie fühlt sich von Bettina als Mensch mit eigener Geschichte und eigenen Bedürfnissen geachtet. Dadurch, dass die Tochter ihren Vater selbst über einen längeren Zeitraum gepflegt hat, kann sie die Entlastung, die sie jetzt durch Aleksandra erfährt, erst richtig schätzen. Und das zeigt sie ihr auch.

Als Bettinas Bruder Geburtstag hat, lädt er auch Aleksandra ganz selbstverständlich zu seiner Feier ein. Sie nimmt die Einladung zunächst an, erzählt Bettina aber kurz darauf, dass ihr das eigentlich unangenehm ist. Sie würde sich dort fremd fühlen, weil sie nicht zur Familie gehöre. Bettina spricht daraufhin mit ihrem Bruder und erzählt ihm von Aleksandras Bedenken.

Nähe und Distanz: Bedenklicher Familienanschluss

Die sicher gut gemeinte Geste, die Pflegekraft in das eigene Familienleben einzubeziehen, birgt häufig die Gefahr einer stetigen Vereinnahmung. Durch die Nähe zwischen der Familie und der Pflegekraft, die schon allein durch ihre permanente Anwesenheit entsteht, verschwimmen die Grenzen zwischen Arbeit und Privatleben. Für die Pflegekräfte wird eine gesunde Abgrenzung zur deutschen Familie immer schwieriger. Ihnen wird in solchen intimen, familiären Situationen erst recht bewusst, wie einsam sie eigentlich sind und wie fern die eigene Familie in der Heimat ist. Vor diesem Hintergrund ist es ratsam, der Pflegekraft generell freizustellen, ob sie an Familienfeiern teilnimmt oder nicht. Ihr sollte vermittelt werden, dass ihre Entscheidung keinerlei Konsequenzen nach sich zieht. Dies zu betonen ist deshalb so wichtig, weil sich die Pflegekräfte durch die Nähe zur Familie immer in einem Zwiespalt befinden. Sie möchten in keinem Fall unhöflich wirken.

Die polnische Soziologin Agnieszka Satola, die sich seit Jahren wissenschaftlich mit der Lebens- und Arbeitssituation polnischer Pflegekräfte in Deutschland befasst, spricht in diesem Zusammenhang von der Entwicklung »quasi-familiärer-als-ob«-Verhältnisse.

»Seitens der angestellten Frauen entwickelt sich eine gewisse Zuneigung den deutschen KlientInnen gegenüber, aus der heraus viele familiäre Kompetenzen eingebracht werden. Um den Angestellten die Fremdsituation wiederum zu erleichtern, versuchen die KlientInnen und ihre Kinder, die Frauen in die Familie einzubeziehen. Die Einbindung in solche quasi-familiären Verhältnisse kann zur Entwicklung pseudofamiliärer Strukturen in der Arbeit führen, allerdings kann sich dies auch schnell wandeln und in ein [Aufzwingen] umschlagen. Der enge und begrenzte Interaktionsrahmen und ein quasi-familiäres Zusammenleben, das keinen authentischen Charakter hat, führen zu einer merkwürdigen Intimität, der sich die Frauen nicht entziehen können, besonders weil sie um ihren Arbeitsplatz fürchten. So zwingen sie sich oft ›mitzuspielen‹, auch wenn diese Situationen ihre emotionale Belastungsgrenze überschreiten.«

Agnieszka Satola zieht daraus die Schlussfolgerung, dass die Frauen auch unter günstigen Voraussetzungen eine Entfremdung erleben und es für sie schwierig ist, mit dieser ambivalenten Situation auf Dauer zurechtzukommen. »Die Frauen sind stolz auf ihren respektvollen, einfühlsamen und aufopfernden Umgang mit den Klienten. Doch je mehr sie Fürsorgekompetenzen mit- und einbringen, desto mehr werden sie in die psychische Dynamik der KlientInnen und gegebenenfalls auch in die familiäre Dynamik involviert, so dass eine erhöhte Gefahr von Abhängigkeit und Ausbeutung besteht.«

Die Einbeziehung der Frauen in die Familie ist von den Angehörigen stets gut gemeint, oft aber auch Ausdruck eines schlechten Gewissens. Denn auch ihnen ist in der Regel bewusst, dass die Tätigkeit, die sie der Pflegekraft abverlangen, zeit- und kräftemäßig weit über das übliche Maß hinausgeht, erst recht angesichts der Bezahlung. Ein für alle Seiten gesundes Maß zu finden, muss das Ziel sein. Auch aus diesem Grund wechseln sich viele ausländische Pflegekräfte regelmäßig mit anderen ab.

Die Polin, die Aleksandras Urlaubsvertretung übernimmt, spricht kaum Deutsch. Das ist anfangs schwierig für Bettina, denn sie befürchtet, dass sie ihr nicht wirklich erklären kann, was sie im Einzelnen tun muss und warum. Auch die Terminabstimmung wird jetzt ausgesprochen schwierig. Es bleibt bei Gesten, Mimik und Zweiwortsätzen. Als sie eines Tages gemeinsam spazieren gehen, entdeckt die Polin bei einer Tour durch die Wälder jede Menge Leckerbissen, die aus dem Boden sprießen. Pilze! Diesmal ist sie es, die sich auskennt, besser Bescheid weiß und Bettina zeigt, welche davon essbar sind und woran man sie erkennt. Ein wohltuender Rollentausch für beide und eine Exkursion, die Nähe schafft. Und doch ist Bettina erleichtert, als Aleksandra nach vier Wochen zurückkommt. Sie hofft inständig, dass sie noch möglichst lange als Pflegekraft bei ihrem Vater bleiben kann. Bei jedem Abschied umarmen sie sich herzlich. Nach jeder langen Heimfahrt ruft Bettina bei Aleksandra an, um ihr mitzuteilen, dass sie gut angekommen ist. Dass sich die beiden so ungleichen Frauen gefunden haben, ist ein seltener Glücksfall. Und das ist ihnen auch sehr bewusst.

Christine: Die Letzte beißen die Hunde

Sie ist die jüngste von vier Geschwistern, das Nesthäkchen. Eigentlich ist diese Bezeichnung für eine 51-jährige Frau unpassend, aber in Christines Fall ist sie von Bedeutung.

Christine lebt noch bei den Eltern, als ihre Geschwister schon ausgezogen sind. Der Vater ist Handwerker, die Mutter betreibt nebenher einen kleinen Laden. Wenn Christine aus der Schule kommt, bleibt ihr nur wenig Zeit für die Hausaufgaben. Sie wird zu Hause vor allem von ihrem dominanten Vater als volle Arbeitskraft eingesetzt. Auch ihre Geschwister haben das so erlebt, doch sie sind irgendwann ausgezogen und haben sich vor seinem Zugriff »in Sicherheit gebracht«. Christine hilft dem Vater im Betrieb, der Mutter geht sie im Haushalt und im Laden zur Hand. Auch wenn es ihr oft zu viel ist, erledigt sie ihre Aufgaben stets gewissenhaft und ohne sich zu beschweren. Denn wer sollte den Eltern helfen, wenn nicht sie? Sie ist die Einzige, die noch zu Hause wohnt. Durch die langjährige Nähe entwickelt Christine eine besondere Verantwortung für ihre Eltern.

Das bleibt auch so, als sie schließlich – gegen den Willen ihres Vaters – auszieht. Der Vater macht es ihr nicht leicht und spricht sich sogar gegen Christines Beziehung zu einem Mann aus. »Es ist doch gut so wie es ist«, bekommt Christine immer wieder von ihm zu hören. Fast täglich schaut sie nun nach der Arbeit bei ihnen vorbei und erledigt alles, was der Vater ihr aufträgt. »Manchmal rief er auch bei meinem Bruder an.

Der wohnte nicht weit entfernt. ›Du musst helfen kommen! Sofort!‹ Den Befehlston hat sich mein Bruder nicht gefallen lassen, er ist gar nicht erst losgefahren. Meinen Vater hat das jedes Mal schrecklich wütend gemacht. Ich wusste, dass er diese Wut später an meiner Mutter auslassen, sie anbrüllen und beschimpfen würde, weshalb ich schließlich jedes Mal zu ihm gefahren bin, um ihm und damit auch meiner Mutter zu helfen. So war das oft.«

Christines Mutter ist schon lange krank, sie hat wunde Beine, die nicht heilen. Die zahlreichen Hautverpflanzungen bringen nur kurzfristig Linderung. Als eine schleichende Demenz hinzukommt, ist allen in der Familie klar: Der Vater ist mit der Fürsorge und Pflege der Mutter überfordert. Außerdem ist er aus Sicht der Geschwister auch nicht der Richtige für diese Arbeit. »Er ging mit unserer Mutter sehr grob um. Ich konnte das manchmal gar nicht mit ansehen.«

Christine sucht nach einer Lösung. Sie selbst ist jetzt häufiger beruflich unterwegs und will unbedingt vermeiden, dass der Vater sich weiter allein um die Mutter kümmert. Durch Zufall hört sie von einem Mann im Nachbarort, der polnische Pflegekräfte vermittelt, schwarz, unter der Hand. Der Vater wehrt sich zunächst heftig gegen eine fremde Frau im Haus. »Viel zu teuer! Brauchen wir nicht!« Er könne das alles doch selbst machen. Doch Christine setzt sich schließlich zum ersten Mal durch.

Die junge Polin, die wenig später ins Haus kommt, ist Studentin, 22 Jahre alt und spricht gut Deutsch. Sie bezieht Christines altes Kinderzimmer und versorgt von nun an die pflegebedürftige Mutter. Der anfangs so skeptische Vater schätzt die fremde Hilfe mehr und mehr, weil er jetzt immer jemanden zum Reden hat. Mit seiner dementen Frau kann er sich schon länger nicht mehr unterhalten. »Er hat der Polin alles erzählt, auch sehr persönliche Dinge über die Familie. Sie wusste wahrscheinlich mehr als wir alle zusammen.«

Nach einigen Monaten muss die junge Frau zum Studium zurück nach Polen. Der Vermittler aus dem Nachbardorf schickt eine Nachfolgerin, die Mitte 30 und geschieden ist. Die Mutter eines Kindes muss nach der Trennung von ihrem Mann allein für den Lebensunterhalt sorgen, während das Kind bei der Großmutter in Polen lebt. Doch nach einigen Wochen verschwindet die Frau plötzlich. »Sie hatte immer große Angst, als Schwarzarbeiterin erwischt zu werden. Das hat sie sehr belastet, und das hat sie mir auch oft gesagt. Ich glaube, sie hat diesen Druck irgendwann einfach nicht mehr ausgehalten.« Christine muss sich von jetzt auf gleich selbst um die Mutter kümmern, bis eine neue Pflegerin gefunden ist. »Immer wieder musste ich mich vor meinem Arbeitgeber rechtfertigen, notgedrungen habe ich dann am Laptop vom Haus meiner Eltern aus gearbeitet. Diese ständige Angst, dass niemand kommt und hilft und ich ganz allein mit allem bin, hat mich manchmal fertiggemacht. Nicht selten bin ich weinend zu meinen Eltern gefahren – und auch weinend wieder zurück.«

Die Geschwister erkennen durchaus, dass Christine die Hauptlast der Pflege und Fürsorge für die Eltern trägt. Sie wollen sich selbst aber nicht auf diese Weise einbringen. Zu schwer wiegen die Erinnerungen an den herrschsüchtigen Vater, der sie als Kind oft verprügelt und gedemütigt hat. Christine blieb als Jüngste von seinen körperlichen Übergriffen verschont. Dass sich ihre Geschwister kaum engagieren, nimmt sie noch mit erstaunlicher Gelassenheit hin.

»Bleiben Sie doch!« – Die Abhängigkeit der Angehörigen

Christine erlebt die Beziehungen zu den Polinnen als weitgehend positiv und unterstützend. Was bleibt, ist ihre permanente Angst, die Pflegekräfte könnten sie im Stich lassen.

Entweder, weil sie Angst haben, bei der Schwarzarbeit erwischt zu werden, weil sie die ständigen Beleidigungen und den dominanten Ton ihres Vaters nicht länger ertragen oder weil sie aus familiären Gründen zurück nach Polen wollen oder müssen. Zehn Jahre lang begleitet Christine diese Angst, ganz allein mit den alten Eltern dazustehen. Immer wieder überredet sie die Pflegekräfte, zu bleiben, weil sie sonst nicht weiß, mit wem sie die Last der Pflege teilen soll.

Diese Allianz zwischen Angehörigen und Pflegekräften treffe ich häufig an. Die Mischung aus Solidarität und geteiltem Leid schafft Nähe. Dadurch ist ein »normales« Arbeitsverhältnis, das man einfach kündigen kann, wenn die Bedingungen einem inakzeptabel erscheinen, allerdings kaum möglich. Es entsteht eine Art moralische Verpflichtung auf Seiten der Pflegekräfte, die Angehörigen nicht allein zu lassen.

Hinzu kommt die finanzielle Abhängigkeit, um die auch die Familie als Arbeitgeber weiß. An der Reaktion von Christines Vater ist das gut abzulesen. Als sie ihn ob seines rüden Verhaltens gegenüber der Pflegekraft ermahnt, erwidert er nur: »Die haut schon nicht ab. Die braucht den Job.« Der alte Mann fühlt sich also sicher und sieht keinen Grund, sein kritikwürdiges Verhalten gegenüber der Polin zu ändern. Christines Unfähigkeit, dem Vater entgegenzutreten, überträgt sich auf die Polinnen, die sich ebenfalls zurücknehmen und eine Arbeitssituation erdulden, die objektiv gesehen nicht hinnehmbar ist.

Christine hat Verständnis für die Pflegekräfte, die resignieren, weil sie es nicht mehr aushalten mit ihrem Vater. Wenn sie sich wieder mal allein mit allem fühlt, tauscht sie sich gelegentlich mit ihrer Schwester aus, die eine Autostunde entfernt als selbständige Unternehmerin arbeitet. Auch der häufige Wechsel der Pflegekräfte ist hin und wieder ein Thema zwischen den Schwestern.

Die neue Pflegekraft verlässt den Haushalt des Vaters bereits nach kurzer Zeit. »Sie war mit der Pflege völlig überfordert und ist mit meinem Vater nicht zurechtgekommen. Der hat seine Wut zunehmend an ihr ausgelassen, hat sie ausgeschimpft und beleidigt.« Die Nachfolgerin, Marzena, eine gelernte Bibliothekarin, ist härter im Nehmen. Auch sie muss sich einiges gefallen lassen. So soll sie eines Tages auf seinen Befehl hin den Garten umgraben. »Der Garten war sein Refugium, und es fiel ihm schon schwer genug, überhaupt jemanden dort hineinzulassen. Ihm fehlte einfach die Kraft, diese Arbeit selbst zu machen. Wenn das Gemüse dann nicht so wuchs, wie er sich das vorstellte, dann waren immer die Polinnen dafür verantwortlich. Mein Vater war mit deren Arbeit eigentlich nie zufrieden.«

Wenn er die Wunden seiner Frau grob und ungeschickt versorgt und die Pflegekraft ihm zur Hand gehen will, schubst er sie zur Seite und brüllt: »Lass mich in Ruhe! Du hast mir nichts zu sagen!« Christines Vater vergreift sich der Pflegekraft gegenüber immer häufiger im Ton, und wieder ist es Christine, die vermittelt, die mit der Polin spricht, sie tröstet und ihr erklärt, dass die Beschimpfungen nicht gegen sie persönlich gerichtet seien. Jedes Mal hofft sie inständig, dass die Pflegekraft bleibt. Denn wenn sie geht, beginnen für Christine wieder die schlaflosen Nächte. Dann muss sie sich neben ihrer Vollzeitstelle erneut um Ersatz kümmern. Eine nerven- und kräftezehrende Aufgabe, mit der sie sich zunehmend überfordert fühlt.

Der Vater schimpft indes immer wieder über die Kosten für die Polinnen, woraufhin Christine beschließt, ihm jeden Monat 400 Euro dazuzugeben. »Ich wolle unbedingt, dass mein Vater das mit den Polinnen weitermacht, denn sonst wäre wieder alles an mir hängengeblieben.«

Die junge Pflegekraft Marzena entscheidet trotz aller Schwierigkeiten, zu bleiben. »Vielleicht hat sie das auch ein bisschen für mich getan.« Der Mutter geht es immer schlechter. Marzena ist im Haus, als sie eines Nachts ihren letzten Atemzug macht. Zwischen den beiden Frauen hat sich über die fünf gemeinsamen Jahre ein liebevolles und enges Verhältnis entwickelt. »Marzena hat immer gesagt, dass sie nicht da sein will, wenn meine Mutter stirbt. Der Tod meiner Mutter ist ihr sehr nahe gegangen.« Und so erscheint ihr Name auch ganz selbstverständlich unter denen der Familienmitglieder in der Traueranzeige. Christine hat das mit Marzenas Einverständnis so entschieden.

Nach dem Tod der Mutter ist es wieder Christine, die sich Gedanken um den Vater macht. Er ist jetzt ganz allein in dem großen Haus. Christine bittet Marzena, bei ihm zu bleiben und sich um ihn zu kümmern. Obwohl der alte Mann seine Hilfsbedürftigkeit in keiner Weise einsehen will, ist er doch froh, nicht allein zu sein. »Es gab Tage, da hat mein Vater auf einem Stuhl im Garten gesessen und Marzena Kommandos gegeben, wie sie wo was säen und jäten soll. Er war wieder in seiner alten Rolle, nur dass er selbst fast nichts mehr erledigen konnte. Er war schrecklich verzweifelt darüber, hat manchmal stundenlang an irgendwas rumgebastelt und bekam es einfach nicht mehr hin. Seine Handwerkerhände gehorchten ihm einfach nicht mehr. Das hat mir sehr leid getan für ihn.«

Christine schafft sich durch Marzenas Anwesenheit kleine persönliche Freiräume. Sie fährt zum Beispiel mit ihrer Schwester in den Urlaub, das Handy stets in Reichweite. Sie zahlt auch weiterhin jeden Monat 400 Euro für die Pflegekraft dazu. »Ich hatte das Gefühl, ich habe das angezettelt mit den Polinnen, also muss ich auch was dafür tun.«

Christines Vater geht es plötzlich sehr viel schlechter. Von einem Tag auf den anderen steht er kaum noch auf und hat jeden Lebensmut verloren. Die Pflegekraft kommt an ihre Grenzen, denn der alte Mann muss jetzt mehrmals am Tag und auch in der Nacht gewickelt werden. Christine alarmiert schließlich die Geschwister. Sie alle treffen sich am Bett des Vaters und besprechen die Lage. Schnell wird klar, dass Marzena die Pflege nicht länger allein leisten kann. Seit Wochen schläft sie nicht mehr durch. In der folgenden Nacht ist es Christine, die auf einer Matratze neben dem Bett des Vaters übernachtet und den alten Mann wickelt und umlagert, damit Marzena sich ein paar Stunden ausruhen kann. Wenn Christine über diese Zeit spricht, muss sie immer wieder weinen. »Ich habe mich total allein gefühlt mit allem. Allein, überfordert und verlassen.«

In den Schilderungen vieler Angehöriger klingt immer wieder an, dass die Organisation der Pflege nicht selten zu Spannungen unter den Geschwistern führt. Christine versteht sich eigentlich gut mit ihrer älteren Schwester und auch mit ihrem Bruder, aber in Bezug auf die Fürsorge für die Eltern fühlt sie sich von ihnen nicht ausreichend unterstützt. Sie wünscht sich mehr Austausch und Anteilnahme.

Wenn Eltern pflegebedürftig werden, spielen drei Faktoren eine wichtige Rolle: die geographische Nähe zu den Eltern, die jeweilige Beziehung zu ihnen und die individuelle Lebenssituation der Angehörigen. In Bezug auf die räumliche Entfernung zu den Eltern übernehmen die Kinder, die in der Nähe der Eltern wohnen, oft weit mehr konkrete Hilfeleistungen und Verantwortung für deren Pflege. Dieser Aspekt ist besonders dann konfliktbeladen, wenn das größere Engagement von den weiter entfernt lebenden Geschwistern als selbstverständlich angesehen wird, frei nach dem Motto: »Du bist ja eh in der Nähe. Ich kann das unmöglich leisten.« Die Kinder, die sich in der Pflege stärker engagieren, fühlen sich an dieser Stelle ungerecht behandelt und empfinden ihren Geschwistern gegenüber Ärger und Frust. In einigen Fällen entwickelt sich aber auch eine gute Zusammenarbeit. Dort bringen sich diejenigen, die weiter entfernt leben, in der Regel dadurch ein, dass sie alle paar Wochen für mehrere Tage anreisen und in dieser Zeit gewisse Alltagshilfen übernehmen. Sie gehen mit den Senioren Kleidung einkaufen und kümmern sich in dieser Zeit auch um die »Pflegebürokratie« mit Versicherungen und Krankenkasse und begleiten ihre Eltern zum Arzt oder zu Untersuchungen ins Krankenhaus.

Des Weiteren unterscheiden sich die einzelnen Beziehungen der Geschwister zu den Eltern teils stark voneinander und können in der Pflege für Konflikte sorgen. Einige Töchter und Söhne fühlten sich in ihrer Kindheit und Jugend vernachlässigt oder schlecht behandelt, was die später häufig auftretende räumliche wie emotionale Distanz zu den Eltern erklärt. Das Verständnis für die sicherlich nachvollziehbare Zurückhaltung stößt aber auch an Grenzen. Die immer wieder angeführten schwierigen Erlebnisse aus der Kindheit werden von denen, die sich engagieren, auch schon mal als Ausrede interpretiert. Auch setzen sich kindliche Rivalitäten um die Aufmerksamkeit der Eltern oft bis ins Erwachsenenalter fort. »Du warst ja schon immer sein Liebling«, zitiert eine Angehörige ihren Bruder. »Dann kannst du ihn ja auch pflegen.« In fast allen Familien gibt es aus der Kindheit resultierende Spannungen, Konflikte und Verletzungen, die sich in der Pflegesituation ganz konkret auswirken und häufig alte Wunden wieder aufreißen.

Auch die finanzielle Situation der Geschwister spielt eine nicht unbedeutende Rolle. Fühlen sich Geschwister zum Beispiel hinsichtlich des Testaments benachteiligt, ziehen sie sich oft auch bei der Pflege der Eltern zurück. Sie haben das Gefühl, ihren finanziellen Beitrag bereits geleistet zu haben.

Darüber hinaus wirkt die individuelle Lebenssituation jedes Einzelnen in die Pflegesituation hinein. Wer selbst eine Familie und vor allem minderjährige Kinder zu versorgen hat, entwickelt das Gefühl, weniger verantwortlich für die Pflege der Eltern zu sein als kinderlose Geschwister. Fast unausgesprochen, so beschreiben es viele Angehörige, funktionieren in einer solchen Situation althergebrachte Gesellschaftsbilder. Auch das sorgt für Enttäuschung und Frust und ruft bei den Geschwistern, die deshalb die Hauptlast der Pflege tragen, nicht selten tiefe Verletzungen hervor. Aus ihrer Sicht kann die Wahl der Lebensform nicht darüber entscheiden, wer sich auf welche Weise und in welchem Umfang in die Pflege der Eltern einbringt.

Auffallend ist auch, dass sich die jüngsten Geschwister häufig am intensivsten um die Eltern kümmern. Eine Erklärung hierfür könnte sein, dass die Jüngsten das Elternhaus in der Regel als Letzte verlassen und oft noch allein mit den Eltern zusammen leben, während die älteren Geschwister bereits ausgezogen sind. Daraus ergibt sich häufig eine besondere Nähe zwischen Eltern und den jüngeren Kindern.

Auch Christine ist in ihrer Familie die Jüngste und auch sie hat keine eigene Familie. Als ihre Schwester vorschlägt, den Vater in einem Pflegeheim unterzubringen, stemmt Christine sich dem mit aller Macht entgegen. »Das kam für mich auf gar keinen Fall in Frage. Obwohl unser Vater mir so gut wie nie Anerkennung gezollt hat für meinen Einsatz, hätte ich das nie übers Herz gebracht. Ich habe das alles doch auch deshalb gemacht, damit er mich mal sieht und damit er mir mal sagt: ›Gut gemacht, Christine.‹« Erst als der Vater immer schwächer wird, hat sie den Mut, ihn auch mal lautstark zurechtzuweisen, wenn er Marzena wieder schlecht behandelt. »Ich habe ihn dann richtig angebrüllt. Das hat mir gutgetan.«

Als ihr Vater schließlich stirbt, spürt Christine zunächst vor jeder Trauer eine große Erleichterung. Und wieder muss sie weinen. »Ich habe mich fast zehn Jahre lang um meine Eltern gekümmert. Vieles ist noch nicht verarbeitet. Da ist eine tiefe

Traurigkeit in mir, die nicht aufhört. Ich weine sehr viel. Oft schon morgens, wenn ich wach werde. Ich konnte mich gegenüber meinen Eltern nicht abgrenzen, nie war ich dazu in der Lage, loszulassen.«

Rückblickend ist sie überaus dankbar für die Hilfe der Pflegekräfte aus Polen. Mit ihnen konnte sie viel Leid teilen. Sie hat ihnen von ihrer eigenen Trauer und Verzweiflung erzählt, mit ihnen am Küchentisch zusammen geweint, wenn ihr Vater wieder mal ausgerastet war, und ihnen zugehört, wenn sie den schleichenden Verlust ihrer Familien in Polen betrauert haben. »Wir haben uns gegenseitig gestützt. Die Polinnen waren sehr wichtig für mich. Ohne sie hätte ich das alles nicht ausgehalten.«

Als die Geschwister nach dem Tod des Vaters beim Notar sitzen, um das Erbe zu verteilen, wird Christine klar, dass kein Geldbetrag der Welt ihren Einsatz, ihre Kraft, und die viele Zeit, die sie investiert hat, aufwiegen kann. »Es war einfach alles zu viel für mich. Viel zu viel!«

Anne: Die »Feindin« im eigenen Haus

»Sei vorsichtig, wen du dir da ins Haus holst!« Solche Mahnungen hört Anne oft, als sie nach einer polnischen Pflegekraft für ihre Mutter Ausschau hält. Zusammen mit ihrem Bruder führt Anne den elterlichen Handwerkerbetrieb in vierter Generation. Ihre 85-jährige Mutter leidet seit Monaten an einer fortschreitenden Demenz und erwartet von der Tochter, dass diese sich um sie kümmert. So war es doch immer. Die Kinder sind für die Eltern da. Dem Sohn gegenüber existiert diese Erwartungshaltung allerdings nicht.

Als Kind durfte Anne die Tür zu ihrem Zimmer nie ganz schließen. Ihre Mutter hatte eine fast panische Angst vor dem Alleinsein entwickelt. Ein Kriegstrauma, das sie auch im Alter gefangen hält. Anne muss ständig in ihrer Nähe sein, was für sie als Kind sehr bedrückend war. Heute legt sie großen Wert auf eine gesunde Distanz zu ihrer Mutter. Deshalb steht für sie sofort fest, dass sie die Pflege ihrer Mutter nicht allein übernehmen will. Zu groß ist ihre Angst, von ihr vereinnahmt zu werden, und zu klein ist ihr Selbstvertrauen, sich dagegen wehren zu können. Ihr Vater kann sich zwar noch allein versorgen, aber mit der Pflege seiner Frau fühlt auch er sich überfordert. Über einen Kunden erfährt sie von einer polnischen Pflegekraft auf Stellensuche. Sie heißt Jola und ist Anfang 50. Anne beschließt kurzerhand, sie einzustellen. Kaum hat sie ihr Zimmer bezogen, übernimmt sie selbstbewusst alle anfallenden Arbeiten. Auch zwischenmenschlich klappt es gut zwischen Jola und Annes Mutter.

Nach drei Monaten in der deutschen Familie bekommt Jolas Mann eine besorgniserregende Krebsdiagnose. Die Polin muss sofort zurück in ihre Heimat. Es fließen Tränen. »Da war eine Verbindung entstanden zwischen ihr und unserer Familie. Es war ein sehr trauriger Abschied.« Barbara, eine Freundin von Jola, übernimmt die Stelle. Ab jetzt ist nichts mehr, wie es war. Wie auch? Nach Jola kann es nur schlechter werden, davon ist vor allem Annes Mutter überzeugt. Schon nach kurzer Zeit schimpft sie laut und schonungslos über die neue polnische Pflegekraft. »Die muss weg! Die schick ich nach Hause!« Annes Bruder übernimmt schließlich die schwere Aufgabe, Barbara zu kündigen. Die Pflegekraft ist verletzt, aber auch erleichtert, denn sie wollte sich nicht länger den Beleidigungen der alten Dame aussetzen müssen. Über Mundpropaganda kommt Galina ins Haus. Die kräftige und selbstbewusste Mittfünzigerin reist mit dem eigenen Auto aus Krakau an.

Mittlerweile ist die Demenz bei Annes Mutter stark fortgeschritten. Tagsüber liegt sie fast nur noch im Bett, nachts ist sie wach und läuft durch die Wohnung. Galina macht in den ersten Wochen kaum ein Auge zu. Der Hausarzt erklärt ihr, dass sich bei vielen alten Menschen der Tag-Nacht-Rhythmus völlig umkehrt. Galina solle unbedingt dafür sorgen, dass die Seniorin tagsüber wach bleibt.

Schon nach dem Frühstück will Annes Mutter gleich wieder ins Bett. Galina versucht, sie abzulenken, aber es reichen nur wenige Sekunden der Unachtsamkeit, die die alte Frau ausnutzt, um sich wieder hinzulegen. Sie weigert sich dann mit allen ihr noch zur Verfügung stehenden Kräften, wieder aufzustehen. Stattdessen beschimpft sie Galina in einer Weise, die ihre Tochter Anne befremdet und tief beschämt. Manchmal gibt die alte Dame vor, nur mal eben zur Toilette zu gehen. Dem Bad gegenüber liegt gleich das Schlafzimmer. Schon wieder hat Galina verloren. Als sie schließlich die Schlafzimmertür abschließt, gerät Annes Mutter außer sich. Sie schlägt mit bloßen Händen die Scheibe ein und zieht sich dabei eine tiefe Schnittwunde zu. »Es war einfach nur noch fürchterlich. Galina hatte es sehr schwer. Sie war für meine Mutter wie eine Feindin, die sie den ganzen Tag lang bekämpfte. Eine Feindin im eigenen Haus. Meine Mutter war widerspenstig, gemein und verletzend zu ihr.«

Die Pflegekraft fühlt sich zusehends überfordert. Sie hat keinerlei Erfahrung im Umgang mit Demenzkranken. Auch Anne und ihr Bruder wissen wenig über diese Krankheit. »Manchmal haben wir alle drei aus Verzweiflung zusammen geweint. Wir wussten einfach nicht weiter. Die Situation hat uns fertiggemacht. Die Pflegekraft und ich waren auch mal kurz davor, meine Mutter zu schlagen. Einfach, damit endlich Ruhe ist!« Galina gibt schließlich auf. Sie ist am Ende ihrer Kräfte.

Nicht selten kommt es in Familien angesichts der beschriebenen Umstände zu Gewalt und Aggressivität. Annes Mutter lässt sich nichts gefallen und wird häufig ausfallend. Anne und Galina können sich nur mit Mühe gegenseitig davor bewahren, handgreiflich zu werden.

Im Umkehrschluss bedeutet dies, dass Gewalt und Aggressivität begünstigt werden, wenn die Pflegekräfte ganz allein mit den alten Menschen sind und niemanden haben, mit dem sie in einer angespannten Situation reden oder bei dem sie »Dampf ablassen« können. Dasselbe gilt im Übrigen auch für Angehörige, die ihre Eltern oder Schwiegereltern ganz alleine pflegen. In den Interviews mit Angehörigen und Pflegekräften haben mir mehrere Frauen auf Nachfrage erzählt, dass ihnen in der konkreten Pflegesituation schon mal »die Hand ausgerutscht« sei. Ausnahmslos alle Frauen betonten, dass es ihnen bereits unmittelbar danach fürchterlich leidgetan hat, weil sie ja wussten, dass die alten Menschen sich aus reiner Hilflosigkeit entsprechend verhalten.

Aber auch die Pflegekräfte müssen Angriffe erdulden. In dem Film »Hilfe aus dem Osten«, der sich mit dem Alltag von Pflegemigrantinnen beschäftigt, beschreibt eine von ihnen ihre Erlebnisse mit einer demenzkranken alten Frau: »Am schwierigsten war für mich ihre Aggressivität. Auf einmal fing es an zu regnen, und ich war dann schuld daran. Manchmal hat die alte Frau in der Küche mit einem Topf auf meinen Rücken geschlagen. Beim Spaziergang hat sie mich plötzlich mit ihrem Stock bedroht, in mein Gesicht gespuckt und mich gekratzt.«

Vor allem bei Demenzkranken ist solch ein unberechenbares Verhalten oft nicht zu verhindern. Ob eine Situation eskaliert oder nicht, entscheiden dann die Erfahrung, die Persönlichkeit und auch das Temperament der Pflegekraft. Die in Polen geborene polnische Soziologin Agnieszka Satola kritisiert in diesem Zusammenhang, dass die Pflegekräfte und die Senioren noch immer viel zu häufig sich selbst überlassen sind. »Die Angehörigen fragen zu selten genauer nach, wo es hakt, wo es Spannungen und Probleme gibt. Sie wollen das scheinbar gar nicht genauer wissen. Sonst müssten sie ja etwas tun und ihre eigene Rolle und ihr Tun hinterfragen. Manche Kinder geben ihre Eltern bei der Pflegekraft ab und übertragen ihr von heute auf morgen die volle Verantwortung für die Pflegebedürftigen. Das ist für die Frauen, denen alles fremd ist und die sich erst einmal selbst zurechtfinden müssen, eine totale Überforderung.« In vielen Fällen ist es genau diese Überforderung, die in der konkreten Pflegesituation schnell in Aggression und Gewalt umschlagen kann.

Nach Galina kommen noch zwei weitere Polinnen zu Anne und ihrer Mutter ins Haus, diesmal allerdings über eine Agentur. Anne und ihr Bruder zahlen monatlich 600 Euro für die Vermittlung, die Pflegekräfte bekommen 1200 Euro. Aber auch diese Frauen bleiben nur kurz: Zu schwierig, zu belastend ist die Pflegesituation. Schließlich entscheiden Anne und ihr Bruder schweren Herzens, die Mutter in einem Altenheim unterzubringen. »Sie hat das immer abgelehnt und erwartet, dass wir uns um sie kümmern. Das war ein schwerer Schritt für uns.«

Würde Anne heute noch einmal diesen Weg gehen und eine polnische Pflegekraft anstellen? »Nein, auf keinen Fall!«, antwortet Anne erstaunlich entschlossen. »Man ist als Familie ja nie mehr unter sich, immer ist jemand Fremdes dabei. Es gibt einfach keine Intimsphäre mehr. Einige Polinnen waren mir auch zu dominant und wussten immer alles besser. Außerdem habe ich ständig ein gewisses Misstrauen in mir gespürt und den Familienschmuck versteckt. Im Nachhinein muss ich aber zugeben: Es ist nie etwas weggekommen.«

Rita: Die Bäuerin und ihre Mägde

Für Rita beginnt alles damit, dass ihre Mutter plötzlich nicht mehr essen kann. Egal, was sie zu sich nimmt: Sie muss sich direkt danach übergeben. Im Krankenhaus wird Speiseröhrenkrebs im fortgeschrittenen Stadium diagnostiziert. Rita nutzt die Zeit, in der ihre Mutter im Krankenhaus untersucht und behandelt wird, um zu Hause eine Vollzeitpflege für sie zu organisieren. Da sie selbst berufstätig ist und ihre Geschwister weit weg wohnen, sucht sie nach einer polnischen Pflegekraft, die die Mutter rund um die Uhr versorgt. Im Internet stößt sie auf eine ortsnahe Agentur, die von einer Polin geleitet wird. Rita ist überrascht, wie schnell und unbürokratisch alles läuft: Die Agenturchefin kommt schon kurz nach dem ersten Anruf bei ihr vorbei, lässt sich die Situation schildern und verspricht, sich zeitnah um eine Pflegekraft für die Familie zu kümmern.

Rita stammt aus einer Bauernfamilie. Die Mutter hat immer viel und hart gearbeitet, dabei aber ein sehr selbstbestimmtes Leben geführt. Jetzt, im Alter, will sie unbedingt in den eigenen vier Wänden bleiben, weshalb eine Heimunterbringung für Rita und ihre Geschwister von Anfang an tabu ist. Als sie der Mutter von der polnischen Vollzeit-Pflegekraft erzählen, die sich ab jetzt um sie kümmern soll, reagiert die Mutter zunächst abweisend. Eine »Ausländerin« rund um die Uhr in *ihrem* Haus? Ein Unding! Die Angehörigen brauchen viel Geduld, bis die Mutter schließlich einwilligt.

Ihr Leben lang hatte sie auf ihrem Hof Personal beschäftigt, sämtliche Hausmädchen hörten stets auf ihr Kommando. Diese Hierarchie soll sich jetzt fortsetzen. Die selbstbewusste alte Dame formuliert ihren Kindern gegenüber ein glasklares Anforderungsprofil: Die polnische Pflegekraft muss gut kochen können, sie sollte schon etwas älter und vor allem erfahren sein, sie muss ihr rund um die Uhr zur Verfügung stehen, sie bei jedem Wetter mindestens einmal am Tag im Rollstuhl spazieren fahren und, was am wichtigsten ist, sie soll auf jeden Fall gut Deutsch sprechen.

Wenige Tage später stellt die Agenturchefin der Familie Halina vor. Zusammen mit Rita und ihrer Mutter, die mittlerweile aus dem Krankenhaus zurück ist, wird ein Wochenplan ausgearbeitet. Halina soll die alte Dame waschen, ankleiden, ihr das Frühstück machen, mit einem vorher festgelegten Budget einkaufen gehen, das Essen kochen, die Wäsche machen, putzen, das Abendbrot bereiten und die Seniorin abends zu Bett bringen. Gegen den ausdrücklichen Willen der Mutter werden zwei Stunden Freizeit pro Tag vereinbart. Auch sieht die alte Frau keine Notwendigkeit, der Polin ein eigenes Telefon zur Verfügung zu stellen. Schließlich einigt man sich darauf, dass sie den hauseigenen Festnetzanschluss mitbenutzen darf. »Aber nur für kurze Gespräche«, stellt die Seniorin sofort klar.

»Meine Mutter hat Halina behandelt wie eine Leibeigene. Sie war von Anfang an gegen eine fremde Frau im Haus, und das ließ sie Halina jetzt spüren. Sie würde zu viel Wasser beim Duschen verbrauchen und zu lange auf ihre Kosten telefonieren, sie könne sich stattdessen ja anrufen lassen. Mir und meinen Geschwistern war das alles sehr unangenehm. Unsere Mutter war schrecklich geizig. Sie hatte regelrecht Panik, dass das Geld für eine zweite Person im Haus nicht reichen könnte. Dabei hatte meine Mutter Geld genug. Aber sie wollte niemandem etwas davon abgeben, erst recht nicht einer fremden Frau aus Polen. Sie hat einem Obdachlosen am Straßenrand manchmal fünfzig Euro in den Hut geworfen. Für Halina war ihr aber jeder Euro zu viel.«

Die »Leibeigenschaft« drückt sich vor allem darin aus, dass die alte Dame den ganzen Tag nach Halina ruft und von ihr verlangt, stets in ihrer Nähe zu sein. Sobald sie auch nur kurz den Raum verlässt, ertönt schon die aufgeregte Stimme der Seniorin. »Halina, wo bleiben Sie denn?!« Die Mutter klammert sich regelrecht an die Pflegekraft. Aus der anfänglichen Distanz wird eine für Halina erdrückende Nähe. Rita versucht zu vermitteln. »Für mich war das ein Alptraum, meine Mutter so zu erleben. Ich kannte sie immer als selbständige, selbstbewusste Frau. Jetzt benahm sie sich immer mehr wie ein Kleinkind, das nach der Mutter ruft.«

Halina beschwert sich nicht nur bei Rita, sondern auch bei ihrer Vermittlungsagentur, die sie zwar ermuntert, durchzuhalten, ansonsten aber nichts unternimmt. Diese Erfahrung machen nachweislich viele Pflegekräfte. Halina ist schließlich am Ende ihrer Kräfte, kurz vor Weihnachten kündigt sie. Die alte Dame reagiert fast panisch, will, dass Halina zurückkommt. Doch deren Entschluss steht.

Die Rückkehr der Dienerschaft: Pflegekräfte als Untergebene

Viele Angehörige bemühen sich um einen respektvollen Umgang mit der Pflegekraft. Doch ihre alten Eltern machen ihnen und den Pflegekräften nicht selten das Leben schwer. So beschreibt Rita, dass ihre Mutter die Polin Halina fast wie eine Leibeigene behandelt. Die Polin kann kaum einen Schritt ohne den »Zugriff« der von ihr betreuten Seniorin tun. Sie soll ständig und ohne Unterlass zur Verfügung stehen und Dinge erledigen, die sie ihr »in Auftrag gibt«. So hat Ritas Mutter es mit den Mägden auf ihrem Hof schließlich auch immer gemacht. Für sie ist es demnach ein völlig normaler Umgang, und ihr kommt nicht einmal in den Sinn, dass daran etwas Unrechtes sein könnte.

Ähnliche Erlebnisse beschreibt auch Christine, deren dominanter Vater die Polinnen häufig »von oben herab« behandelt. Die Szene im Garten, als er die Pflegekraft Marzena von seinem Stuhl aus anweist, das Gemüsebeet umzugraben, belegt das bedenkliche Machtgefälle zwischen den beiden beispielhaft. Auch der Ton, in dem er ihr gegenüber auftritt, spiegelt sein Rollenverständnis wider: Ich bin der Chef, und du machst, was ich dir sage. Ein Verhalten, das in dieser Generation häufiger anzutreffen ist und dem die Pflegekräfte oft hilflos ausgeliefert sind. Auch Brigitte schildert eindrücklich, wie ihr Vater die Polin Viola immer wieder beschimpft und beleidigt und sie mit seiner Kriegsrhetorik vor den Kopf stößt. Die Angehörigen versuchen in dieser Situation zwischen ihren Eltern und der Pflegekraft zu vermitteln, was aber selten von Erfolg gekrönt ist. Halina verlässt schließlich die Familie, weil sie nicht mehr bereit ist, sich von morgens bis abends von der Pflegebedürftigen herumkommandieren zu lassen. Doch viele Polinnen trauen sich aus wirtschaftlicher Not nicht, ihren deutschen »Arbeitgebern« entgegenzutreten.

Angehörige leiden förmlich mit, wenn ihre Eltern die polnischen Pflegekräfte schlecht behandeln. Gerade im Alter reagieren viele Menschen unsicher, misstrauisch und ablehnend auf alles Fremde. Positiv hervorzuheben ist, dass alle Angehörigen, mit denen ich gesprochen habe, sich immer wieder bemühen, mit ihren Eltern zu reden und der Pflegekraft den Rücken zu stärken. Doch nur in seltenen Fällen können sie wirklich etwas bewegen, denn für die Eltern bleiben sie, egal wie alt sie sind, letztlich immer die Kinder, die ihnen nichts zu sagen und erst recht nichts vorzuschreiben haben.

Rita ruft nach Halinas Kündigung bei der Agentur an. Diese verspricht, umgehend eine neue Pflegekraft zu schicken. Schon wenige Tage später ist ein Kleinbus mit acht Polinnen an Bord unterwegs nach Deutschland. Eine von ihnen ist Ewa, eine junge Frau Mitte 30 mit einem 16-jährigen Sohn, der bei der Großmutter in Polen lebt. Zur großen Enttäuschung von Rita kommt die Agentin diesmal nicht, wie beim ersten Mal, persönlich ins Haus. Die Übergabe müssen Halina und die neue Pflegekraft unter sich regeln. Das Ganze passiert selbstverständlich auf Polnisch. Rita steht daneben und verfolgt ratlos das Geschehen. In der kommenden Nacht schläft Ewa bereits in Halinas Zimmer. Halina übernachtet auf der Couch im Wohnzimmer, umgeben von zehn Packungen »Persil«, offenbar ein begehrtes Produkt in ihrer Heimat. In der Nacht wird sie von einem Kleinbus abgeholt, der sie zurück nach Polen bringt.

Die Seniorin ignoriert den Personalwechsel auf ihre Art: Ab jetzt nennt sie alle Pflegekräfte, die ins Haus kommen, kurzerhand »Halina«. Ewa findet sich damit ab, formuliert aber – im Gegensatz zur »echten« Halina – klar und deutlich ihre Ansprüche. Sie kennt ihren Wert und insistiert gleich zu Beginn auf einem eigenen Telefonanschluss, den sie auch bekommt.

Die Weihnachtstage verbringt Ewa zusammen mit Ritas Familie und wird ganz selbstverständlich in die Feierlichkeiten miteinbezogen. Was allen auffällt, ist, dass Ewa an diesen Tagen fast ununterbrochen telefoniert. Als Rita sie darauf anspricht, stellt sich heraus, dass Ewa illegal eine eigene Vermittlungsagentur für polnische Pflegekräfte betreibt. Gerade über Weihnachten gibt es in vielen deutschen Familien Versorgungsengpässe, weil die polnischen Pflegekräfte nach Hause zu ihren Angehörigen fahren. Ewas Geschäft läuft in dieser Zeit also besonders gut.

Rita ist irritiert über die Nebentätigkeit der Pflegekraft, und auch die Seniorin spürt, dass sie nur noch eine Nebenrolle spielt. Die Familie bittet Ewa schließlich, sich nach einer anderen Arbeit umzusehen. Ein erneuter Anruf bei der Agentur bringt Joanna ins Haus. Auch sie kommt mit dem Kleinbus, und auch sie wird von Ewa auf Polnisch in den

Haushalt eingeführt. Erst Wochen später stellt sich heraus, dass Ewa und Joanna Mutter und Tochter sind. Die beiden Frauen sind abwechselnd in Polen, um dort Joannas 16-jährigen Sohn zu betreuen.

Joanna spricht kein Wort Deutsch, die Unterhaltungen in Zeichensprache sind für alle Seiten schwierig und kräftezehrend. Auch mit der pflegerischen Arbeit ist Rita nicht zufrieden. »Meine Mutter sah in dieser Zeit regelrecht vernachlässigt aus. Ich habe mich aber nicht getraut, das anzusprechen. Ständig habe ich mich gefragt, wie groß wohl die Not dieser Frauen sein muss, dass sie bei uns jahrelang diesen Job machen. Ich hatte oft ein schlechtes Gewissen und dachte, dass wir die Polinnen doch irgendwie ausnutzen, auch wenn die Bezahlung gut ist.«

Ewa bekommt für ihren 24-Stunden-Job 50 Euro pro Tag. Außerdem zahlt Rita noch eine einmalige Vermittlungsgebühr von 280 Euro und monatlich zusätzlich 160 Euro an die Agentur.

Rita bekommt mit, dass auch die Polinnen regelmäßig Bargeld in einem Briefumschlag an die Vermittlungsagentur schicken. Auf Nachfrage erfährt sie, dass es meistens etwa 80 Euro sind. Rita erscheint das Geschäft rund um die Vermittlung polnischer Pflegekräfte immer dubioser, erst recht, als die Agentin plötzlich mehr Geld für die Pflegekraft verlangt. »Sie sagte, meine Mutter würde ja jetzt schon länger betreut und es sei doch klar, dass irgendwann alles teurer würde. Für jedes Aufstehen des Nachts forderte sie nun zehn Euro. Ich könne ja, wenn mir das zu teuer würde, einen Kredit aufnehmen. Wenn meine Mutter tot sei, würde ich doch genug erben, um die Schulden wieder abzuzahlen.«

Rita traut ihren Ohren nicht. Gleich nach diesem Gespräch kündigt sie wütend den Vertrag mit der Agentur und geht selbst auf die Suche nach einer Pflegekraft. Über Bekannte findet sie Tereza, die ebenfalls illegal, aber ohne

Agentur arbeitet. »Sie war sehr engagiert und bemüht um meine Mutter, hat sie liebevoll und mit viel Herz versorgt. Tereza mochte meine Mutter. Die Frauen, die wir über die Agentur bekommen haben, hatten alle irgendein schlimmes Schicksal hinter sich. In den Familien gab es oft Alkoholprobleme, einige Frauen waren von ihren Ehemännern verlassen worden. Oft war es auch andersherum: Die Frauen wollten weg von ihren Männern, mussten dann aber plötzlich ganz allein für sich und ihre Kinder sorgen. Sie waren alle in einer Notlage und brauchten dringend Geld. Ich bin sicher, dass diese Not von vielen Agenturen ausgenutzt wird.«

Innerhalb von zweieinhalb Jahren, bis zum Tod der Mutter, beschäftigt Rita insgesamt sieben polnische Pflegekräfte. Dennoch resümiert sie heute: »Bei allen Schwierigkeiten und Enttäuschungen, die ich mit Agenturen und Pflegekräften erlebt habe: Ich würde es wieder genauso machen. Das, was wir als Familie zusammen mit den Polinnen an Pflege geleistet haben, kann kein Seniorenheim der Welt bieten!«

Verlockende Vollkaskopflege – Die Vermittlungsagenturen

Wer bei Google den Begriff »24-Stunden-Pflege« eingibt, erhält derzeit 4 060 000 Ergebnisse, die Wortkombination »24-Stunden-Pflege aus Polen« ergibt 1 040 000 Treffer. Der größte Teil davon führt zu Adressen von Vermittlungsagenturen wie »Seniocare24«, »Gute Wesen«, »Prosenior« oder »Ost-Profi«. Das kaum überschaubare Angebot lässt die Nachfrage erahnen.

Viele Angehörige wünschen sich bei der Suche nach einer Pflegekraft einen offiziellen Vertragspartner, der ihnen Sicherheit und Verbindlichkeit auf einem unüberschaubaren Markt bietet. Die Agenturen profitieren von diesem Bedürfnis.

Die Angehörigen nennen in unseren Gesprächen allesamt identische Gründe dafür, warum sie sich für eine Vermittlungsagentur entschieden haben. Sie sind zu Beginn ihrer Suche fest davon überzeugt, dass die Agentur als offizieller Vertragspartner zwischen Familie und Pflegekraft sprachlich und im Konfliktfall vermittelt und im Zweifelsfall eine reibungslose Ablösung der Pflegekräfte ermöglicht, so dass keine »Versorgungslücken« entstehen. Darüber hinaus rechnen die Angehörigen damit, dass die Agentur für das Wohl der Frauen sorgt, sie versichert und davor bewahrt, ausgenutzt zu werden. Diese Erwartungen werden in den meisten Fällen enttäuscht.

Die Juristin Sylwia Timm arbeitet bei der Beratungsstelle »Faire Mobilität« in Berlin, einem Beratungsprojekt, das vom Deutschen Gewerkschaftsbund (DGB), der Bundesregierung und der Europäischen Union finanziert wird. Aus ihrer Sicht stellt die Legalisierung der Beschäftigungsverhältnisse durch die am 1. Mai 2011 in Kraft getretene Arbeitnehmerfreizügigkeit für die deutschen Familien zwar ein rechtliches Ruhekissen dar – bis dahin oft schwarz beschäftigte Pflegekräfte können seither legal beschäftigt werden. Für die Polinnen hat sich seitdem allerdings vieles verschlechtert. »Die Agenturen machen das große Geld. Sie verdienen sich eine goldene Nase mit der bloßen Vermittlung von Pflegekräften, während diese unter immer stärkeren Druck geraten. In diesem System sind zahlreiche Parteien involviert, die alle mitverdienen wollen. Rund um die Helferinnen hat sich ein höchst dubioses Millionengeschäft entwickelt.« Dazu gehören deutsche Agenturen, die zahlreiche polnische Partnerunternehmen haben, welche wiederum für die Agenturen Pflegekräfte in Polen rekrutieren. Es gibt aber auch dubiose Privatpersonen, die illegal schwarzarbeitende Pflegekräfte an deutsche Familien vermitteln. »Auf der Strecke bleiben die Frauen. Sie werden verschickt wie Postpakete, ohne Rücksicht darauf, ob sie sich im fremden Land, in den fremden Familien, oft mit nur rudimentären Sprachkenntnissen, überhaupt zurechtfinden«, so Timm.

Einige Vermittlungsagenturen üben auf die Polinnen einen permanenten subtilen Druck aus. Eine Pflegekraft erzählt, man habe ihr mit Strafen gedroht, falls es ihretwegen zu Problemen mit den deutschen Kunden komme. Den Frauen ist es kaum möglich, sich über ihre Arbeitssituation zu beschweren. In vielen Verträgen finden sich regelrechte Schweigeklauseln, die unter anderem festschreiben, dass die Frauen mit niemandem über ihren Lohn und ihre Arbeitsbedingungen reden dürfen. Tun sie es doch und es kommt raus, droht ihnen ein Eintrag in ihre Personalakte. Im schlimmsten Fall werden sie nicht wieder vermittelt und wenn doch, dann nur noch in Familien, die als schwere Fälle gelten. Außerdem werden sie von den Agenturen dazu angehalten, trotz fehlender Ausbildung in bestimmten Fällen Verbände und Katheter zu wechseln oder Spritzen zu setzen. Die Verantwortung für mögliche Folgen tragen dabei allein die Frauen.

All das ist Angehörigen in den seltensten Fällen bewusst. Sie kommunizieren in erster Linie mit den Agenturen, nicht jedoch mit den Pflegekräften, was auch daran liegt, dass die polnischen Frauen häufig zu schlecht Deutsch sprechen.

Die Pflegeberaterin Heike Bohnes kritisiert, dass Angehörige immer wieder dieselben Fehler machen. »Sie nehmen in ihrer Not oft die erstbeste Agentur Und zwar die, die sich im Internet gut präsentiert, viel verspricht und schöne, Vertrauen erweckende Bilder auf der Homepage hat. Die Familien denken, ›wir bezahlen ja viel Geld dafür, dann werden die sich schon um alles kümmern‹. Aber so ist es in der Regel nicht. Für das Geld, das die Agenturen bekommen, leisten die meisten ausgesprochen wenig.«

Viele Angehörige fühlen sich bei der Suche nach einer Vollzeitpflege für ihre Eltern oder Schwiegereltern überfordert.

Sie führen ein Leben, in dem kaum Zeit bleibt, sich in Ruhe um eine gute Betreuung und Pflege für die Eltern zu kümmern. »Manche bleiben zum Beispiel bei einer Agentur, mit der sie eigentlich nicht zufrieden sind, weil sie nicht wieder von vorn anfangen wollen mit der Suche. Dieses Verhalten erinnert an einen lästigen Versicherungs- oder Bankenwechsel: Viele bleiben, obwohl sie wissen, dass es weitaus bessere Angebote gibt. In diesem Fall profitieren die Vermittlungsagenturen davon. »Angehörige schauen bei den Dingen, die nicht gut laufen, einfach weg«, so Heike Bohnes. Weil sie in ihrer Beratungspraxis immer wieder hilflose und überforderte Angehörige erlebt, hat sie im Internet ein »Elternpflegeforum« eingerichtet.[4] Auf dieser Online-Plattform können sich Angehörige auch über ihre Erfahrungen mit Pflegekräften und Agenturen bundesweit austauschen. Eine gute Agentur zu finden, gleicht der sprichwörtlichen Suche nach einer Nadel im Heuhaufen. Umso wichtiger ist es, dass Angehörige sich für die Auswahl Zeit nehmen, denn nur so können sie durchschauen, ob die Agentur seriös ist oder mit üblen Tricks ihr Geld verdient. Für Angehörige, die aufgrund der plötzlichen Hilfsbedürftigkeit ihrer Eltern oder Schwiegereltern in Zeitnot sind, ist es ratsam, zunächst nach einer kurzfristigen Übergangslösung für die Betreuung und Pflege zu suchen und sich später ausreichend Zeit zu nehmen, um eine tragfähige, langfristige Lösung zu finden.

Die Vertragsformen

Um zu verstehen, wie die deutschen und polnischen Firmen bei der Vermittlung von Pflegekräften zusammenarbeiten, ist ein Blick auf die unterschiedlichen Vertragsformen unerlässlich, denn die Verträge stellen die Basis für das Betreuungsverhältnis dar. Deutsche Familien können die Pflegekräfte auf drei unterschiedliche Arten beschäftigen: als angestellte Haushaltshilfe, als selbständige Pflegekraft oder als entsendete Pflegekraft.

Die angestellte Haushaltshilfe

Bei dieser Variante ist die Rechtssicherheit für Angehörige derzeit am größten. Die Arbeitssuchenden werden direkt in Zusammenarbeit zwischen dem deutschen und dem polnischen Arbeitsamt vermittelt. Die Agenturen bleiben hierbei außen vor. Der Vorteil ist, dass so keinerlei Vermittlungsgebühren anfallen.

Die Pflegebedürftigen und ihre Angehörigen werden zu Arbeitgebern mit allen Rechten und Pflichten. Damit fühlen sich allerdings viele Familien überfordert, denn sie müssen bei dieser Vertragsform sämtliche deutschen Arbeitgeberrichtlinien beachten. Dazu gehören unter anderem ein gesetzlich festgelegter Tariflohn (in Nordrhein-Westfalen beispielsweise liegt dieser derzeit bei 1508 Euro brutto), die Gewährung von Urlaub, eine Lohnfortzahlung im Krankheitsfall und eine gesetzlich festgelegte maximale Wochenarbeitszeit von 38,5 Stunden. Im Ausnahmefall kann diese befristet und bei einem entsprechenden zeitlichen Ausgleich auf 48 Stunden erhöht werden. Diese Vorgaben werden jedoch in den meisten Fällen nicht eingehalten, denn die Pflegekraft soll ja weitaus länger zur Verfügung stehen, am besten rund um die Uhr. Die Frauen arbeiten also oft weit mehr als vertraglich vereinbart und gesetzlich erlaubt ist.

Der Deutsche Caritasverband empfiehlt Angehörigen deshalb, zusätzlich unbedingt einen Pflegedienst miteinzuschalten, zum einen, damit die Pflegekraft entlastet wird, und zum anderen, um die Qualität der medizinischen Pflege sicherzustellen. Der Pflegedienst wird über die sogenannten Pflegesachleistungen finanziert. Er rechnet seine Leistungen direkt mit der Pflegekasse ab. Für die Bezahlung der Pflegekraft kann das Pflegegeld, das direkt an den Pflegebedürftigen ausgezahlt wird, genutzt werden. Die Höhe richtet sich nach der jeweiligen Pflegestufe.

Auf die Angehörigen kommt bei der Festanstellung einer Haushaltshilfe einiges an Bürokratie zu: eine Anmeldung beim Einwohnermeldeamt und bei der Berufsgenossenschaft, die Berechnung der Lohnsteuer, die Abführung von Sozialversicherungsbeiträgen, die Beantragung einer Betriebsnummer bei der Bundesagentur für Arbeit, die Anfertigung eines Arbeitsvertrags sowie der Abschluss einer Unfall-, Kranken- und Berufshaftpflichtversicherung. Diese Vielzahl an Behördengängen wirkt auf Angehörige kompliziert und daher abschreckend.

Viele entscheiden sich aber aus noch einem ganz anderen Grund gegen eine angestellte Haushaltshilfe: Sie brauchen oft zeitnah eine Pflegekraft. Durch den hohen Aufwand dauert es bei einer Festanstellung aber manchmal Wochen, bis die Pflegekraft ihre Arbeit aufnehmen kann. Ein großer Vorteil ist allerdings, dass die Pflegekraft nicht ständig wechselt, sondern länger als die sonst üblichen zwei oder drei Monate im Haushalt der/des Pflegebedürftigen verbleibt.

Wer sich für diese Form der Anstellung entscheidet, wofür allein schon die hohe Rechtssicherheit spricht, kann mit der Pflegekraft eine Probezeit von sechs Monaten vereinbaren. Das Arbeitsverhältnis ist jederzeit mit einer Frist von zwei Wochen kündbar. Außerdem können Angehörige bei diesem sozialversicherungspflichtigen Beschäftigungsverhältnis eine Steuervergünstigung von 20 Prozent der Kosten, maximal 4000 Euro im Jahr, beim Finanzamt geltend machen. Wichtig ist in diesem Zusammenhang, dass der Lohn nicht in bar ausgezahlt wird, sondern als Beleg eine Überweisung vorliegt.

Die Beschäftigung einer Haushaltshilfe ist zweifelsohne mit relativ hohen Kosten verbunden. Neben der Steuerersparnis kann das monatliche Pflegegeld darauf verwendet werden, einen Teil der Kosten für die festangestellte Haushaltshilfe zu bezahlen. Der Deutsche Caritasverband weist darauf hin, dass bei einem regelmäßigen nächtlichen Betreuungsbedarf (z. B. weil der Pflegebedürftige in der Nacht umgebettet oder zur Toilette begleitet werden muss) dieses Modell der Anstellung ebenso wenig geeignet ist wie bei einer 24-Stunden-Betreuung eines Demenzkranken. Für diese Fälle müssten andere Betreuungsmodelle gefunden werden, wie zum Beispiel die Tages- oder Nachtpflege, die es Angehörigen ermöglicht, die Pflegebedürftigen tagsüber oder nachts in einer Pflegeeinrichtung betreuen zu lassen. Sie erhalten so zeitweise Unterstützung, ohne dass die Senioren permanent ihr gewohntes häusliches Umfeld verlassen müssen.

Die selbständige Pflegekraft

In diesem Fall vermittelt eine Agentur der Familie eine selbständige Pflegekraft, die ein Gewerbe angemeldet hat. Zwar sind die Kosten meist geringer als bei einer festangestellten Haushaltshilfe, allerdings bewegen sich die Pflegebedürftigen und ihre Angehörigen in einer rechtlichen Grauzone. Grundlage für diese Form der Beschäftigung ist die Niederlassungsfreiheit für EU-Bürger, die es den polnischen Pflegekräften erlaubt, sich in einem anderen EU-Land selbständig zu machen. Voraussetzung ist jedoch, dass sie für mehrere Auftraggeber tätig und nicht weisungsgebunden sind. Da die Pflegekräfte aber bei den deutschen Familien im Haus wohnen, also nicht für mehrere Auftraggeber tätig sind, und von diesen auch Weisungen bezüglich ihrer Arbeit erhalten, läuft dieses Arbeitsverhältnis fast immer auf eine illegale Scheinselbständigkeit hinaus, die mit empfindlichen Geldstrafen geahndet werden kann.

Diese Scheinselbständigkeit ist nach Rechtsauffassung der Juristin Sylwia Timm vom DGB bereits gegeben, wenn die polnische Pflegekraft mit in einem deutschen Haushalt wohnt, weil dann naheliegt, dass sie nur für diesen einen Auftraggeber arbeitet. Das stellt eine einseitige Abhängigkeit dar und ist deshalb illegal. Die Pflegekraft muss als Selbständige mehrere Auftraggeber haben. Fliegt die Scheinselbständigkeit auf, droht den Familien die Nachzahlung von Sozialversicherungsbeiträgen, ein hohes Bußgeld sowie eine Anzeige wegen Steuerhinterziehung. »Aber die Wahrscheinlichkeit aufzufliegen ist aufgrund mangelnder Kontrollen erschreckend gering«, beklagt Timm. Es hat in der Vergangenheit zwar einzelne Fälle gegeben, in denen ambulante Pflegedienste die illegale Beschäftigung einer scheinselbständigen Pflegekraft angezeigt haben – auch weil sie über diese Form der Konkurrenz in der häuslichen Pflege nicht gerade glücklich waren –, von behördlicher Seite aber werden die Beschäftigungsverhältnisse der Pflegekräfte nach wie vor kaum kontrolliert.

Die entsendete Pflegekraft

Die dritte und gängigste Möglichkeit zur Beschäftigung einer polnischen Pflegekraft ist die Entsendung. Bei dieser Variante sind die Frauen bei einem polnischen Unternehmen angestellt und werden für einen befristeten Zeitraum nach Deutschland entsandt. Meistens bleiben sie zwischen zwei und drei Monaten bei den Pflegebedürftigen und werden dann von einer anderen Kraft abgelöst. Grundlage dieses rechtlichen Arrangements ist die Dienstleistungsfreiheit für alle EU-Bürgerinnen und -Bürger. Sie schließt aus, dass die

Dienstleistung dauerhaft erbracht wird. Juristisch umstritten ist, ob der übliche turnusmäßige Wechsel der Pflegekräfte ausreicht, um den Einsatz im Bestimmungsland als *vorübergehend* einzustufen.

Dadurch dass die Pflegekräfte bei einem polnischen Unternehmen sozialversicherungspflichtig angestellt sind, entfallen für die deutschen Kunden aufwendige Behördengänge, was die besondere Attraktivität dieser Beschäftigungsform ausmacht. Die Sozialversicherungspflicht muss das polnische Unternehmen dem deutschen Kunden schriftlich durch die sogenannte Bescheinigung A1 bestätigen. Sie belegt, dass die polnischen Pflegekräfte entsprechend der Entsenderichtlinie nach Deutschland entsandt wurden und in Polen sozialversichert sind.

Bei diesem Beschäftigungsverhältnis gibt es insgesamt vier Parteien, die vertraglich miteinander in Verbindung stehen:

Es gibt

1. einen Vertrag zwischen dem deutschen Kunden und der deutschen Vermittlungsagentur. Dieser Vertrag regelt nur die reine Vermittlung, nicht aber die Arbeitszeiten und Aufgaben der Pflegekraft.

2. einen Vertrag zwischen dem deutschen Kunden und dem polnischen Dienstleistungsunternehmen. In diesem Vertrag werden die konkreten Pflegeleistungen geregelt.

3. einen Vertrag zwischen der polnischen Pflegekraft und dem polnischen Dienstleistungsunternehmen. Es handelt sich hierbei um einen Arbeitsvertrag nach polnischem Recht, der unter anderem die konkreten Aufgaben der Pflegekraft vertraglich festschreibt.

4. einen Vertrag zwischen der deutschen Vermittlungsagentur und dem polnischen Dienstleistungsunternehmen. Dieser Vertrag regelt im Innenverhältnis die Rechte und Pflichten der beiden involvierten Seiten. Die Außenverbindung

zwischen dem deutschen Kunden und der polnischen Dienstleistungsfirma wird davon nicht berührt.

Auffallend ist, dass die Pflegekraft, um deren Vermittlung es geht, selbst nur einen einzigen Vertrag abschließt, nämlich mit der polnischen Entsendefirma. Zwischen der deutschen Familie und der Pflegekraft, die in der Praxis am engsten zusammenarbeiten, existiert nach dem Entsendemodell vertraglich keinerlei Verbindung.

Einer der renommiertesten Experten auf dem Gebiet der Entsendung ausländischer Arbeitskräfte ist der polnische Rechtsanwalt Tomasz Major. Er ist Geschäftsführer von »Brighton&Wood«, einer hochspezialisierten Kanzlei, die sich ausschließlich mit der grenzüberschreitenden Mitarbeiterentsendung beschäftigt. Eine elitäre Gruppe von Mandanten berät er auch persönlich. Dazu zählt zum Beispiel eine der größten polnischen Vermittlungsagenturen für polnische Pflegekräfte, Promedica. Um seine Sicht der Dinge näher kennenzulernen, eignet sich ein Auszug aus einem Interview, das er einem Fachjournal für Arbeitsrecht gegeben hat. Auf die Frage, was denn die Entsendung für ihn so spannend mache, antwortet er:

»Das Arbeitsrecht und die Praxis seiner Anwendung in der Bundesrepublik Deutschland sind unflexibel. Ich bekomme Kopfschmerzen, wenn ich den großen Einfluss der Gewerkschaften auf die öffentlichen Diskussionen in Deutschland sehe. Es ist verwunderlich, wie sehr die Gewerkschaften in Deutschland ernst genommen werden. Deutschen Arbeitgebern bleibt nichts anderes übrig, als die Produktionsstätten in Deutschland zu schließen und die Produktion ins Ausland zu verlagern. Eine gute Alternative ist die Einschaltung eines polnischen Dienstleistungsunternehmens.«[5]

Major verdient sein Geld damit, dass er Gesetzeslücken aufspürt und diese für ein lukratives Geschäft, nämlich die

Entsendung osteuropäischer Pflegekräfte, ausnutzt. Das tut er seit Jahren mit großem Erfolg und – wie man an seinen Aussagen unschwer erkennen kann – offenbar auch ohne jedes schlechte Gewissen. Durch seine dubiosen Entsendemodelle ist Tomasz Major einer der Wegbereiter für die ausbeuterischen Beschäftigungsverhältnisse von osteuropäischen Pflegekräften.

Die Entsendung: Geschäfte in der Grauzone

Geschätzt gibt es etwa 200 000 Osteuropäerinnen, die in Deutschland alte Menschen versorgen. Experten wie die Gesellschaftswissenschaftlerin Helma Lutz von der Universität Frankfurt sprechen sogar von einer Dunkelziffer von bis zu einer halben Million Pflegekräften aus Osteuropa. In einem Land, in dem jede Schraube, die die Grenze passiert, statistisch erfasst wird, kann bis heute keine einzige Behörde verlässliche Zahlen hierzu liefern. Und der Markt wächst still und heimlich weiter. Entstanden ist eine kaum noch fassbare rechtliche Grauzone.

Eine zentrale Rolle spielen dabei die Agenturen. Die Frauen, die sie an deutsche Familien vermitteln, werden Teil eines höchst umstrittenen Geschäftskonzeptes, an dem vor allem deutsche und polnische Unternehmen Millionen verdienen, und zwar am deutschen Fiskus vorbei. Gerade dadurch, dass die Pflege der alten Menschen hinter verschlossenen Türen, gewissermaßen im Verborgenen stattfindet, ist dieser Markt wie geschaffen für undurchsichtige Beschäftigungsverhältnisse.

Wenn Vermittlungsagenturen beteiligt sind, bedeutet das fast immer, dass sie beträchtlich mitverdienen. Für die bloße Vermittlung berechnen sie meist eine Gebühr zwischen 300 und 600 Euro – pro Monat. Das System funktioniert folgendermaßen:

Eine deutsche Vermittlungsagentur sucht sich Partnerunternehmen in Polen, bei denen die Pflegekräfte angestellt sind. Die polnischen Partnerunternehmen vermitteln die Frauen dann – so erlaubt es die Dienstleistungsfreiheit nach EU-Recht – als sogenannte entsandte Beschäftigte in deutsche Privathaushalte. Die Pflegekraft wird in Polen angestellt und versichert. Der 24-Stunden-Job ist nur möglich, weil durch die Entsendung das deutsche Arbeitszeitgesetz für diese Frauen ungültig wird. Dieses schreibt in der Regel eine Arbeitszeit von acht Stunden und danach eine Ruhezeit von mindestens elf Stunden vor. Nach deutschem Recht gibt es keinerlei Schutz für Arbeitnehmer, die weisungsgebunden sind und mit den Pflegebedürftigen in einem Haus wohnen, einen gemeinsamen Haushalt mit ihnen führen, gemeinschaftlich in der Freizeit aktiv sind und Arbeiten für die Angehörigen der Pflegebedürftigen übernehmen. Diese Arbeitsbedingungen liegen bei polnischen Pflegekräften fast immer vor, weshalb sie durch jedes Raster fallen, das sie hinsichtlich der Arbeitszeit schützen könnte.

Die Geschäftsführerin der deutschen Vermittlungsagentur Seniocare24, Renata Föry, hat sich in Polen ein Netz von über vierzig Partnerunternehmen aufgebaut, mit denen sie eng zusammenarbeitet. Seit 2004 vermittelt sie so tausende polnische Frauen in deutsche Privathaushalte. Föry berechnet dafür pro Pflegekraft einmalig eine Gebühr von etwa 850 Euro. Die deutschen Familien zahlen darüber hinaus je nach Sprachkenntnissen der Pflegekraft monatlich 1300 bis 1800 Euro an das polnische Partnerunternehmen von Seniocare24, von dem die Frauen offiziell entsandt werden. Die Pflegekräfte erhalten von dieser Summe nur einen Bruchteil, nämlich rund 1000 Euro brutto.

Juristen beklagen, dass es sich hier um eine sogenannte

verdeckte Arbeitnehmerüberlassung, also um Leiharbeit handelt. Die Form der Arbeit wird einfach anders deklariert, um so in Deutschland Lohnkosten und Sozialabgaben zu umgehen. In Wahrheit sind nicht die polnischen Entsendeunternehmen die Arbeitgeber, sondern die deutschen Familien, da sie das sogenannte Direktionsrecht ausüben. Sie geben Handlungsanweisungen und sagen den Frauen, was zu tun ist, und nicht etwa der hunderte Kilometer entfernte polnische Vermittler. Weisungen bezüglich ihrer Arbeit darf die polnische Pflegekraft aber rein rechtlich betrachtet nur von der ausländischen Firma, die sie nach Deutschland entsandt hat, erhalten, da sonst eine illegale Arbeitnehmerüberlassung vorliegt. Im Alltag ist das unmöglich zu praktizieren. Wenn die deutsche Familie möchte, dass die polnische Pflegekraft einmal am Tag mit dem Pflegebedürftigen spazieren geht, laut Vertrag aber nur Anziehen, Waschen und Essen Kochen vereinbart sind, dann müsste die Pflegekraft bei ihrem polnischen Arbeitgeber erst um Erlaubnis fragen, was völlig unrealistisch ist. Da das Direktionsrecht also im Alltag bei der deutschen Familie liegt, müssten die Sozialabgaben folgerichtig auch in Deutschland und nicht in Polen gezahlt werden.

Ein zusätzliches Problem entsteht dadurch, dass für die deutschen Haushalte kaum nachvollziehbar ist, ob die polnische Firma, bei der die Pflegekraft angestellt ist, auf legaler Grundlage arbeitet. Sie darf laut Gesetz nur zu sechzig Prozent ausländische Kunden versorgen, müsste also auch in Polen Pflegedienstleistungen anbieten. Wie will eine deutsche Familie das überprüfen?

Juristen bewerten schon allein das Werben mit einer 24-Stunden-Pflege als unseriös, denn es gibt in Deutschland keine rechtlich korrekte, unangreifbare Rund-um-die-Uhr-Betreuung. Um solch eine intensive Betreuungssituation zu gewährleisten, müssten mindestens drei Personen im Haushalt arbeiten. Unter den gegebenen Umständen kann sich das aber niemand leisten.

Die Familien sparen durch entsandte Arbeitnehmerinnen oder selbständige Pflegekräfte viel Geld, Sozialabgaben fallen nur in Höhe der osteuropäischen Sätze und bei Selbständigen gar nicht an. Was die Frauen verdienen, kann beliebig festgelegt werden. Eine angemessene Entlohnung bei gleichzeitiger Berücksichtigung eines 8-Stunden-Tages wäre für die meisten deutschen Familien nicht zu tragen. Die Gewerkschaft ver.di hat errechnet, dass eine Intensivbetreuung rund um die Uhr mit mehreren Pflegekräften mindestens 10 000 Euro monatlich kosten würde. Staatliche Zuschüsse gäbe es dafür nicht, denn die Frauen kommen nicht von einem in Deutschland anerkannten und zertifizierten Pflegedienst.

Das Groteske daran ist, dass die Vermittlungsagenturen gerade damit werben, diese Art der Altenpflege aus der Schmuddelecke herausholen und auf legale Füße stellen zu wollen. Renata Föry von Seniocare24 spricht über die polnischen Pflegekräfte als »legale Ersatztöchter«, die selbstverständlich die gesetzlich vorgeschriebenen Ruhezeiten einhalten. »Außerdem verdienten sie doch gutes Geld«, betont sie immer wieder in den zahlreichen Talkshows, in denen sie für sich und ihr Unternehmen wirbt. Rechtliche Probleme wegen illegaler Arbeitnehmerüberlassung habe sie noch nie gehabt, erzählt sie in einem Bericht des ARD-Magazins »Monitor« vom 6.6.2013. Auf ihrer Seite hat sie das Bundesarbeitsministerium, das auf eine kleine Anfrage der Fraktion DIE LINKE im Bundestag mit dem Titel »Arbeitnehmerrechte ausländischer Pflegehilfskräfte im grauen Pflegemarkt« entgegnet hat, erstmal nichts gegen dieses höchst umstrittene Geschäftsmodell zu unternehmen. Bis heute gibt es weder Einschränkungen noch Verbote. Die Verantwortlichen in der Politik wissen ganz genau, dass ohne diese Kräfte die Finanzlage der Pflegeversicherung und die Situation in den Familien ausgesprochen düster aussähe.

Es bleibt festzuhalten, dass die Verträge, die eine Rund-um-die-Uhr-Betreuung durch polnische Pflegekräfte festschreiben, so gut wie nie den deutschen Gesetzen gerecht werden. Dass sie dennoch in dieser Form abgeschlossen werden können, liegt einzig und allein daran, dass sich derzeit keine einzige Behörde darum kümmert, die darin festgeschriebenen Arbeitsbedingungen zu kontrollieren. Die Politik scheint hier bewusst wegzugucken. Dabei wissen auch die Behörden genau, was auf diesem Markt täglich abläuft. Solange sich aber niemand offiziell beschwert – und das tun die Frauen aus Angst, keine Arbeit mehr zu finden, nicht –, gibt es für die Behörden keinen Grund, zu reagieren. Auch die Politik sieht keine Notwendigkeit, an diesem Zustand etwas zu ändern. Schließlich sorgen diese Frauen dafür, dass das deutsche Pflegesystem (noch) nicht in sich zusammenbricht.

Der Spesentrick: Pflegekräfte auf Dienstreise

Ein mittlerweile weit verbreitetes Entsendemodell, das auch die polnische Kanzlei von Tomasz Major mitentwickelt hat, schickt die Pflegekräfte auf eine »Dienstreise« nach Deutschland. Die Verträge, die mit den Polinnen abgeschlossen werden, sind fast immer sogenannte Dienstleistungsverträge. Die Frauen werden von den Vermittlungsagenturen als freie Mitarbeiterinnen beschäftigt, das heißt, dass sie in Polen ein Gewerbe anmelden müssen. Der größte Teil des Verdienstes wird in Form von steuerfreien Reisespesen abgerechnet. Das geringe Grundentgelt der Frauen beläuft sich auf lediglich etwa 300 Euro. Dieses Verfahren beschert den Agenturen noch höhere Gewinnmargen, denn die Spesen sind nicht sozialversicherungspflichtig und müssen auch nicht besteuert werden.

Die polnische Pflegekraft Alicia David, 58 Jahre alt, arbeitet zwei Jahre lang nach diesem Entsendemodell. Auch sie wird von einer polnischen Vermittlungsfirma auf Dienstreise geschickt. Während ihrer Arbeit bei einem Schlaganfallpatienten verdient sie ungefähr 1000 Euro im Monat, viel Geld für die Polin. Durch Zufall erfährt sie eines Tages, dass die Familie insgesamt 2400 Euro für sie bezahlt. Alicia David beginnt zu recherchieren und bekommt heraus, dass die Vermittlungsfirma einen Großteil dieser Summe kassiert. Außerdem stellt sie fest, dass die Agentur fast keine Beiträge für sie in die Rentenkasse eingezahlt hat. Die Beiträge berechnen sich nach dem Grundgehalt, das durch den Trick der Spesenauszahlung sehr gering ausfällt und mit nur 300 Euro dem sehr geringen polnischen Mindestlohn entspricht. Mit diesem Betrag lässt sich jedenfalls keine Rente finanzieren. Bei Vertragsabschluss ist das geringe Grundentgelt in keiner Weise erwähnt worden. Alicia David kämpft jetzt offiziell vor Gericht um die ihr entgangenen Rentenbeiträge. Ihre Erfolgsaussichten sind allerdings gering. Eine polnische Kontrollbehörde hat ihre Beschwerde bereits zurückgewiesen. Die Ungerechtigkeit lässt ihr jedoch keine Ruhe: »Ich werde den Fall vermutlich nicht gewinnen, aber vielleicht gewinne ich meinen Schlaf zurück.«[6]

Deutsche Familien wissen meist nicht, wie viel die polnische Pflegekraft wirklich verdient, denn den Vertrag schließen sie mit der polnischen Agentur ab, die die Frauen nach Deutschland entsendet. Häufig werden mit den Pflegekräften regelrechte Knebelverträge abgeschlossen, die ihnen unter Androhung von Sanktionen verbieten, mit den deutschen Familien über ihren niedrigen Grundverdienst zu reden.

Die Juristin Sylwia Timm ist fest davon überzeugt, dass die meisten deutschen Familien und auch die Frauen, die als Pflegekraft nach Deutschland kommen, überhaupt nicht wissen, worauf sie sich einlassen. »Sie unterschreiben Verträge, die sie nicht verstehen und deren Konsequenzen sie nicht ermessen können. Sie haben keine Vergleiche, wissen nicht, was recht ist und was nicht. Vor allem die Pflegekräfte sind den Menschen, für die sie arbeiten, häufig schutzlos ausgeliefert.«

Faire Vermittlung: Gibt es die?

Im Laufe ihrer Beratungstätigkeit hat Sylwia Timm viele Verträge zwischen polnischen Pflegekräften und ihren Vermittlungsagenturen untersucht. Ihr Fazit lautet, dass die meisten Verträge zwar geltendem Recht entsprechen, einige von ihnen aber unerlaubte Sonderklauseln enthalten. Außerdem ist aus ihrer Sicht keine der Vermittlungsagenturen, mit denen sie zu tun hatte, hinsichtlich des Preis-Leistungs-Verhältnisses wirklich empfehlenswert. Die Betreuung der deutschen Familien und der Pflegekräfte ist oft nur zu Beginn der Vermittlung zufriedenstellend. Läuft die Zusammenarbeit dann an, ziehen sich viele Agenturen mehr und mehr zurück und kassieren ohne jede erkennbare Gegenleistung Monat für Monat hunderte von Euro.

Aus Sicht von Sylwia Timm spielt die Untätigkeit der Politik in Sachen Pflege den Agenturen geradezu in die Hände. »Der Markt gibt ihnen recht, denn der Bedarf ist ja da. Er wird sich aber völlig selbst überlassen.« Und so zahlen viele deutsche Familien, das haben die Gespräche mit den Angehörigen deutlich gezeigt, allmonatlich Vermittlungsgebühren, oft ohne eine zufriedenstellende Gegenleistung zu erhalten. Auch ist bei vielen die Scheu noch immer groß, diese einzuklagen. Bei jeder Autoreparatur wollen wir wissen, was wie viel gekostet hat und warum, bei den Agenturen aber haken Angehörige nur selten nach. Sie fühlen sich mit der Gesamtsituation ohnehin schon völlig überfordert und greifen nach jedem Strohhalm, der Hilfe und Entlastung verspricht. Sie sind einfach nur froh, wenn da jemand ist, der sich um alles kümmert. Die Knebelverträge, mit denen die Pflegekräfte zusätzlich unter Druck gesetzt werden und die ihnen zum Teil verbieten, mit den deutschen Familien über ihren Verdienst zu sprechen, verstärken die Intransparenz dieses Vermittlungsgeschäfts einmal mehr.

Sylwia Timm resümiert: »Es mag Agenturen geben, die fair vermitteln, sich um ihre Pflegekräfte kümmern, sie aus- und fortbilden, und die darüber hinaus keine überzogenen Vermittlungsgebühren kassieren. Ich persönlich habe im Rahmen meiner Arbeit aber keine einzige von ihnen kennengelernt.«

Erschreckend ist, wie viele Pflegekräfte in deutschen Familien noch immer schwarzarbeiten. Es ist nach wie vor der weitaus größte Teil. Vielen deutschen Familien erscheint es noch immer als die preiswerteste Lösung, und die Polinnen wollen häufig noch immer möglichst viel steuerfrei verdienen. Während deutsche Familien für eine entsendete Pflegekraft zwischen 1200 und 1500 Euro an mehr oder weniger dubiose Vermittler zahlen, liegt der Verdienst der illegalen Betreuungskräfte nur bei 800 bis 1000 Euro im Monat. Den Familien ist nur selten bewusst, dass es sich dabei um eine illegale Beschäftigung und damit um einen Straftatbestand handelt, der mit Ordnungsstrafen in Höhe von bis zu 300000 Euro geahndet wird. Außerdem haben die Interviews mit polnischen Pflegekräften gezeigt, wie belastend solch ungeklärte Arbeitsbedingungen für sie sind und wie sie zu Ausbeutung und Überforderung geführt haben.

2. Im Leben der Anderen – Was polnische Pflegekräfte in deutschen Haushalten erleben

Kaum jemand nimmt Notiz von ihnen. Auch viele Angehörige wissen wenig über die neue, fremde Frau, die da so plötzlich, in ungewohnter Nähe zur Familie, die Eltern oder Schwiegereltern betreut. Auch die vertragliche Seite zwischen Pflegekraft und Agentur bleibt für die Angehörigen oft schwer nachvollziehbar. Für sie ist zunächst nur wichtig, dass ihre pflegebedürftigen Familienangehörigen möglichst schnell versorgt werden.

»Jetzt bin ich mal dran! Jetzt hole ich mir das, was mir zusteht!« So zitiert eine polnische Pflegekraft einen alten Herrn, den sie betreut hat. Was diese beiden Sätze bedeuten, das bekommen nicht die erwachsenen Kinder, sondern vor allem die stets anwesenden polnischen Pflegekräfte zu spüren. Sie sind rund um die Uhr verfügbar und haben in den deutschen Haushalten oft keine klar definierte Rolle. Sie sind Angestellte mit undefinierten, stets wechselnden und wachsenden Aufgaben.

In der Operette »Der Bettelstudent« heißt es über die polnische Frau:

»Von allem Reizenden ein bisschen,
Doch immer grad' das Beste nur. […]
Und g'rade dadurch wird die Polin
Von keinem andern Weib erreicht.«

Polnische Frauen sind Alleskönner. Sie kümmern sich um ihre Familien, den Haushalt und den Garten, sie gehen arbeiten und sind darüber hinaus immer da, wenn sie gebraucht werden. Keine Aufgabe scheint ihnen zu viel. Es ist also wenig verwunderlich, dass sie in ihrem Heimatland fast genauso verehrt werden wie die Mutter Gottes.

So schrecken sie auch vor einer 24-Stunden-Pflege in einem fremden Land nicht zurück. Polnische Frauen haben schon früh gelernt, eigene Bedürfnisse zurückzustellen. In den Online-Bewerbungen vieler Polinnen lese ich, dass sie oft schon über lange Zeit ihre eigenen Eltern versorgt haben, bevor sie in Deutschland als Pflegekraft arbeiten. Sie geben diese Zeit als »Erfahrung in der Altenpflege« an. Das, was sie zu Hause in Polen für ihre eigenen Väter und Mütter geleistet haben, leisten sie jetzt für unsere Eltern, Schwiegereltern oder Großeltern. Was wir nicht schaffen, das schaffen sie. Was uns zu viel ist, das bekommen sie hin. Der Deal scheint klar: Wir haben das Geld, das sie dringend brauchen, um der Familie in Polen ein besseres Leben zu bieten, und sie haben die Kraft, die Ausdauer und die Geduld, die es braucht, einen fremden alten Menschen rund um die Uhr zu versorgen. Und noch etwas scheint sie in besonderer Weise für diese Arbeit zu qualifizieren, nämlich ihre religiöse Erziehung. Ihnen wurde als eine der wichtigsten Lektionen beigebracht, dass jeder Mensch eine Würde hat, egal ob alt oder jung, ob Pole oder Deutscher. Und so behandeln sie die deutschen Senioren, als wenn es ihre eigenen Verwandten wären. Kein Wunder also, dass sie als Pflegekräfte äußerst begehrt sind.

Es scheint, als stützten sich hier zwei defizitäre Systeme: Die deutschen Familien garantieren den Polinnen ein Einkommen und unterstützen den polnischen Staat so im Kampf gegen die Arbeitslosigkeit im Land. Die arbeitslosen Frauen bewahren den deutschen Staat vor einem folgenschweren Kollaps des Pflegesystems. Viele Angehörige sagen: »Ich würde diesen Job keine vier Wochen aushalten!« Rund 200 000 deutsche Familien stellen in den eigenen vier

Wänden Frauen und Männer zu Bedingungen ein, die sie selbst als Zumutung empfinden würden.

Fern der Heimat: Nomaden aus Not

»Du bist mutig!« Das hören viele polnische Frauen von Nachbarn, Freunden und Verwandten, wenn sie zum ersten Mal als Pflegekraft nach Deutschland gehen. Aber fast immer ist es der Mut der Verzweiflung, der sie ins fremde Land treibt. Die Frauen leben oft über Jahre getrennt von ihrer eigenen Familie und verlieren so allmählich den Kontakt zu Ehepartnern, Kindern und Enkeln. In Deutschland arbeiten sie 24 Stunden am Tag, an sieben Tagen der Woche, haben kaum Pausen und wenig Urlaub. Es ist ein Leben zwischen zwei Welten mit der Folge, dass sie sich in keiner der beiden mehr zu Hause fühlen. Die meisten polnischen Pflegekräfte kommen nach Deutschland, weil sie in ihrer Heimat arbeitslos geworden sind. Andere entscheiden sich für die Arbeit im Nachbarland, weil sie von ihrem geringen Lohn oder einer niedrigen Rente in Polen nicht leben können.

»Die wirtschaftliche Misere, die anhaltende Arbeitslosigkeit, die unzureichende Höhe der staatlichen Transferleistungen und vor allem eine ausgeprägte Perspektivlosigkeit in Polen bestärken den Migrationswillen vieler Frauen«, so die polnische Soziologin Agnieszka Satola. Die Schweizer Soziologin Sarah Schillinger fasst die Situation der Frauen als ein Paradoxon zusammen: »Sie migrieren, damit ihre Familie in der Heimat bleiben kann.«

Ein Job als Pflegekraft in Deutschland ist für viele Polinnen vor allem durch den vergleichsweise hohen Verdienst attraktiv. Damit sie ihre Arbeit, deren Lohn oft ganze Familien ernährt, nicht verlieren, überfordern sie sich täglich selbst.

Deutsche Familien schätzen das außergewöhnliche Engagement vieler polnischer Pflegekräfte. Dass die Polinnen für die Pflegearbeit häufig völlig überqualifiziert sind und in Polen eine Ausbildung oder ein Studium absolviert haben, ist ihnen oft nicht bewusst. »Sobald sie bei uns ihre Arbeit im Haushalt antreten, behandeln wir sie wie Putzfrauen. Sie verlieren mit dem Grenzübertritt jede Qualifikation und jede Anerkennung«, so Schillinger.

»Sie sind das Puzzlestückchen, das immer mal wieder herausbricht aus dem einen Familienbild und hineingedrückt wird in ein anderes.« So beschreibt es die Autorin Katja Reimann vom *Tagesspiegel* in ihrem Artikel »Die Pflege der Anderen«. Sie sind Wanderer zwischen den Welten, Nomadinnen, Frauen, die nicht ankommen können, weil der Abschied ihnen – egal ob sie gerade in Deutschland oder in Polen sind –, immer schon wieder im Nacken sitzt. Sie täuschen ihren Angehörigen eine Normalität vor, die es in ihrem Leben schon lange nicht mehr gibt. Ihre nächsten Familienangehörigen sehen sie nur noch auf Computerbildschirmen, Hausaufgaben betreuen sie via Telefon, und verpasste Gelegenheiten versuchen sie in der kurzen Zeit, in der sie zu Hause sind, nachzuholen, um ihre Abwesenheit wiedergutzumachen. Sie putzen, kochen, waschen und räumen auf. Wenn sie dann wieder in den Kleinbus zurück nach Deutschland steigen, sind sie erschöpfter als zuvor. In der Fremde gucken sie polnisches Fernsehen und stricken Strümpfe für ihre Enkelkinder, um sich wenigstens ein bisschen heimisch zu fühlen. Und wenn das Heimweh allzu sehr schmerzt, dann versuchen sie einfach, das Gefühl zu ignorieren. Mit einem normalen Familienleben hat all das nichts mehr zu tun – und das wissen diese Frauen auch. Sie reden sich jedoch ein, dass die Situation zeitlich begrenzt ist, obwohl viele von ihnen mangels Alternative schon einige Jahre so leben. »Ich mache das nicht nur wegen des Geldes, sondern auch für mich selbst. Ich will mir beweisen, dass ich meiner Familie helfen kann und dass ich dazu alleine fähig bin.« So erklärt eine Pflegekraft ihre jahrelange Trennung von der Familie.

Zehntausende polnischer Frauen lassen ihre Familien – Männer, Kinder und Enkel – in Polen zurück. Meistens kümmern sich dann die Großmütter oder die Schwestern der Frauen um deren Nachwuchs. In Polen ist Familie noch immer reine Frauensache.

In der WDR-Sendung »Frau TV« vom 12.9.13 erzählt die 57-jährige Wieslawa offen von ihrem Trennungsschmerz. Die alleinerziehende Mutter arbeitet seit acht Jahren als Pflegekraft in Deutschland. Ihr Mann starb vor vielen Jahren, und um von da an für ihre Kinder sorgen zu können, musste sie diese verlassen. Wieslawa hat vier Töchter, mittlerweile sind auch schon die ersten Enkel da. Ihre polnische Familie sieht sie nur dreimal im Jahr. Niemals wird sie ihre erste Woche in Deutschland vergessen: »Ich habe fünf Kilo abgenommen, konnte nicht essen, nicht schlafen. Ich wusste nicht wohin vor lauter Verzweiflung.«

Den vier Töchtern finanziert Wieslawa heute durch ihren Job als Pflegekraft die Studiengebühren in Polen. »Es gibt mir ein Gefühl der Zufriedenheit, dass meine Kinder durch meine Arbeit was erreichen können.« Ihre Schwester kümmert sich in ihrer Abwesenheit um die Familie. Einmal am Tag skypt Wieslawa mit ihren Töchtern und den Enkelkindern. Es ist der einzige mögliche Kontakt, und es sind die Momente, in denen ihr die Trennung von ihren nächsten Angehörigen besonders schmerzlich bewusst wird: »Niemand kann sich richtig vorstellen, wie viel man dabei verliert. Es fanden Schulveranstaltungen der Kinder statt, bei denen ich nicht dabei sein konnte. Später haben die Kinder ihre ersten Liebschaften durchlebt, die ich nur vom Telefon her kannte. Meine Schwester hat mittlerweile mehr Kontakt zu meiner

Familie als ich, worauf ich ehrlich gesagt neidisch bin. Das tut sehr weh.«

»Transnationale Mütter« nennt Helma Lutz diese osteuropäischen Pendler-Migrantinnen, die im Westen arbeiten und ihre Familien aus der Ferne managen. Aus Sicht der Professorin für Frauen- und Geschlechterforschung wird die Zahl der Pflegemigrantinnen derzeit völlig unterschätzt. Anstatt von 200 000 geht sie infolge ihrer Forschungen sogar von bis zu 500 000 osteuropäischen Pflegekräften aus.

Lutz prognostiziert: »Wenn wir so weitermachen wie bisher, wird der Markt für Pflegemigranten immer größer, und uns bleibt irgendwann nur noch Schadensbegrenzung. Wir müssen den Markt dann immer wieder in seine Schranken weisen.« Die jetzige Lösung ist und bleibt für sie eine absolute Notlösung. »Wir stopfen Löcher und reißen im selben Moment an anderer Stelle neue auf. Anders ausgedrückt: Was wir machen, sind nur Notoperationen. Mir macht diese Entwicklung Angst. Wir haben das Thema Alter und Pflege vollkommen tabuisiert und verdrängt, und genau so macht es auch die Politik. Weil niemand gern über dieses Thema spricht, mogelt sich auch der Staat drum herum, obwohl wir alle wissen, was da auf uns zukommt. Staat und Politik schieben das gesamte Thema Pflege zunehmend ins Private ab. Die Familien sind damit aber schon längst völlig überfordert.«

Lutz stellt die ernstgemeinte Frage, warum es nicht für jeden erwachsenen Menschen einen freien Tag in der Woche für Care-Arbeit gibt: Einen Tag für die Sorge, die Pflege und das Kümmern um Personen, die unsere Hilfe brauchen. Diese Arbeit wird von den meisten Menschen als sehr wichtig eingestuft. Um Verbesserungen und Umstrukturierungen durchsetzen zu können, brauche es aber auch entsprechende Rahmenbedingungen, und eine davon sei Zeit. »Der Markt allein kann es nicht richten!« Damit schließt sich Lutz der amerikanischen Philosophin Nancy Fraser an, die fordert, dass jeder Mensch *caregiver* werden muss. Jeder Mensch muss etwas für die Gemeinschaft tun, ohne sich davon freikaufen zu können.

Lutz beobachtet seit Jahren eine »Feminisierung von Migration«. Es gibt immer mehr Frauen, die ihre Familien verlassen, um im Ausland Geld zu verdienen. Dieses Phänomen sei aber keineswegs eine Erfindung des 21. Jahrhunderts. »Das neue Dienstmädchenphänomen hat historische Vorläufer«, erklärt Lutz. So verließen auch in Deutschland Anfang des 20. Jahrhunderts junge Frauen ihre Heimat, um in Frankreich, den Niederlanden, den USA, Australien oder in deutschen Kolonien zu arbeiten. Heute gehört Deutschland selbst zu den großen »Import-Nationen« von Care-Arbeit. Und Deutschland wird auch weiterhin wichtigstes Zielland in Sachen Pflegemigration bleiben. Lutz schätzt, dass allein in Westeuropa drei Millionen Care-Migrantinnen unterwegs sind. Es sei die am schnellsten wachsende Migrantengruppe weltweit.

Ökonomen, so die Professorin, schätzen die gegenwärtige Situation weit weniger kritisch ein. Schließlich trage das im Westen verdiente Geld dazu bei, die wirtschaftliche Situation in den Heimatländern zu verbessern und so Aufstiegschancen für die nächste Generation zu schaffen. Helma Lutz ist hinsichtlich dieser Aussage skeptisch, denn sie beobachtet seit Jahren, dass die Care-Arbeit oft von einer Generation auf die nächste übertragen wird. Bevor sich die Väter um die zurückgelassenen Kinder kümmerten, würde diese Aufgabe getreu dem polnischen Familienbild erstmal von Großmüttern, Tanten und Schwestern wahrgenommen.

Die Migration der Frauen hat auch weit reichende Folgen für die Beziehungen der Ehepartner untereinander, konstatiert die Wissenschaftlerin Agnieszka Satola. Weil die Frauen mit der Arbeit, die sie früher in ihren polnischen Familien

»umsonst« erledigt haben, plötzlich das Familieneinkommen verdienen, entstehen nicht selten Spannungen innerhalb der Ehe. Die Frauen entwickelten durch ihre Erwerbsarbeit mehr Selbstbewusstsein und sogar eine gewisse Form von Autonomie. Die Ehemänner kämen damit nur schwer zurecht und fühlten sich in ihrer Ernährerrolle düpiert. Viele zögen sich als Konsequenz Stück für Stück von der Familie zurück, weil sie dort keine Aufgabe mehr für sich sähen. Durch die Migration der Frauen werden die traditionellen Rollen so sehr in Frage gestellt, dass es häufig zu ernsten Ehekrisen und zu einer wachsenden Zahl an Trennungen und Scheidungen kommt.

Auch die Beziehungen zu den eigenen Eltern werden durch die Arbeit im Ausland massiv beeinträchtigt. Zu den traditionellen Rollen polnischer Frauen gehört auch die Fürsorge und Pflege der eigenen Eltern und Schwiegereltern. Das ist vielen Frauen aber durch die Tätigkeit als Pflegekraft in Deutschland nicht mehr möglich. Und so kommt es vor, dass sie ihre Väter und Mütter wider Willen in ein polnisches Altenheim geben müssen. In dem Film »Hilfe aus dem Osten« wird eindrücklich geschildert, welche emotionale Belastung das für die Frauen und ihre Eltern mit sich bringt. Die polnische Pflegekraft Bozana, die seit Jahren im Ausland lebt und arbeitet, wird von einem Filmteam begleitet, als sie ihre betagten Eltern in einem Seniorenheim besucht. Bozana ist nur noch selten in Polen und sieht ihre Eltern oft monatelang nicht. Als sie das spärlich eingerichtete Zimmer betritt, nehmen ihre beiden bettlägerigen Eltern zunächst kaum Notiz von ihr. Die Tochter spürt den Schmerz der langen Trennung und kann ihre Tränen nicht zurückhalten. Sie setzt sich ans Bett ihrer alten Mutter. Als die Seniorin ihre Tochter erkennt, laufen auch ihr Tränen übers Gesicht. Die beiden Frauen nehmen sich in den Arm, schauen sich lange an, und dann passiert etwas Unglaubliches: Die 50-jährige

Bozana legt sich, ohne ein Wort zu sagen, zu ihrer alten Mutter in das schmale Pflegebett, kriecht in ihre Arme, hält sich an ihr fest und weint bitterlich wie ein schutzloses Kind. Es ist eine ausgesprochen anrührende Szene, die spürbar werden lässt, was es für die Tochter heißt, ihre Eltern nicht selbst versorgen und pflegen zu können. Ihr bettlägeriger und dementer Vater, der nur wenige Meter entfernt in seinem Bett liegt, bekommt von dieser Szene nur wenig mit. Er starrt auch dann geistesabwesend unter die Decke des zehn Quadratmeter großen Zimmers, als Bozana ihm einen Schokoladenhasen aus deutscher Produktion auf seinen Nachttisch stellt. Im Beitrag wird erläutert, dass in diesem polnischen Heim zwei Pflegekräfte dreißig alte Menschen versorgen. Bozana pflegt in Deutschland einen einzigen alten Mann rund um die Uhr.

Ausgeliefert: Pflegekräfte ohne Lobby

Sylwia Timm kennt sich aus mit den Sorgen und Nöten polnischer Pflegekräfte. In ganz Deutschland gibt es zurzeit nur diese eine offizielle Beratungsstelle, die sich um deren Belange kümmert. In vielen Fällen sind es Probleme mit den Vermittlungsagenturen, die hier zur Sprache kommen. Aber auch Konflikte mit den Angehörigen und Pflegebedürftigen belasten den Alltag der Pflegekräfte. Die hauptamtlich beschäftigte polnische Juristin Sylwia Timm weiß, wovon sie spricht, wenn sie sagt: »Was hier passiert, grenzt oft an moderne Leibeigenschaft.«

In erster Linie rufen bei ihr Frauen an, die sich in akuten Notsituationen befinden. Die einen fühlen sich von den Familien schlecht behandelt, andere klagen über ihre Agenturen, wieder andere fühlen sich hilflos und alleingelassen mit schwerkranken, oft dementen Senioren. Sylwia Timm ist eine ruhige, nachdenkliche Frau. Sie erzählt von einer Pflegekraft, die sie an diesem Morgen aus dem süddeutschen Raum angerufen hat. Sie pflegt dort einen alten Mann. »Die Frau war völlig am Ende, hat nur ganz leise in den Hörer geflüstert, damit der Pflegebedürftige nichts mitbekommt. Sie erzählte mir, dass der alte Mann sie permanent sexuell bedrängt, indem er sie unsittlich berührt. Immer wieder fordert er sie zu sexuellen Handlungen auf.« Die Pflegekraft, eine gelernte Hebamme, weiß sich keinen Rat mehr. Durch die Pflegesituation muss sie dem Mann immer wieder körperlich nahekommen, und genau das sind die Momente, die er schamlos ausnutzt. Die beiden sind den ganzen Tag über allein im Haus. Es gibt niemanden, mit dem die Pflegekraft über ihre Not reden kann. Mittlerweile hat sie regelrecht Angst vor dem alten Mann, der trotz seines Alters noch sehr kräftig ist. »Es ist oft so, dass Frauen in einer solch akuten Situation bei mir anrufen. Sie melden sich erst, wenn sie absolut nicht mehr weiterwissen und bereits alles versucht haben. In ihrer Rolle als Pflegekraft erdulden sie oft viel zu lange unhaltbare Zustände.« Die Frau finanziert mit dem Geld, das sie für die Pflege des alten Mannes bekommt, das Studium ihrer beiden Söhne in Polen. Sie weiß, dass sie diese Stelle unter Umständen sofort verliert, wenn sie sich offiziell bei ihrer Agentur beschwert. Im Falle eines Stellenverlusts wäre völlig unklar, wann und ob sie eine neue, bessere Arbeit findet.

»Hier rufen Frauen an, die erzählen, dass sie in den Familien, in denen sie arbeiten, nicht genug zu essen bekommen, dass sie im Keller in einem fensterlosen Raum schlafen, dass die Verträge, die sie unterschrieben haben, in keiner Weise eingehalten werden oder dass die Agenturen, von denen sie sich Verbindlichkeit und auch einen gewissen Schutz versprechen, sie ausbeuten und unter Druck setzen. Wenn man die polnischen Internetforen durchstöbert, wie ich das aus beruflichen Gründen oft tue, dann stößt man auf eine regelrechte Klagemauer dieser Frauen.«

Sylwia Timm hört sich die Leidensgeschichten polnischer Pflegekräfte täglich am Telefon an. In den meisten Fällen kann sie wenig bis gar nichts tun. »Die Pflege findet in den Privaträumen der Familien statt. Da haben wir keinerlei Befugnis einzugreifen. Ich kann in meiner Rolle nur appellieren und vermitteln.«

Im Fall der Pflegekraft, die von dem Pflegebedürftigen ständig sexuell genötigt wird, kontaktiert sie den Sohn des Mannes. »Der wollte mit der Sache nichts zu tun haben, weil er selbst ein schwieriges Verhältnis zu seinem Vater hatte. Manchmal rate ich den Frauen zu kündigen. Mehr kann ich meistens nicht tun. Es gibt in diesem Bereich keinerlei Kontrolle oder Standards.

»Neulich hat eine Frau angerufen, die nicht einmal wusste, ob sie gerade in Ost- oder Westdeutschland ist. Sie konnte den Namen des Ortes, in dem sie seit Wochen arbeitete, nicht nennen. Das war eine einfache Frau, die vollkommen isoliert mit einem alten Menschen zusammenlebte, ohne jeden Außenkontakt. Sie erzählte mir, dass sie durch die enorme Arbeitsbelastung und die 24-Stunden-Bereitschaft schwer krank geworden sei. Sie könne seit Monaten keine Nacht mehr durchschlafen. Als sie sich bei ihrer Vermittlungsagentur beschwert, bekommt sie zur Antwort: ›Sie können ja gehen!‹ Diese Aussage kommt einer Entlassung gleich.« Sylwia Timm ruft darauf die Tochter der pflegebedürftigen alten Dame an. Diese behauptet kurzerhand, dass es im Haus ihrer Mutter keine Polin gebe. »So etwas erlebe ich immer wieder: Familienmitglieder, die sich herausreden, die selbst spürbar unter Druck sind und diesen Druck an die polnischen Pflegekräfte weitergeben. Die Frauen, die sich bei mir melden, sind oft ängstlich und völlig verschüchtert. Sie trauen sich zum

Beispiel nicht, zu einem deutschen Arzt zu gehen, wenn sie krank sind, einfach weil sie kein Deutsch sprechen.«

Sylwia Timm hat es schließlich geschafft, die kranke Frau aus der Familie herauszuholen. Als die Polin das Haus verlässt, ruft prompt die Tochter der alten Frau bei der Juristin an und beschwert sich darüber, dass sie ihre Mutter ihretwegen jetzt selbst versorgen müsse. »Da hat sie dann plötzlich zugegeben, dass es eine illegal beschäftigte polnische Pflegekraft im Haus ihrer Mutter gab.«

Sylwia Timm hört den Frauen zu, macht ihnen Mut und stärkt ihnen auch in juristischen Belangen den Rücken. »Manche von ihnen trauen sich danach sogar, vor Gericht zu gehen. Diese Generation von polnischen Frauen, meistens zwischen fünfzig und sechzig Jahre alt, ist es nicht gewohnt, sich zu wehren. Sie haben wenig Selbstbewusstsein und sind oft sehr hierarchiegläubig. Zudem hegen einige von ihnen Deutschen gegenüber historisch bedingt noch immer ein gewisses Misstrauen.

Auf dem Schreibtisch der Juristin türmen sich handgeschriebene Briefe von Pflegekräften, die ihr das Herz ausschütten, doch meistens sind ihr die Hände gebunden. »Nur mit einem richterlichen Beschluss bekommen Sie Zugang zu einem Privathaus. Jeden Schwarzarbeiter, der in Deutschland eine Fassade streicht, können Sie rechtlich belangen. Die Familien, die diese Frauen schlecht behandeln, nicht. Auch den Agenturen, die die Frauen ganz offensichtlich ausbeuten, ist nur schwer beizukommen«, beklagt sie. »Sie sind rechtlich hervorragend beraten!«

Für die Polinnen gibt es in Deutschland wie in Polen nur wenige Stellen, die ihnen fachlichen Rat anbieten. Wenn sie diese Angebote nicht wahrnehmen können oder ihnen die Anlaufstellen unbekannt sind, müssen sie glauben, was ihnen von den Familien, den Agenturen oder anderen Pflegekräften erzählt wird. Bezeichnenderweise arbeitet Sylwia

Timm eng mit der Organisation »La Strada« zusammen, einer Anlauf- und Beratungsstelle für Mädchen und Frauen, die zur Beschaffung von Drogen in der Prostitution arbeiten oder von Gewalt bedroht sind. Hier holt sie sich Hilfe und Unterstützung, wenn sie Frauen berät, die unter sexuellen Übergriffen von Pflegebedürftigen oder ihren Angehörigen leiden, was keine Seltenheit ist. Die Juristin ist aufgebracht, wenn sie darüber spricht. »Es ist ein Armutszeugnis, dass sich niemand in diesem reichen Deutschland offiziell um die Nöte dieser vielen Frauen kümmert.«

Inkognito: Geheime Treffen am Straßenrand

Niemand würde eine polnische Pflegekraft, die in einem deutschen Haushalt arbeitet, ohne weiteres erkennen. Wie also komme ich mit ihnen in Kontakt? Über die Agenturen ist eine Kontaktaufnahme undenkbar, denn die Frauen wären nicht mehr anonym und würden, aus Angst, ihren Job zu verlieren, keine Kritik an ihrer Arbeit üben. Zudem hätten die Agenturen sicherlich kein Interesse daran, Gegenstand eines kritischen Buches über die Vermittlung von Pflegekräften zu werden.

Die meisten Frauen lerne ich schließlich durch Mundpropaganda über Menschen kennen, die von einer Familie wissen, die eine polnische Pflegekraft beschäftigt. Sie drücken mir irgendwann eine Handynummer in die Hand, über die ich die Polinnen direkt erreichen kann. Einige der Frauen lerne ich auch über Internetforen und über die Beratungsstelle »Faire Mobilität« kennen. Bei den Gesprächen treffe ich auf Frauen, die noch nie über ihre Situation gesprochen haben und die alles, was sie bewegt und besorgt, mit sich selbst ausmachen. Sie weinen nächtelang und führen einsame Selbstgespräche. Die Gründe hierfür werden schnell klar: Niemand interessiert sich wirklich für sie. Die Angehörigen der Senioren sind erstmal froh, eine bezahlbare Betreuung für ihre Eltern oder Schwiegereltern gefunden zu haben. Außerdem sind sie vollends mit der Organisation der Pflege beschäftigt. Ein Vollzeitjob.

Die Pflegebedürftigen müssen sich im Alter an eine völlig fremde Person im Haus gewöhnen und sind meist viel zu sehr mit sich selbst, den Veränderungen und ihren eigenen Ängsten beschäftigt, als dass sie sich nach dem Wohl der Pflegekräfte erkundigen. Und auch die Familien der Frauen in Polen fragen meist nicht näher nach, wie es der Ehefrau, der Mutter oder der Oma in Deutschland geht. Der Lebensmittelpunkt bleibt der Alltag der »Restfamilie« in Polen. Sie ist bei den allabendlichen Telefonaten das Gesprächsthema Nummer eins. Das Leben in Deutschland spielt kaum eine Rolle, und so sind viele der Frauen über die Jahre regelrecht verstummt. Einige von ihnen haben zunächst Angst, offen über ihre Erfahrungen zu sprechen. Sie fürchten sich vor einem negativen Eintrag in die Personalakte ihrer Vermittlungsagentur, falls sie erkannt werden. Andere Pflegekräfte möchten nicht, dass in ihrer Heimat bekannt wird, was sie hier in Deutschland tun. Deshalb habe ich den Frauen zugesichert, dass sie in diesem Buch anonym bleiben. Nur so ist es möglich, überhaupt mit ihnen ins Gespräch zu kommen.

Bei den meisten Pflegekräften beginnt der Kontakt mit einer SMS, denn die Frauen haben fast nie einen eigenen Festnetzanschluss. Ein Handy haben sie allerdings alle. Einige Frauen melden sich gar nicht zurück, andere teilen mir kurz eine Uhrzeit mit, zu der ich sie anrufen kann. Diese Gespräche finden meistens abends statt, wenn die Senioren im Bett liegen, oder aber mittags, wenn die Pflegebedürftigen sich nach dem Essen ausruhen. Das erste Telefonat ist meistens kurz:

»Sind Sie bereit, sich mit mir zu treffen?«

»Ja.«

»In welcher Stadt, in welcher Straße leben Sie? Wann und wo sollen wir uns treffen?« Einen geeigneten Ort für ein Gespräch mit den Polinnen zu finden, gestaltet sich als eine der schwierigsten Herausforderungen bei meiner Recherche.

Magda arbeitet als Pflegekraft in einem kleinen Eifeldorf. Ihre betagten Arbeitgeber, ein wohlhabendes Ehepaar mit großem Haus und großem Garten, wissen nicht, dass sie sich mit mir treffen möchte. Magda schiebt einen Arztbesuch vor. Wir sind in einem kleinen Café etwas außerhalb des Ortes verabredet. Suchende Blicke, dann erkennen wir uns. Magda wirkt ängstlich, einige Leute hier im Ort wissen, wer sie ist und wo sie arbeitet. Ich versichere ihr, dass niemand ihren richtigen Namen erfahren wird, genauso wenig wie den Ort und die Namen ihrer Arbeitgeber. Als wir uns an einen kleinen Tisch in eine Ecke des Cafés setzen, huscht ein Lächeln über Magdas Gesicht: »Schön, dass Sie gekommen sind.« Diesen Satz hätte ich gern als Erste gesagt.

Magda ist eine sympathische, etwa 50-jährige Frau mit wachen Augen. Ich stelle mich ihr vor, während ihr Blick immer wieder nach hinten oder zur Seite wandert. Hoffentlich kommt niemand vorbei, der sie kennt. Zu groß ist bei vielen Pflegekräften die Angst, ihren Job zu verlieren, wenn herauskommt, dass sie sich kritisch über ihre Arbeit in Deutschland äußern. Ich habe Magda in einem der vielen Internetforen, in denen polnische Pflegekräfte praktische Tipps und Ratschläge austauschen, gefunden. Wann fährt wo ein Bus Richtung Polen? Ist der Vertrag, den ich unterschrieben habe, in Ordnung? Wer kann mich in zwei Monaten, wenn ich zurück nach Polen muss, vertreten? Diese und andere Fragen werden dort täglich gestellt und beantwortet.

Über das gleiche Internetforum lerne ich Barbara kennen. Sie ist Mitte sechzig und pflegt eine alte Dame im Hunsrück.

Als ich sie anrufe, sprudelt die Stimme einer aufgeweckten Frau durch die Leitung. Ja, gerne will sie sich mit mir treffen. Sie hält kurz den Hörer zur Seite und ruft der alten Dame, die sie betreut zu: »Da ist eine Journalistin am Telefon, die sich mit mir treffen möchte. Geht das nächsten Montag um fünf?« Die alte Dame stimmt zu. Als ich ein paar Tage später an der Haustür klingele, steht ein junger Mann vor mir. Es ist der Sohn der alten Dame, der mit im Haus wohnt. Er erklärt mir, dass Barbara nicht zu Hause sei. Ihr sei etwas dazwischengekommen. Als ich warten will, erwidert er nur: »Ich möchte nicht, dass Sie mit ihr sprechen!«

Ein großes Problem bei der Recherche ist neben der Suche nach einem geeigneten Gesprächsort auch die nach einem Termin mit den Polinnen. Sie arbeiten fast alle rund um die Uhr, 24 Stunden am Tag, 7 Tage die Woche. Selten verlassen sie das Haus, erst recht nicht für ein paar Stunden am Stück. Einige Frauen müssen sich bei der Familie, für die sie arbeiten, an- und abmelden. Wie ist ein persönliches Gespräch unter diesen Bedingungen möglich? Eines der wenigen Zeitfenster, über welches die Pflegekräfte frei verfügen, ist der Sonntagvormittag. Viele Polinnen gehen dann zum Gottesdienst in die Kirche. Oft ist dies die einzige Abwechslung in einem sonst monotonen und geradezu minutiös durchorganisierten Alltag. Infolgedessen finden einige der Gespräche nach der sonntäglichen Messe statt. Ein weiterer günstiger Zeitpunkt für ein Treffen mit den Pflegekräften ist die Mittagszeit, wenn die Senioren schlafen. In einigen Fällen habe ich die Interviews im Haus der Pflegebedürftigen geführt. Sie und auch ihre Angehörigen wussten immer Bescheid und waren damit einverstanden.

Ein kleiner Teil, etwa zwanzig Prozent aller polnischen Pflegekräfte in Deutschland, ist Schätzungen zufolge männlich. Es sind polnische Männer, die putzen, Windeln wechseln, einkaufen und kochen. Einige habe ich flüchtig über die Polinnen, die ich interviewt habe, kennengelernt. Nur zwei von ihnen sind schließlich zu einem Gespräch bereit. Zu groß ist bei vielen Männern die Furcht, in der Heimat als Versager zu gelten. »Bei Handwerkern ist das etwas anderes«, erzählt mir Hendrik, der seit zwei Jahren in der Nähe von Bonn einen älteren Herrn betreut. »Da sagt niemand etwas. Aber wenn jemand in Polen erfährt, dass ich hier einem deutschen Rentner den Hintern abputze, bin ich unten durch.«

Die Gespräche dauern immer mehrere Stunden. Sie sind intensiv und kräftezehrend für die Pflegekräfte, denn die meisten haben noch nie so offen und ehrlich über ihre Arbeit, ihren Trennungsschmerz und ihre Gefühle gesprochen. Durch die Erlebnisse, die sie schildern, halten sie uns gewissermaßen einen Spiegel vor. Was wir darin sehen, ist nicht immer schön, aber es kann helfen, die Beziehungen zwischen allen Beteiligten zu verbessern und vor allem mehr Verständnis füreinander zu entwickeln.

Erfahrungsberichte polnischer Pflegekräfte in deutschen Haushalten

Die Interviews mit den polnischen Pflegekräften haben mir eines sehr deutlich gezeigt, nämlich dass der Leidensdruck dieser Menschen enorm ist. Die meisten von ihnen haben noch nie zuvor über ihr Leben an deutschen Pflegebetten gesprochen und zeigen sich zunächst skeptisch und überrascht, dass sich überhaupt jemand für sie interessiert. Die Begegnungen mit ihnen sind ausnahmslos sehr persönlich und herzlich, die Gespräche offen und ehrlich. Bei fast jedem Treffen fließen irgendwann Tränen. Die Pflegekräfte, die sich in diesem Buch äußern, haben sich mit ihrem Schattendasein hinter deutschen Haustüren schon lange abgefunden. Aber wie erleben sie die Betreuungssituation in fremden Häusern, mit fremden Menschen, einer fremden Sprache in einem fremden Land? Um diese Situation besser nachvollziehen zu können, ist es vielleicht hilfreich, sich das Ganze einmal umgekehrt vorzustellen:

Weil Sie zu Hause in Deutschland trotz guter Ausbildung keine Arbeit finden, bewerben Sie sich als Pflegekraft im Nachbarland Polen. Sie gehen ohne Qualifikation und ohne die Sprache zu beherrschen in dieses fremde Land, um dort den Lebensunterhalt für sich und Ihre gesamte Familie zu verdienen. Eine deutsche Agentur vermittelt Sie in einen kleinen Ort an der weißrussischen Grenze. Sie haben einen Koffer mit Ihren wichtigsten persönlichen Dingen gepackt und warten nun auf den Kleinbus, der sie schließlich am Parkplatz in ihrem Heimatort abholt und in eine polnische Familie bringen wird. Den Ort und die Umgebung haben Sie sich kurz vor der Abreise auf der Landkarte angeschaut. Nach 20-stündiger Fahrt sind Sie endlich am Ziel, aufgeregt und erschöpft zugleich. Sie steigen aus, schauen sich um, aber natürlich ist Ihnen zunächst alles fremd, vor allem die Menschen, die Ihnen jetzt mit einem erwartungsvollen Blick an der Haustür gegenüberstehen. Sie sprechen kaum ein Wort polnisch, mühen sich zur Begrüßung ein »Dzień dobry« ab. Freundliche Gesten müssen jetzt aushelfen, wo Worte fehlen. Die Angehörigen der pflegebedürftigen alten Dame zeigen Ihnen ein kleines Zimmer im Dachgeschoss, das ab jetzt für mehrere Monate ihr neues Zuhause sein wird. In Deutschland hatten Sie zusammen mit Ihrer Familie eine nach Ihrem Geschmack eingerichtete Wohnung. Hier leben Sie in den ausrangierten Möbeln der polnischen Seniorin. Sie kennen weit und breit niemanden. Der einzige Kontakt zu Ihrer Familie und Ihren Freunden findet per Telefon und Internet statt.

Dieser kleine Exkurs vermittelt vielleicht einen ersten kleinen Eindruck davon, wie eine polnische Pflegekraft sich fühlt, wenn sie in einer deutschen Familie ankommt. Sie taucht von heute auf morgen ein in ein Leben, das mit ihrem bisherigen Alltag wenig gemein hat. Sie versorgt Menschen, deren Namen sie kaum aussprechen kann, übernimmt eine Arbeit, die psychisch und physisch alles von ihr fordert. Polnische Pflegekräfte versorgen alte, oft demente Menschen, wechseln Windeln, trösten die Senioren, wenn sie Schmerzen haben, und muntern sie auf, wenn sie lebensmüde sind. Sie kaufen ein, putzen, kümmern sich um den Garten und machen die Wäsche.

Eine umfangreiche Forschungsarbeit im Auftrag der Hans-Böckler-Stiftung mit dem Titel »Ausländische Pflegekräfte in Privathaushalten« aus dem Jahr 2012 beschreibt die Situation für die Betroffenen als äußerst ambivalent:

»Durch das Arrangement der 24-Stunden-Pflege, in welche die Pflegekräfte jeweils über mehrere Monate eingebunden sind, verschwindet der Lebensalltag der Arbeitnehmerinnen außerhalb der Pflegearbeit fast vollständig. Arbeit und Alltag fallen in eins; die Pflege und Betreuung der pflegebedürftigen Person und die damit verbundenen hauswirtschaftlichen Tätigkeiten nehmen fast das ganze alltägliche Leben der osteuropäischen Arbeitnehmerinnen in Deutschland in Beschlag. Da es nur sehr wenige Sozialkontakte außerhalb gibt, entsteht das starke Bedürfnis, die bestehenden Sozialkontakte innerhalb des Pflegesettings so positiv wie irgend möglich zu gestalten – oder zumindest: erscheinen zu lassen.«

Dies ist sicher ein Grund dafür, warum diese Frauen den Pflegebedürftigen und ihren deutschen Angehörigen mit großer Herzlichkeit entgegentreten und sich immer sehr um ein gutes Verhältnis zu ihnen bemühen. Durch ihre pflegerische Arbeit und ihre ständige Anwesenheit haben die Pflegekräfte zudem sehr private, fast intime Einblicke in das Leben und den Alltag deutscher Familien. Sie bekommen die Hilflosigkeit der erwachsenen Kinder mit, die nicht wissen, wohin mit den pflegebedürftigen Eltern. Sie erleben verbitterte alte Menschen, die nicht verstehen, wie ihre Kinder sie in die Hände einer ausländischen Pflegekraft geben können und damit den Generationenvertrag aufkündigen. Sie bekommen familiäre Spannungen mit, vermitteln zwischen Eltern und erwachsenen Kindern und sitzen am Ende nicht selten allein am Sterbebett der alten Menschen.

Vielen deutschen Familien ist nicht bewusst, dass die Pflegekräfte von den Vermittlungsagenturen zum Teil unter Druck gesetzt werden, die deutsche »Kundschaft« um jeden Preis zufriedenzustellen. Oft ahnen die Angehörigen nicht, wie sehr die Frauen versuchen, die ständig wechselnden Erwartungen, die von allen Seiten an sie gestellt werden, zu erfüllen und sich dabei letztlich oft grenzenlos überfordern.

In dem RBB-Beitrag »Omas neue Polin« von Petra Cyrus kommt die junge Polin Greta in einer Berliner Familie an, um dort die Mutter eines pensionierten Lehrerehepaares zu pflegen. Die beiden empfangen sie mit Blumen und einem warmen Mittagessen. Kurz darauf wird sie in ein kleines Häuschen im Garten geführt, in dem sie fortan mit der pflegebedürftigen alten Dame zusammen wohnen und leben soll. Dann eröffnet ihr die Lehrerin fast beiläufig: »Sie müssten wohl mit meiner Mutter in einem Zimmer schlafen. Aber sie ist eine ruhige Schläferin. Ich hoffe, das ist so in Ordnung für Sie.« Ein paar Sekunden lang ist es still. Dann nickt Greta kurz mit dem Kopf, um ihr Einverständnis zu signalisieren. Was soll sie in dieser Situation auch anderes tun? Von diesem Moment an verbringt die polnische Pflegekraft Tag und Nacht an der Seite der betagten Frau. Sie gibt ihr eigenes jugendliches Leben auf und führt ab jetzt das einer 80-jährigen Seniorin.

Warum nehmen gerade polnische Frauen eine solche Arbeit auf sich? Viele haben von Kindesbeinen an gelernt, sich zurückzunehmen und auf das Wohl anderer mehr bedacht zu sein als auf das eigene. Die Pflegekräfte, die in diesem Kapitel über ihre Erlebnisse in deutschen Haushalten sprechen, möchten mit ihren Schilderungen, in denen sie auch schmerzliche Details nicht aussparen, dazu beitragen, dass ihre Arbeit sichtbar wird. Es ist ihnen wichtig, dass die deutschen Familien sie besser verstehen und die häusliche Pflege dadurch besser gelingt. Sie alle betonen, dass sie sich diese Arbeit selbst ausgesucht haben. Ihnen sei deshalb auch klar, dass die Verantwortung für ihre Probleme nur zu einem Bruchteil bei den deutschen Familien liegt.

Donata: Ausgebrannt

Ich treffe Donata am Busbahnhof eines kleinen Dorfes in Oberfranken. Sie trägt ein langes, rotes Leinenkleid und kurze Haare, ihr Händedruck ist fest. Donata lebt seit sechs Jahren in Deutschland und hat bereits in vierzehn deutschen Familien als Pflegekraft gearbeitet. Jetzt ist sie ausgebrannt. Seelisch und körperlich. Sie kann nicht mehr. Ihr neues Zuhause ist eine zweihundert Quadratmeter große, sanierungsbedürftige Altenheimetage mit Blick auf einen Supermarkt-Parkplatz. Der Eigentümer lässt sie für 200 Euro monatlich dort wohnen, bis die geplanten Umbauarbeiten beginnen. In der Küche stehen ein Herd, ein kleiner Tisch und ein Kühlschrank. In einem der anderen leeren Zimmer liegt eine Matratze auf dem Boden. Donata breitet die Arme aus. »Das hier ist mein Reich!« Sie kennt hier außer den Kollegen aus einem nahe gelegenen Altenheim, in dem sie seit kurzem stundenweise arbeitet, niemanden. Aber das macht ihr nichts. Die ehemalige Lehrerin aus Polen genießt sichtlich ihre neu gewonnene Freiheit.

Sechs Jahre lang hat sie sich in den Häusern und Wohnungen deutscher Familien wie eingesperrt gefühlt. Die Türen standen zwar offen, aber sie konnte nicht weg. Vierzehn Mal versorgt sie alte Männer und Frauen, die meisten von ihnen dement, vereinsamt und krank. Sie wickelt und wäscht sie, sie hilft ihnen beim Anziehen, kocht, muntert sie auf, wenn sie keinen Sinn mehr in ihrem Leben sehen. Und sie hält ihre Hände, als sie im Sterben liegen.

Donata kocht Tee. Sie erzählt, dass sie selbst krank geworden ist durch die Arbeit der letzten Jahre. »Das ist keine normale Arbeit, 24 Stunden am Tag allein mit einem alten, verwirrten und gebrechlichen Menschen zusammen zu sein. Wer hat die Idee gehabt, uns unter diesen Bedingungen hier herzuholen?«, fragt sie in den Raum. Natürlich weiß sie, dass niemand sie dazu gezwungen hat, aber sie kann sich nicht damit abfinden, dass sie aus reiner wirtschaftlicher Not in die Fremde gehen muss, um dort eine Arbeit zu tun, die aus ihrer Sicht doch eigentlich von der Familie geleistet werden müsste, die vielen Angehörigen aber zu viel, zu schwer, zu unangenehm und zu belastend ist. Als sie sich zu mir an den Tisch setzt, nimmt sie ihre Perücke vom Kopf. Donata sind über die Jahre fast alle Haare ausgefallen.

Eigentlich wollte sie nie Deutsch lernen. Und sie wollte erst recht nie nach Deutschland fahren. Schon in jungen Jahren lernt sie, Russen und Deutsche gleichermaßen zu verachten. Heute, fünfzig Jahre später, lebt sie in einem kleinen Dorf in Oberfranken und spricht fließend Deutsch. Donata nennt es Ironie des Schicksals. Sie fand damals als Lehrerin keine Arbeit mehr in Polen, und in Deutschland wurden dringend Pflegekräfte gesucht. So zieht es sie vor acht Jahren zum ersten Mal ins Nachbarland. Auf der Fensterbank in der Küche stehen ein paar gebundene deutsche Bücher, es sind Geschenke von den vielen Familien, bei denen sie als Pflegekraft gearbeitet hat. Zielsicher greift sie nach einem Kinderbuch mit der Aufschrift »Die sieben Schwaben«, einem

Märchen der Brüder Grimm. Darin wird erzählt, wie sieben Schwaben gemeinsam einen Drachen erlegen wollen, der in Wirklichkeit ein Hase ist. Keiner von ihnen traut sich, den ersten Schritt zu machen. Und so fordern sie sich gegenseitig auf: Hannemann, geh du voran, du hast die größten Stiefel an. »Wir Polinnen, wir sind alle dieser Hannemann«, sagt Donata. »Wir sind dazu erzogen, für andere da zu sein. Wir übernehmen eine Arbeit, vor der die nächsten Angehörigen, die eigenen Kinder, oft große Angst haben. Sie können sich nicht vorstellen, ihre eigenen Eltern auch nur zeitweise zu pflegen. Sie schicken uns voran.«

Als Donata zum ersten Mal aus Polen nach Deutschland fährt, sitzt sie in einem Kleinbus Richtung Dortmund. Dort treffen sich fast hundert polnische Pflegekräfte auf Einladung einer großen Vermittlungsagentur. Die meisten Frauen, die mit ihr fahren, kennen das Procedere schon. Die Verträge werden durchgesprochen und unterzeichnet, dann folgen eine kurze Einführung und die Information, wer zu welcher Familie in welchen Ort gebracht wird. Die Frauen wirken abgespannt und müde. Sie erzählen von der körperlichen und seelischen Dauerbelastung, der sie in den deutschen Familien ausgesetzt sind. Viele von ihnen haben Alkoholprobleme. Donata wird unwohl bei all den Geschichten, die sie hier hört.

Nachdem sie den Vermittlungsvertrag unterschrieben hat, steigt sie am folgenden Morgen wieder in den Kleinbus, der sie schließlich zu der Familie bringt, bei der sie die nächsten Monate als Pflegekraft arbeiten wird. An der Haustür wird sie mit ein paar freundlichen Worten an die Angehörigen übergeben. »Die Deutschen mögen diesen Service«, betont Donata. »Wir sind wie Postpakete. Polinnen frei Haus!«

Donata wird zu einem älteren Ehepaar vermittelt. Sie soll dort die über 90-jährige, demenzkranke Frau pflegen. Ihr vertraglich vereinbarter Lohn beträgt 1200 Euro netto.

Die Agentur bekommt einmalig 800 Euro für Donatas Vermittlung. Die alte Dame ist fast blind und taub. Im Haus lebt sie zusammen mit ihrem zehn Jahre jüngeren Ehemann. Tag und Nacht kümmert sich Donata um die alte Dame, die nichts mehr alleine kann. Sie hilft ihr beim Anziehen, Waschen und Essen sowie beim Gang zur Toilette. Ihr Ehemann, der körperlich noch recht selbständig, aber spürbar dement ist, reagiert zunehmend eifersüchtig. Von einem Tag auf den anderen fordert er Donatas Hilfe ein. Er kann plötzlich nicht mehr allein zur Toilette gehen. Als Donata ihm erklärt, dass er das doch immer gut geschafft hat, uriniert er eines Nachts ins Bett. Er ruft nach Donata, die geduldig alles aufwischt und das Bett neu bezieht. In der folgenden Nacht liegt derselbe Mann laut schreiend auf dem Boden vor seinem Bett. Er wiegt fast hundert Kilogramm. Donata hievt ihn hoch, legt ihn wieder hin. Eine Woche später beschmiert er sein Bett mit seinen Exkrementen. Auch in dieser Nacht ist Donata zur Stelle.

Sie weiß, dass die nächtlichen Attacken nicht ihr gelten, sondern Verzweiflungstaten des alten Mannes sind. Donata hat sich schlaugemacht und Bücher gelesen über das Alter, die damit zusammenhängenden Depressionen und Demenz. »Die hochbetagten Menschen wissen oft nicht, was sie mit ihrem Leben noch anfangen sollen. Sie sind einsam, fühlen sich unnütz und suchen mit allen Mitteln nach einem Sinn, nach Abwechslung in ihrem stupiden Alltag«, erklärt Donata. So ist es auch kein Zufall, dass der pflegebedürftige Senior sie ausnahmslos nachts zu sich ruft, wenn sie nur ihr Nachthemd trägt. Dann sitzt er auf der Bettkante und schaut zu, wie sie den Boden wischt. Donata spürt, wie ihre Kräfte zunehmend schwinden, weil sie plötzlich zwei alte Menschen zu versorgen hat.

Hilflos und überfordert: Die Einsamkeit am Pflegebett

Vor allem bei der Pflege demenzkranker Menschen erleben polnische Pflegekräfte Momente tiefster Einsamkeit und Traurigkeit. »Das hält kein Mensch aus, Woche für Woche, Monat für Monat, mit einem geistig verwirrten Menschen zusammen zu sein. Da sind zwei Menschen, die sich nicht kennen, völlig sich selbst überlassen. Sie können, wenn überhaupt, nur schwer miteinander kommunizieren, wissen nichts voneinander und sind notgedrungen fast die ganze Zeit zusammen in denselben vier Wänden«, so die Beraterin Sylwia Timm. In der Tat kommt es nicht selten vor, dass gerade bei Demenzkranken die Pflegekräfte sogar im selben Zimmer übernachten, aus Angst, die pflegebedürftige Person könnte nachts aufstehen, herumirren oder die ungesicherte Treppe herunterfallen. Eine Polin erzählt, dass ihre Matratze direkt vor dem Bett der zu betreuenden alten Dame liegt, damit sie unweigerlich mitbekommt, wenn die Seniorin aufsteht. Und das ist mehrmals in einer Nacht der Fall. Die alte Frau steht dann plötzlich vor ihr, und sie bugsiert die Frau jedes Mal mit Mühe wieder ins Bett. In den Gesprächen mit polnischen Pflegekräften beklagen diese immer wieder, dass sie sich alleingelassen fühlen mit der Fürsorge. Sie leiden unter der enormen Verantwortung, die ihnen von Angehörigen von heute auf morgen aufgebürdet wird. Manche Frauen schlafen wochen- und monatelang keine Nacht mehr durch, weil sie Angst haben, dem verwirrten alten Menschen könnte etwas zustoßen und sie könnten daran schuld sein. Eine solche Situation ist auf Dauer nicht tragbar und stellt für die Pflegekräfte eine kontinuierliche Überforderung dar.

Dieser enorme Stress potenziert sich noch dadurch, dass sie auf die Lebens- und Arbeitssituation in Deutschland selten gut vorbereitet werden, weder durch Sprach- und Pflegekurse noch durch psychologische Hilfestellungen im Umgang mit

Demenzkranken. Die meisten Frauen haben, wenn sie nach Deutschland kommen, lediglich rudimentäre Sprachkenntnisse und keinerlei Qualifikation in der Altenpflege. Und wenn sie eine haben, wird sie in Deutschland oft nicht anerkannt. Die Agenturen werben auf ihren Internetseiten zwar mit »qualifiziertem Personal« – den Werbebroschüren zufolge genügen die Pflegekräfte in den Bereichen Ausbildung, Weiterbildung, Erfahrung, Sprachkenntnisse und auch in Bezug auf fachliche wie soziale Kompetenz höchsten Anforderungen. Die Realität sieht jedoch anders aus. Einige Pflegekräfte erzählen, dass sie von ihren Vermittlungsagenturen zu sogenannten Crash-Kursen geschickt wurden. Es handelt sich dabei um eintägige Fortbildungen zum Thema Pflege. Fortan gelten sie in den Broschüren als »qualifiziert«.

Donata telefoniert in ihrer Not mit den Angehörigen des alten Ehepaares. Die Familie zeigt sich aber ebenso verzweifelt und ratlos. Die nächtlichen Eskapaden nehmen kein Ende, so dass Donata den alten Mann eines Nachts schließlich am Boden liegen lässt. Am nächsten Morgen will sie die Vermittlungsagentur anrufen, in ihrem Vertrag ist immerhin nur von einer zu pflegenden Person die Rede. Eine polnische Freundin, die auch als Pflegekraft arbeitet, rät ihr aber von dem Anruf ab. Der Vertrag nütze ihr nichts. Pflegekräfte, die sich offen über ihre Situation beschwerten, würden nicht mehr vermittelt oder bekämen beim nächsten Mal eine noch schwierigere Stelle zugeteilt. Das hat Donatas Freundin selbst erlebt.

In den folgenden Wochen geht es der alten Dame immer schlechter. Für die Angehörigen steht fest, dass die Eltern nicht mehr im eigenen Haus versorgt werden können. Sie entscheiden sich dafür, das Ehepaar in einem nahe gelegenen Altenheim anzumelden. Donata kommt in eine neue Familie.

»Viele alte Menschen sehnen sich nach ihren Kindern, egal wie schwierig das Verhältnis zu ihnen war und ist«, sagt

Donata. »Sie möchten Aufmerksamkeit und Zuwendung. Ich kann ihnen das nicht geben. Ich bin die falsche Person dafür.«

Als Donata in der Nähe von Menden eine alte Dame versorgt, kommt eines Tages eine der drei Töchter mit dem Auto vorgefahren. Ohne ein Wort zu sagen, stellt sie mehrere große Tüten mit Schmutzwäsche im Hausflur ab. Donata ahnt, wie das gemeint ist, und stellt klar: »Ich bin hier, um mich um Ihre Mutter zu kümmern«, woraufhin die Tochter entgegnet: »Aber Sie sind doch eh den ganzen Tag hier. Sie haben doch Zeit!« Es ist nicht das erste Mal, dass sie so etwas erlebt, aber es verletzt sie jedes Mal aufs Neue. »Wir sind auf der einen Seite wie Familienmitglieder, vor allem Angehörige ziehen uns ins Vertrauen. Aber auf der anderen Seite behandeln sie uns wie moderne Dienerinnen, als könnten sie von uns alles verlangen. Eigentlich haben wir in den Familien keinerlei Rechte.«

Donata ist eine starke Frau, die weiß, was sie will und was sie wert ist. Deshalb will sie nie wieder in einem deutschen Privathaushalt als Pflegekraft arbeiten. Sie hätte stattdessen gerne eine »ganz normale Arbeitsstelle« mit klaren Regeln, festem Lohn und geregelten Arbeitszeiten. In ihrer Freizeit möchte Donata demnächst eine spezielle Art der Massage anbieten. Die neue Liege dafür steht schon – noch eingewickelt in Folie – in einem der Zimmer bereit.

Magda: Kleine Stiche erhalten die Feindschaft

Magdas Mann stirbt früh an Krebs, was zur Folge hat, dass sie von heute auf morgen allein für ihre beiden Kinder sorgen muss. Zunächst sucht sie Arbeit in Polen, die aber so schlecht bezahlt ist, dass sie und ihre beiden Söhne davon nicht leben können. Magda weiß, was Armut ist: Der Kühlschrank steht leer, und man kann die eigenen Kinder nicht einmal mehr mit dem Nötigsten versorgen. Durch eine Freundin erfährt sie von der Möglichkeit, in Deutschland Geld als Pflegekraft zu verdienen.

Sie bewirbt sich bei einer Vermittlungsagentur. In ihrem Anschreiben vermerkt sie, dass sie keine Krebs- oder Demenzkranken versorgen möchte. Magda spricht kaum Deutsch und hat zu diesem Zeitpunkt keinerlei Erfahrung in der Altenpflege. Sie will sich nicht schon zu Beginn überfordern.

Die deutschen Familien können sich ihre Pflegekraft bei dieser Agentur aus einem Katalog aussuchen. Die Kosten variieren je nach Sprachkenntnissen und Erfahrungen in der Altenpflege. Magda ist demnach noch günstig zu haben. Als sie vor sieben Jahren ihre erste Stelle antritt, bekommt sie 600 Euro netto. Ihre beiden Söhne sind zu der Zeit zwölf und siebzehn Jahre alt und bleiben bei der Großmutter in Polen. Der jüngste Sohn lebt bis heute dort, er sieht seine Mutter zwei Mal im Jahr, wenn sie für ein paar Tage nach Hause kommt.

Seit einigen Monaten arbeitet Magda als Pflegekraft bei einem älteren Ehepaar in Rheinland-Pfalz. Der Mann braucht Hilfe beim Waschen und Anziehen sowie beim Gang zur Toilette. Darüber hinaus übernimmt Magda sämtliche anfallenden Haus- und Gartenarbeiten.

An ihrem freien Sonntagnachmittag steigt sie aufs Fahrrad und fährt stundenlang ziellos durch die Gegend, während ihr Tränen übers Gesicht laufen. Es ist die einzige Zeit in der Woche, in der sie ihren Gefühlen freien Lauf lässt. Sie strampelt sich den Schmerz über die vielen Verletzungen ihres Arbeitsalltags von der Seele. Es sind keine großen Sachen, sondern Kleinigkeiten, die wie Nadelstiche piksen. Letzte Woche hat ihre »Chefin«, wie Magda sie nennt, sie beauftragt, eine Mausefalle zu kaufen. Eines der Tierchen war vor kurzem durch die Küche gehuscht. Als Magda nach Tagen ihre erfolglose Jagd bedauert, bekommt sie von der Dame des Hauses zur Antwort: »Den Käse können *Sie* jetzt essen.« Es war nicht ironisch gemeint, das spürt Magda sofort. Es war der Versuch, sie wieder einmal auf die Rangordnung im Haus hinzuweisen. Einmal pro Tag darf sich Magda für eine Stunde die Beine vertreten, ihre Chefin hat das so festgelegt. »Dann fühlte ich mich immer wie ein Hund, der Gassi geht.« Jeden Morgen nach dem Frühstück fragt Magda, was sie kochen soll und ob Gäste geladen sind. Ihre Arbeitgeber sind wohlhabende und angesehene Bürger des Ortes, die als Gastgeber für ihre Großzügigkeit bekannt sind. Magda kauft ein, kocht, deckt den Tisch und bedient die Gäste. Wenn sie die Besorgungen macht, geht sie zu Fuß in die Stadt. Zwei Kilometer. Zurück darf sie, wegen der schweren Einkaufstaschen, ein Taxi nehmen. Was sie mir dann erzählt, treibt ihr die Tränen in die Augen.

»In den ersten zwei Jahren wurde ich bei den Essensportionen nie mitgezählt. Als wäre ich gar nicht da.« Dabei steht in ihrem Vertrag, dass sie freie Kost und Logis erhält. Für sie bleiben jedoch nur die Reste. Sie ist tief verletzt und kann nicht begreifen, wie man sie einfach vergessen kann. So etwas kennt Magda aus ihrer Heimat nicht. Als die alte Dame erneut mit ihr die Portionen für die Gästetafel durchgeht und auf zwölf kommt, nimmt Magda all ihren Mut zusammen und erwidert: »Und ich bin Nummer dreizehn!« Ihr Gegenüber blickt sie nur verwundert an. Von nun an wird sie beim Essen mitberücksichtigt, ein Wort der Entschuldigung hat es jedoch bis heute nicht gegeben.

Magda funktioniert die ganze Woche über zuverlässig wie ein Uhrwerk. Sie wäscht, bügelt, putzt und macht den Garten. Ihre Schultern schmerzen, der Rücken tut ihr weh, und seit einigen Wochen hat sie ein Pfeifen im Ohr. Nachts, wenn die Eheleute schlafen, überfällt sie zudem eine nicht enden wollende Esssucht. Sie nimmt dann Käse, Wurst, saure Gurken und Schokolade zu sich, oft sogar alles auf einmal. Wochenlang geht das so, ohne dass jemand etwas davon mitbekommt. Nie sagt Magda auch nur ein Wort, wenn sie sich schlecht fühlt. »Die nächste Polin steht schon vor der Tür«, hat ihr die Dame des Hauses gleich zu Beginn zu verstehen gegeben. Einmal in den letzten fünf Jahren hat sie sich krankgemeldet. Sie bekommt eine schwere Grippe mit 40 Grad Fieber. Die Seniorin kommentiert die Krankmeldung mit den Worten: »Dann arbeiten sie heute eben etwas langsamer.«

Das Ehepaar hat sechs Kinder, die alle studiert und eine gut bezahlte Arbeit haben. Wenn sie zu Besuch kommen, kocht Magda für die ganze Familie. Für die Kinder ist Magda die gute Fee, die Perle, der Engel im Haus. Sie sind froh, dass sie sich um alles kümmert. Mit dem Vater der Kinder versteht sich Magda sehr gut. Er ist der Einzige, der sich mit ihr unterhält und nachfragt, woher sie kommt, wie sie in ihrer Heimat gelebt hat oder wie es ihrer Familie geht. Oft sitzen die beiden nach dem Abendbrot noch länger zusammen und plaudern. Magda lernt Deutsch aus einem kleinen Lexikon, in dem sie jeden Abend nach der Arbeit herumblättert. Täglich lernt sie auf diese Weise ein paar neue Wörter. Der alte Herr hilft ihr anschließend, sie richtig anzuwenden. Er korrigiert sie und erklärt ihr die Grammatik. Die Ehefrau reagiert zunehmend eifersüchtig und lässt Magda bei jeder Gelegenheit spüren, wer die Herrin im Hause ist.

Magdas Eltern leben in Krakau. Auch sie brauchen mittlerweile Hilfe und Unterstützung. Ihre beiden Schwestern, die in der Nähe leben, kümmern sich täglich um sie. Häufig hat Magda Heimweh. Da sie aber das Geld dringend für ihre studierenden Kinder, ihre Schwestern und die Eltern benötigt, hat sie kaum eine Wahl. Magda kramt in ihrer Handtasche und holt einen kleinen Fotoapparat heraus. Stolz zeigt sie mir Bilder von einem bunten Blumenbeet. »Das sind typisch polnische Blumen. Die Samen davon habe ich aus dem Garten meiner Mutter in Krakau mitgebracht und hier vor dem Haus in die Erde gesät«, erklärt Magda. Ein kleines Stück Heimat in der Fremde.

Die Arbeit fällt ihr zunehmend schwerer. Mittlerweile ist auch die alte Dame hilfsbedürftig, so dass sie jetzt zwei alte Menschen gleichzeitig versorgen muss. Das Verhältnis zu ihrer Arbeitgeberin ist nach wie vor angespannt. Erst kürzlich hat sie nach einem harten Arbeitstag von ihr verlangt, noch auf dem Speicher Staub zu saugen. Magda wehrt sich nicht. Zu sehr drückt sie die Angst, ihren Job zu verlieren.

Das verlorene »Ich«: Versorgen bis zur Selbstaufgabe

Die Pflegekräfte aus dem Osten sind erfahren darin, die Familie zusammenzuhalten, Konflikte zu lösen, für gute Stimmung zu sorgen und eigene Probleme herunterzuschlucken. Sie sind warmherzig, freundlich und können gut zuhören, indem sie sich meist selbst zurücknehmen. Das ist in ihrer Heimat schon immer ihre Rolle gewesen. Und so leben sie bei uns in Deutschland gekonnt das Leben anderer Leute. Sie essen, was die alten Leute gern essen, und gehen schlafen, wenn die Senioren schlafen gehen. Morgens stehen sie mit ihnen auf, machen Mittagspause, wenn sich die Pflegebedürftigen tagsüber für ein Stündchen hinlegen, und schauen abends das Fernsehprogramm, das die alten Leute auswählen. Nebenbei erledigen sie jede anfallende Arbeit mit einer großen Selbstverständlichkeit.

Doch genau darin liegt die Gefahr einer permanenten Selbstausbeutung. Die Frauen überfordern sich, denn sie leisten meist mehr, als von ihnen gefordert wird. Sie tun das, um ihre eigene Arbeit aufzuwerten. In dem Film »Hilfe aus dem Osten« von Béla Batthyany sagt eine Pflegekraft über ihre Arbeit bei einem Pflegebedürftigen: »Ich fühle mich als das

Wichtigste auf dieser Welt. Für diese Person bin ich etwas ganz Besonderes, und das ist schön.« Eine andere Pflegekraft erzählt: »Ich weiß, dass der alte Mann mich geschätzt hat. So wie ich bin. Und das zeigt mir auch, dass ich das, was ich mache, vielleicht gut mache.«

Polnische Pflegekräfte machen häufig gute Miene zum bösen Spiel. Die polnische Soziologin Agnieszka Satola zieht in diesem Zusammenhang einen interessanten Vergleich zu der Arbeit von Flugbegleiterinnen heran. »Die Autorin Arlie Russell Hochschild beschreibt in ihrem Buch *Das gekaufte Herz*, wie Stewardessen aufgefordert wurden, sich mit allen möglichen Mitteln in die Situation der Passagiere einzufühlen. Im Rahmen ihrer Ausbildung wurden Kurse organisiert, in denen sie sich vorstellen mussten, dass das Flugzeug ein Wohnzimmer sei, in welches Gäste eingeladen wurden. Dann bekamen sie den Hinweis, dass unter den Gästen auch unsympathische Personen seien, die sich aber im Flugzeug wohlfühlen sollten. Die Stewardessen mussten lernen, die Schwierigkeiten mit den unfreundlichen Gästen zu überspielen und zu allen gleichermaßen nett zu sein. Sie mussten sich in die Perspektive der Gäste hineinversetzen, um Freundlichkeit zu vermitteln, dabei aber eigene negative Gefühle unabhängig von der eigenen Verfassung unterdrücken. Im Gegensatz zu den Flugbegleiterinnen leisten die polnischen Haushaltshilfen und Pflegekräfte Emotionsarbeit, ohne solche Kurse belegt zu haben.« Die Frauen haben sich die erforderlichen Kompetenzen anhand der eigenen biographischen Arbeitserfahrung als Familienmutter angeeignet und übertragen sie gezielt auf die Pflegearbeit. Die fehlende Anleitung erschwert ihnen den für den Pflegealltag notwendigen Aufbau einer professionellen Distanz zu den Pflegebedürftigen. Dies erfahren viele von ihnen als besondere Belastung, denn sie bewerten die Bedürfnisse der Senioren oft höher als ihre eigenen, was zu einem gewissen Selbstverlust führen kann.

Im Rahmen des Forschungsprojekts »Ausländische Pflegekräfte in Privathaushalten« wird resümiert, »dass die hohe Prekarität die Arbeitnehmerinnen zu einer beinahe vollständigen Ergebenheit gegenüber den Arbeitgebern zwingt«. Die ständige Bereitschaft führe dazu, dass viele Pflegekräfte ausschließlich in den kurzen Phasen abseits des eng gestrickten Pflegesettings das Gefühl haben, wirklich zu leben. Eine Pflegekraft, deren Pausenzeiten nur selten eingehalten werden und die dadurch zu keinem Zeitpunkt am Tag wirklich Distanz zu ihrer Arbeit gewinnen und sich ausruhen kann, beschreibt ihre Lage dennoch positiv:

»Frau [Kowalska] legt in ihren Ausführungen Wert darauf, dass sie gewillt ist, alle vertraglichen Pflichten und Vorgaben, auch die unausgesprochenen und impliziten, zu hundert Prozent zu erfüllen. Sie versteht dies als vollständige Anpassungsleistung an die Routinen und Erwartungen der gepflegten Person und ihrer Familie. Dass ihr gegenüber die Vertragsverpflichtung hinsichtlich der Ruhepausen nicht eingehalten wird, scheint sie mit Blick auf die gegenseitige Vertragsbindung nicht als Widerspruch zu empfinden. Sie sieht kein Problem darin, dass die Vertragstreue asymmetrisch ist.«

Auch Magda schluckt vieles von dem herunter, was im Alltag schiefläuft, und auch sie versucht, ihre Aufgabe zu hundert Prozent zu erfüllen. Der 90-jährige pflegebedürftige Mann, den sie betreut, baut plötzlich geistig und körperlich stark ab. Wenn Magda tagsüber im Garten arbeitet, wird sie von ihrer »Chefin« immer häufiger zu ihm gerufen, um die Windeln zu wechseln, ihn umzulagern oder das Essen zu reichen. Magda kommt an ihre Leistungsgrenze.

Manchmal bleibt sie noch eine Weile an seinem Bett sitzen. Der alte Mann redet in diesen Situationen mit ihr auch über seine Angst vor dem Sterben; Magda hört zu und hält ihm die Hand. Abends in ihrer kleinen Souterrain-Wohnung betet sie für ihn den Rosenkranz, den sie zusammen mit ein paar Marienbildchen aus Polen mitgebracht hat. An einem Nachmittag vor ein paar Wochen ist er kaum noch ansprechbar. Magda weiß, dass er nicht mehr lange leben wird. Das bestätigt auch der Hausarzt.

Am nächsten Morgen ruft Magda ihm wie immer ihr freundliches »Dzień dobry«, auf Deutsch »Guten Morgen«, entgegen. Normalerweise antwortet er ihr dann mit denselben polnischen Worten, aber heute bleibt die Antwort aus. Magda sieht den alten Mann regungslos im Bett liegen. Sie eilt ins Badezimmer, holt einen Spiegel und hält ihn vor seinen Mund. So hat sie es in vielen Krimis an einsamen Abenden in ihrer Souterrain-Wohnung gesehen. Der alte Mann atmet nicht mehr. Magda setzt sich an sein Bett, betet wieder ihren Rosenkranz und steckt ihm eines ihrer Marienbildchen zwischen die gefalteten Finger. Sie bleibt noch eine ganze Weile bei dem toten alten Mann am Bett sitzen, um auf ihre ganz eigene Weise von ihm Abschied zu nehmen.

Jetzt muss sie das alles noch der Ehefrau beibringen. Sechzig Jahre waren die beiden verheiratet. Als Magda zu ihr an den Frühstückstisch tritt, ahnt die alte Dame bereits, was passiert ist. Sie hat mitbekommen, dass ihr Mann auf Magdas morgendliche Begrüßung nicht mehr geantwortet hat. Ansonsten zeigt sie keinerlei Regung. Die Angehörigen kommen erst nach einigen Stunden ins Haus, kurz bevor das Bestattungsinstitut die Leiche mitnimmt.

Als Magda nach Deutschland kommt, ist sie ein fröhlicher, ausgeglichener Mensch. »Jetzt habe ich das alles verloren. Meine Freude und meine Leichtigkeit sind für immer verschwunden.«

Róża: Der alte Mann und der Alkohol

Wir flüstern, als sie mir die Tür öffnet. Der alte Herr, den sie betreut, hält gerade seinen Mittagsschlaf. Er weiß, dass heute eine Journalistin ins Haus kommt, um mit Róża zu sprechen. »Aber vielleicht hat er das auch schon wieder vergessen«, sagt sie. Der 90-Jährige leidet an einer fortschreitenden Demenz.

Wir sitzen im großzügigen Wohnzimmer eines schicken Einfamilienhauses in einer nordrhein-westfälischen Großstadt. Róża hat einen Apfelkuchen gebacken, der noch warm ist. Was mir bei den vielen Begegnungen mit polnischen Pflegekräften immer wieder auffällt, ist ihre umsorgende, fast mütterliche Art. Sie erinnern mich an die Frauen, die ich in meiner Kindheit in den 60er-Jahren erlebt habe. Frauen, bei denen man gerne auf dem Schoß saß, wenn man sich das Knie aufgeschlagen hatte.

Wir essen den Kuchen und trinken Kaffee aus teurem Porzellan. Róża erzählt von ihren beiden Söhnen und ihrem alkoholkranken Mann, von dem sie sich vor zehn Jahren hat scheiden lassen. Es ist der Beginn eines Lebens fernab der eigenen Familie. Sie muss plötzlich allein für sich und die beiden Kinder sorgen. Mit knapp 300 Euro im Monat ist das auch in Polen kaum zu schaffen. Wie viele andere Frauen hört auch sie über Freunde und Nachbarn, dass man in Deutschland als Pflegekraft viel Geld verdienen kann. Ein Bekannter vermittelt sie schwarz an eine Familie in Karlsruhe. Um ihre schulpflichtigen Kinder kümmert sich ab sofort die Großmutter. Schulische Angelegenheiten und alltägliche Kleinigkeiten bespricht sie mit ihnen ab jetzt per Telefon.

Als sie ihre erste Stelle antritt, spricht Róża kein einziges Wort Deutsch. Die zunächst so fremde Sprache lernt sie wie fast alle Polinnen autodidaktisch mittels Fernsehen, Zeitschriften und Small Talk mit den Senioren. Darüber hinaus hat sie zu Beginn keinerlei Erfahrung in der Altenpflege. Ohne Steuerkarte und Vertrag betreut sie nun zwei alte Menschen rund um die Uhr bei einem Lohn von 800 Euro. Als die beiden Eheleute innerhalb weniger Monate kurz nacheinander sterben, findet sie, diesmal über eine Agentur, einen neuen Job im Rheinland. Hier kümmert sie sich um eine bettlägerige alte Frau, die sich nicht mehr bewegen, sprechen und essen kann und künstlich ernährt werden muss. Róża übernimmt über Monate die Pflege und den Haushalt. Aufgrund ihrer Erfahrung verdient sie mittlerweile mit 1000 Euro netto etwas mehr als zuvor. Die Agentur erhält für die Vermittlung einmalig 800 Euro. Nach einigen Monaten stirbt auch diese alte Dame, und Róża ist wieder auf Stellensuche. Sie hat Glück, denn eine deutsche Familie in der Nähe von Frankfurt nimmt sie als Hausangestellte unter Vertrag, was den Vorteil hat, dass Róża einen unbefristeten deutschen Arbeitsvertrag mit Urlaubsanspruch, Kranken- und Rentenversicherung bekommt. Von nun an versorgt sie dort einen älteren Herrn, und wieder ist es ein 24-Stunden-Job. Trotz einer vertraglich festgelegten Arbeitszeit von täglich 8 Stunden ist eine derart drastische Überschreitung bei festangestellten Haushaltshilfen in der Pflegepraxis mittlerweile gang und gäbe. Hinter privaten Haustüren werden vereinbarte Regeln schnell über Bord geworfen, wenn die Situation es erfordert. Manche Angehörige nutzen die Gutmütigkeit vieler Polinnen schlicht aus.

Seit zwei Jahren lebt Róża inzwischen bei dem älteren Herrn. Seine Töchter wohnen weit weg, der Kontakt zu ihnen findet meistens telefonisch statt. Jeden Abend trinkt der Senior vor dem Fernseher bis zu zwei Flaschen Wein. Er ist Alkoholiker. Gegen 22 Uhr schleppt sie ihn Abend für Abend mit letzter Kraft ins Badezimmer und legt ihn anschließend wie ein Kleinkind ins Bett. Sie kennt das, denn jahrelang war sie mit einem alkoholkranken Mann verheiratet. Auch ihr Vater hat getrunken. Seit ihrer frühesten Kindheit hat sie mit Alkoholikern zusammengelebt. Die alten Gefühle von Hilflosigkeit und Wut kommen wieder hoch.

Morgens schläft der alte Mann seinen allabendlichen Rausch aus. Dann hat Róża Ruhe und Zeit, den gesamten Haushalt zu machen und einkaufen zu gehen. Das Haus ist groß. »Vor zwölf Uhr mittags wird er selten wach.« Róża erzählt, dass er oft aggressiv ist, sie anschreit und bewusst verbal verletzt. »Er sagt immer, dass er so alleine ist. Er sagt es so, als wäre ich überhaupt nicht da.« Sie nimmt solche Sätze persönlich. Es verletzt sie, wenn er schlecht mit ihr umgeht, wo sie doch alles für ihn tut.

»Seit seine Frau vor einigen Monaten gestorben ist, ist es noch schlimmer geworden«, erzählt Róża. »Sie war ein gütiger, freundlicher Mensch, der vieles ausgeglichen hat.« Róża mochte sie sehr. Der Witwer kommt nur schwer mit dem Verlust klar. Am späten Nachmittag, wenn er vor dem Fernseher sitzt und anfängt, sich zu betrinken, verlässt Róża für kurze Zeit das Haus und geht auf den nahe gelegenen Friedhof zum Grab der alten Dame. Sie gießt die Blumen, hackt Unkraut und redet mit ihr. Sie trauert wie eine Tochter. Wenn sie zurückkommt, fordert der alte Mann sie auf, sich neben ihn auf das Sofa zu setzen, um mit ihm fernzusehen, wie seine Frau es all die Jahre gemacht hat. Róża will das auf keinen Fall und weigert sich, in ihre Rolle zu schlüpfen. Der Senior wird dann jedes Mal laut und aggressiv. Die Polin trifft das bis ins Mark, aber sie weiß keinen Ausweg.

Aggressionen gegenüber Pflegekräften sind keine Seltenheit. Róża erzählt von einer alten Dame in der Nachbarschaft, die vor kurzem mit einem Küchenmesser auf ihre polnische Pflegekraft losgegangen ist. »Die konnte nur noch weglaufen. Viele Deutsche mögen uns nicht, sie empfinden uns als Eindringlinge«, sagt Róża.

Von den 1200 Euro, die Róża mittlerweile verdient, schickt sie 800 Euro zu ihrer Mutter nach Polen. Róża ernährt, wie so viele polnische Pflegekräfte, die gesamte Familie und finanziert noch dazu das Studium ihrer zwei Söhne in Polen. Die beiden waren bis heute noch kein einziges Mal bei ihr und wissen so gut wie nichts über die Arbeit der Mutter in Deutschland. Róża vermisst ihre Kinder und möchte wissen, wie es ihnen gerade geht und was sie erleben, das familiäre Band zwischen ihnen ist nach all den Jahren aber nur noch sehr dünn.

Mutterseelenallein: Der schleichende Verlust der Familie

Ich habe über dreißig Pflegekräfte in ganz Deutschland aufgesucht und befragt. Alle beschreiben die Trennung von der eigenen Familie als das schmerzhafteste Erlebnis und als »den höchsten Preis«, den sie als Pflegemigrantinnen zahlen. Zu Beginn seien sie sich darüber nicht im Klaren gewesen, was es bedeutet, über Jahre von der eigenen Familie getrennt zu leben. Bei allen hat es zu einem schleichenden Verlust der Familie geführt. So sehr sie sich auch um Kontakt bemüht haben, so häufig sie telefoniert und geskypt haben und nach Hause gefahren sind: Die Beziehungen zu ihren Ehepartnern und Kindern leiden unter den häufigen Trennungen, viele zerbrechen sogar daran.

Die Soziologin Helma Lutz hat zusammen mit ihrem Team untersucht, welche Folgen das Pendlerleben der Pflegemigrantinnen hat, die ihre Kinder in der Heimat zurücklassen. In diesem Zusammenhang hat sich mittlerweile der Begriff »Euro-Waisen« herausgebildet.

»Bis 2008 waren die Auswirkungen auf die verbleibenden Familienmitglieder kein Thema in den Medien«, sagt Lutz. »Die positiven Folgen für Staat und Menschen durch Deviseneinnahmen standen im Vordergrund.« Nun aber würden die Kinder zunehmend als schutzlos zurückgelassene Quasi-Waisen identifiziert, als Opfer elterlicher Jagd nach Euros.

Lutz hat im Rahmen ihrer Forschungsarbeit mit insgesamt 65 Frauen und ihren Angehörigen darüber gesprochen, wie sie daheim die Lücken im Familienleben schließen. Sie hat dabei Frauen kennengelernt, die seit über zehn Jahren als Pflegekräfte im Ausland tätig sind. Meist seien es die Groß-mütter oder andere weibliche Familienmitglieder, die sich stattdessen um den Nachwuchs kümmerten, die Väter en-gagierten sich selten. In Zeiten moderner Kommunikations-technik hielten die Mütter übers Internet Kontakt zu ihren Kindern. »Manche Frauen werden in ihren Herkunftsländern als Rabenmütter beschimpft. Den Männern lastet man es jedoch nicht an, wenn sie im Ausland arbeiten«, so Helma Lutz.

In Polen machen laut einer Caritas-Studie 110 000 Kinder die Erfahrung, dass mindestens ein Elternteil im Ausland ar-beitet; in der Ukraine soll die Zahl sogar in die Millionen ge-hen. Die Folgen für die Kinder reichen von schlechten schu-lischen Leistungen über Alkohol- und Drogenmissbrauch bis hin zu erhöhter Selbstmordgefahr. Doch auch wenn solch schwerwiegende Probleme nicht auftreten, ist eine Entfrem-dung von Eltern und Kindern kaum zu vermeiden. Die ver-passte gemeinsame Lebenszeit kann nicht nachgeholt wer-den.

Zurück nach Polen will Róża trotzdem nicht. Sie hat dort außer ihrer Mutter und ihren Söhnen keine Kontakte mehr und fühlt sich durch die vielen Jahre der Trennung fremd im eigenen Land. Eine Arbeit findet sie dort auch heute nicht, da ist sie ganz sicher. Und die Rente ist mehr als kläglich. Da bleibt sie lieber in Deutschland und pflegt alte Menschen, solange sie es körperlich noch schafft.

Goska: Verlorene Jahre

Das kleine Einfamilienhaus liegt etwas versteckt an einer großen Straße im Emsland. Ein paar Meter weiter gibt es nur noch eine Tankstelle, danach schweift der Blick über endlose Felder und Wiesen. Goska lebt hier seit fünf Jahren als Pflegekraft mit einer alten, demenzkranken Frau zusammen. Wir sind für den Mittag verabredet, denn zu dieser Zeit schläft »Oma«.

Goska ist 47 Jahre alt, als sie vor fünf Jahren auf der Schwelle dieses Hauses steht. Eine Frau aus ihrem Dorf in Polen öffnet ihr die Tür. Ihre Vorgängerin wollte damals zurück in die Heimat, der Preis für die Trennung von der Familie war ihr einfach zu hoch. Goska machen die Worte der Pflegekraft nachdenklich, aber sie glaubt in dieser Situation keine andere Wahl zu haben. »Ich musste Geld für die Familie verdienen. Unsere Tochter hat damals noch studiert, und unser Haus in Polen musste dringend abbezahlt werden.« Ihr Ehemann und ihre beiden Töchter unterstützen sie bei diesem Schritt. Niemand, am wenigsten sie selbst, hätte gedacht, das aus diesem ersten Ausflug ins fremde Land einmal fünf lange Jahre werden würden.

Wir sitzen im Wohnzimmer bei Kaffee und selbst gebackenem Kuchen, als die alte Dame nebenan in ihrem Pflegebett laut hustet. »Das macht sie immer, wenn sie etwas will«, erklärt Goska. Sie nennt es eine »warme Sprachlosigkeit«, die sich zwischen ihr und der alten Dame entwickelt hat. Reden kann die alte Frau schon lange nicht mehr.

Zwölf Jahre lang hat Goska in einer polnischen Firma als Sekretärin gearbeitet, für 650 Złoty im Monat, ungefähr 160 Euro. Als sie ihren Job verliert, wird es eng für die Familie. Sie und ihr Mann haben gerade ein Haus gekauft, und das Geld, das der Baufachmann nach Hause bringt, reicht einfach nicht aus. Ganz in der Nähe ihres Wohnhauses eröffnet damals eine Agentur für die Vermittlung von Pflegekräften. Goska beschließt, unverbindlich hinzugehen, um sich dort vorzustellen. Eine Woche später tritt sie eine Vollzeitstelle in Deutschland an. Vorweisen musste sie dafür weder fachliche Qualifikationen noch deutsche Sprachkenntnisse.

Als sie damals mit einem Koffer in der Hand in das Haus der alten Dame zieht, hört sie fortan fast nur noch einen einzigen Satz. »Du bist verrückt!« Die demenzkranke Seniorin hat nur noch diesen einen Satz gespeichert und wiederholt ihn von morgens bis abends. »Du bist verrückt!« »Ja, ich bin wirklich verrückt«, geht es Goska durch den Kopf. »Was will ich hier? Warum habe ich meinen Mann und meine Familie für ein Leben in diesem Haus aufgegeben?« Die alte Dame hat außer ihrer Schwiegertochter keine Angehörigen mehr. Ihr Sohn stirbt früh. Doch jetzt ist Goska für sie da.

Zwischen allen Stühlen: Unerfüllbare Erwartungen

In der von der Hans-Böckler-Stiftung in Auftrag gegebenen Studie über ausländische Pflegekräfte heißt es, dass sich der Alltag vieler Pflegekräfte nur noch an den Bedürfnissen, Wünschen und Problemen der Pflegebedürftigen orientiert.

»Die Pflegekräfte haben sich [an die Bedürfnisse] anzupassen. Zugleich wird erwartet, dass sie in diesem vorgegebenen Rahmen möglichst selbstständig handeln. Zusätzlich gibt es viele implizite, unausgesprochene Erwartungen der Pflegebedürftigen und der Angehörigen. Diese gilt es, intuitiv zu erfassen und ›aus eigenem Antrieb‹ heraus zu erfüllen.« Die in der Studie befragten Pflegekräfte berichten, dass sie die Zeit, in der sie im fremden Haushalt arbeiten, nicht als eigenes Leben ansehen. In dieser Zeit würden sie sich nur nach den Pflegebedürftigen richten. Sie kämen gar nicht dazu, sich zu fragen, was sie selber wollten, weil sie komplett im Alltag eines anderen lebten und kaum Zeit für sich hätten. »Deshalb bekommt zum Beispiel Einkaufen eine Bedeutung, die weit über den Erwerb von Konsumgütern hinausgeht. Sie sind an die Wohnung des Pflegebedürftigen gebunden, müssen rund um die Uhr aufmerksam sein und jederzeit einsatzbereit. Jeder Tag verläuft nahezu gleich, ohne Abwechslung.« Wenn die zu betreuende Person dann noch an Demenz leidet, so dass die Pflegekraft nicht einmal mit ihr reden kann, fühlt diese sich erst recht einsam und verlassen. Das führt nicht selten zu seelischen und körperlichen Belastungen, die auch Erkrankungen zur Folge haben können. »Die triste Realität des von der Pflege bestimmten Alltags ist das ›eine Leben‹; das ›andere Leben‹ ist das Leben in den Phasen ohne Pflegearbeit. Nur Letzteres wird als das eigene Leben angesehen.«

Die Pflegekräfte sehen sich darüber hinaus mit den Erwartungen ihrer eigenen Familie in Polen konfrontiert. Wenn die Frauen turnusmäßig alle paar Wochen nach Hause fahren, treffen sie dort auf Ehemänner, Kinder und Enkelkinder, die, häufig unbewusst, eine Art Wiedergutmachung für die lange Zeit der Trennung verlangen. In den wenigen Tagen, in denen sie dort sind, sollen sie ihre Rolle als Ehefrau, Mutter, Schwester, Oma und Tante einnehmen. Die Frauen kommen häufig schon übermüdet durch die Arbeit in Deutschland und durch die lange Anreise in Polen an und haben zwischendurch oft keinerlei Erholungsphase. Zu Hause besuchen sie zunächst sämtliche Verwandten, räumen auf, putzen und spielen mit den Enkeln, bis sie nach einigen Tagen emotional und körperlich völlig erschöpft wieder nach Deutschland fahren. Als besonders kräftezehrend beschreiben alle Pflegekräfte das ständige Abschied nehmen. Immer wieder müssen sie sich trennen, immer wieder fließen Tränen, und immer wieder müssen sie die Erwartungen ihres Umfeldes enttäuschen.

Jeden Morgen um halb sieben steht Goska auf, auch wenn es ihr nicht gut geht, denn es gibt niemanden, der sie im Krankheitsfall ersetzt. Seit fünf Jahren ist das so. Wenn sie dreimal im Jahr nach Hause fährt, ist das ein großes Glücksgefühl für sie. Nicht nur, weil sie ihre Familie wiedersieht, sondern auch, weil sie dann endlich mal wieder ausschlafen kann.

Als Goska ins Haus der alten Dame kommt, spricht sie selbst nur ein paar wenige Wörter Deutsch. Ein Gespräch zwischen ihr und *Oma* ist nicht möglich. Als ihr Wortschatz nach und nach größer wird, schrumpft der von *Oma* immer mehr zusammen. Das Einzige, was Goska von ihr weiß, ist, dass sie eine Vertriebene ist. Vertrieben aus Polen.

»Der Winter ist am schlimmsten, weil man kaum raus kann«, erzählt Goska. »Dann sitze ich wochenlang hier und habe schreckliches Heimweh nach meinem Mann, meinen Kindern, Enkelkindern und nach meiner Zwillingsschwester.« Mit ihr fühlt sie sich eng verbunden. Vor drei Jahren haben die zwei Schwestern ihren fünfzigsten Geburtstag zusammen gefeiert, nicht in Polen, sondern bei *Oma* im Haus. Anders ging es nicht, schließlich konnte Goska sie nicht einfach allein lassen. Die gesamte Familie war zur Feier aus Polen angereist. Es gab polnisches Essen, Musik und Tanz. Und die alte Dame war bei allem dabei. »Ihr hat es, glaube ich, sehr gut gefallen. Endlich war mal was los in ihrem Haus.«

Im Alltag holt sich Goska die Familie via Bildschirm nach Deutschland. Abend für Abend wird auf diese Weise ein digitaler Familienrat abgehalten, bei dem jede Kleinigkeit besprochen wird. »Ohne diese Möglichkeit wäre ich schon lange nicht mehr hier«, gesteht Goska. »Ich liebe meine Familie über alles. Man braucht viel Kraft und einen starken Charakter, um das hier jeden Tag auszuhalten. Manchmal weine ich. Ganz für mich allein. Und manchmal denke ich auch, dass es verlorene Jahre sind, die ich hier verbringe.

Ich habe irgendwie auch meine Familie verloren, die Wärme, die Nähe, die Geborgenheit. Dabei mache ich das alles hier doch nur für meine Familie.«

Einmal in der Woche kommt der katholische Priester ins Haus und bringt der Seniorin die Heilige Kommunion. Goska ist auch katholisch, zur sonntäglichen Messe aber schafft auch sie es wegen *Oma* nicht. Und so beten die beiden Frauen zu Hause, gemeinsam mit dem Pastor. Für Goska ist es jedes Mal ein Stück Heimat, wenn er kommt, denn der Mann ist Pole. Er ist einer von zahlreichen polnischen Geistlichen, die seit Jahren in deutschen Gemeinden den zunehmenden Priestermangel ausgleichen, indem sie Gottesdienste, Beerdigungen, Hochzeiten und Krankensalbungen übernehmen. Sie sind Seelsorger mit Migrationshintergrund – und befinden sich damit in einer ähnlichen Position wie die Pflegekräfte. Nach den gemeinsamen Gebeten erzählen sich Goska und der Pfarrer Geschichten und Neuigkeiten aus der Heimat oder von früher, manchmal reden sie auch einfach nur über das Wetter. Ihre Gespräche finden stets auf Polnisch statt. Goska genießt das sehr. Als ich sie frage, wie sie ihre Beziehung zu den Deutschen beschreiben würde, sieht sie mich erstaunt an: »Ich kenne kaum welche!«

Seit *Oma* bettlägerig ist, hat Goska zunehmend Rückenschmerzen. Pflegearbeit ist körperlich anstrengend, und Goska ist froh über den kleinen Lift, mit dem sie die alte Frau seit kurzem aus dem Bett hieven und in den Rollstuhl setzen kann. Die Schmerzen ist sie dadurch aber nicht losgeworden. Wenn es zu schlimm wird, geht sie zu einem polnischen Arzt in der Nähe, der ihr ein schmerzlinderndes Mittel spritzt.

Dass sie seit fünf Jahren fast keine Nacht mehr durchschläft, ist für Goska bereits zur Gewohnheit geworden. Daran, dass sie von zwölf Monaten des Jahres insgesamt nur einen einzigen bei ihrer Familie in Polen verbringt, kann sie sich allerdings nicht gewöhnen. »Das tut immer wieder weh«, sagt

Goska und weint. »Ich kann das kaum beschreiben. Mein Mann und ich kennen uns seit unserem 18. Lebensjahr. Wir lieben uns noch immer, und wir vermissen uns jeden Tag!«

Goska trifft beim Einkaufen in der Stadt schon mal andere Polinnen, die auch als Pflegekräfte in Deutschland arbeiten. Bei einigen ist sie aber gleich auf Distanz gegangen. »Viele haben Alkoholprobleme, einige Frauen trinken schon morgens gleich nach dem Aufstehen, weil sie ihre Arbeit sonst gar nicht aufnehmen können. Ich will mit denen nichts zu tun haben. Der Umgang mit ihnen ist mir unangenehm.«

Nur mit Justyna trifft sie sich seit einiger Zeit. Die Polin versorgt auch eine ältere Dame ganz in der Nähe. Die beiden Frauen tauschen nicht nur Alltagserlebnisse aus. »Wir reden ehrlich miteinander und wissen, wie es uns wirklich geht. Manchmal weinen wir zusammen und trösten uns auch.«

Justyna: Die langen Schatten der Vergangenheit

Justyna ist eine attraktive Mittsechzigerin mit weltläufiger Ausstrahlung. Sie hat studiert und später an einer polnischen Hochschule für Biotechnik als Laborantin gearbeitet. Als sie 35 Jahre alt ist, lernt sie ihren späteren Mann kennen. Er ist Sänger in einem Opernchor und Vater einer gehörlosen Tochter. Nach der Hochzeit bekommen sie und ihr Mann noch einen gemeinsamen Sohn. Wegen der schweren Behinderung seiner Tochter entscheidet sich die Familie, nach Deutschland zu ziehen. In Marburg erhoffen sie sich Hilfe durch neue Therapiemethoden. Justyna tut sich schwer mit diesem Schritt. Sie will nicht nach Deutschland, dem Land, das für sie mit so vielen schweren Erinnerungen belastet ist.

Justynas Mutter stammt aus der Ukraine. Sie hat im Zweiten Weltkrieg drei Jahre lang als Zwangsarbeiterin in einem deutschen Lager bei Wuppertal gelebt. »Sie wurde gequält, hat schrecklich gelitten«, erzählt Justyna. »Eines Tages haben Mitgefangene geschmuggelte Zigaretten in ihrer schmutzigen Wäsche versteckt. Als die Aufseher die Schachteln bei ihr fanden, ist meine Mutter aus dem Lager geflohen. Wenige Tage später wurde sie erneut aufgegriffen und in ein Lager nach Berlin gebracht. Kurz vor Kriegsende ist meiner Mutter dann noch einmal die Flucht gelungen. Was daraufhin passiert ist, habe ich erst vor kurzem von meiner Schwester erfahren. Sie hat das schlimme Geheimnis jahrelang für sich behalten. Unsere Mutter hatte sich damals auf der Flucht aus dem Lager in einer Scheune versteckt. In einem Heuhaufen. Die Soldaten haben mit Mistgabeln immer wieder hineingestochen. Dann haben sie meine Mutter gefunden und sie brutal vergewaltigt.«

Es ist diese Geschichte, mit der unser Gespräch beginnt und die unaufhaltsam aus Justyna herausbricht. Ihre Stimme zittert, als würde sie das alles gerade selbst erleben. Sie atmet schwer. Dann taucht sie aus der Vergangenheit wieder auf. »Warum erzähle ich Ihnen das alles?«, fragt sie in den Raum. »Meine Schwester und ich leben heute beide in Deutschland. Wir arbeiten in dem Land, in dem meiner Mutter so grausame Dinge passiert sind. Und ich frage mich immer wieder, warum? Warum pflege ich hier in Deutschland alte Menschen?«

Es scheint, als würde sich die Geschichte in gewisser Weise wiederholen. Die Gewalt, die die Eltern vieler Pflegekräfte von Seiten der Deutschen erlebt haben, wird – so würde es die systemische Familientherapie deuten – an die nächste Generation weitergegeben. Die Töchter und Söhne durchleben die nicht aufgearbeiteten Traumata der Eltern in gewisser Weise noch einmal. Die Kinder der Kriegsgeneration haben heute erstmals die Möglichkeit, durch therapeutische Unterstützung der Frage nachzugehen, wie die Lebenswege

127

ihrer Väter und Mütter ihre eigenen beeinflusst, ja sogar bestimmt haben. Die Eltern der Pflegekräfte haben erstaunlicherweise oft kein Problem damit, dass ihre Nachfahren im Land des ehemaligen Kriegsgegners arbeiten. Zu sehr stehen für sie die heutigen wirtschaftlichen Notwendigkeiten im Vordergrund.

Neben diesem Paradoxon in der Familiengeschichte erkennt Justyna aber auch Parallelen. Als Justynas Mutter in jungen Jahren aus der Ukraine zu ihrem Mann nach Polen zog, sprach sie kein Polnisch, konnte sich mit niemandem unterhalten und lernte ihre ersten polnischen Worte aus dem Gebetbuch. »Und ich sitze heute in meinem kleinen Zimmer, fühle mich genauso fremd in diesem Land und lerne Deutsch aus der Zeitung.«

Justyna erzählt von der ersten Zeit in Deutschland, als die Therapien bei der Tochter ihres Mannes nicht anschlagen. Weil die erhofften Erfolge ausbleiben, zieht Justyna mit beiden Kindern zurück nach Polen. Sie will hier nicht bleiben. Ihr Mann plant, wegen des gut bezahlten Jobs in einer deutschen Firma erst später nachzukommen. Doch daraus wird nichts, da er eine andere Frau kennenlernt und mit ihr eine neue Familie in Deutschland gründet. Erst Monate nach ihrer Rückkehr erfährt Justyna davon. Für sie bricht eine Welt zusammen, Zeit zum Trauern bleibt ihr aber nicht. Sie muss nun finanziell für sich und ihre beiden Kinder sorgen, denn ihr Mann zahlt keinen Unterhalt. Ihre eigene Familie gibt ihr die Schuld an der Trennung. Wäre sie mit ihrem Mann in Deutschland geblieben, so der Vorwurf, dann hätte er sich nicht von ihr getrennt. Justyna fühlt sich nicht nur von ihm, sondern von der ganzen Welt verlassen.

In dieser Situation sucht sie händeringend nach Arbeit. Justyna braucht Geld. Sie lebt mit ihrem leiblichen Kind und der Tochter ihres Mannes in einem Hochhaus, die drei teilen sich ein Zimmer mit Küche. Der Kühlschrank ist oft leer.

»Damals war ich so verzweifelt, dass ich ins Bad gegangen bin, wenn ich nicht mehr konnte. Dort habe ich dann stumm geschrien. Das klingt verrückt, aber es geht: Schreien, ohne dabei ein Geräusch zu machen.« Kurze Zeit später führt sie ihr Weg ein zweites Mal in das Land, mit dem sie so viel Schweres, Leidvolles verbindet. Über eine Bekannte erfährt sie von der Möglichkeit, in Deutschland als Pflegekraft zu arbeiten. In ihrer Not lässt sie die Kinder bei der Großmutter in Polen. Justyna setzt sich in einen der vielen Kleinbusse, die polnische Pflegekräfte bis an die Haustüren deutscher Familien bringen. Sie hat damals nicht einen Cent in der Tasche und spricht kaum ein Wort Deutsch. »Ich wurde bei einer alten Dame abgeliefert. Sie hat mich von Anfang an abgelehnt. Sie war tief enttäuscht darüber, dass ihre Kinder sich nicht selbst um sie kümmern. Es war egal, was ich tat, alles war falsch, alles war schlecht. Sie hat den ganzen Tag mit mir geschimpft.« Es waren sieben schreckliche Monate für Justyna.

»Manchmal schaue ich mir heute mein Leben wie im Kino an. Es ist, als wenn es mich in Wirklichkeit gar nicht gäbe. Ich lasse dieses Leben hier nicht an mich ran. Sonst würde ich verrückt.« Die Familie, bei der sie jetzt für sechshundert Euro netto eine 90-Jährige pflegt, behandelt sie alles andere als freundlich. »Die alte Frau und auch die Angehörigen reden nur das Nötigste mit mir. Für sie bin ich wie eine Dienstmagd.« Das Einzige, was sie mit ihnen teilt, ist das Badezimmer. Aber das alles enttäuscht Justyna heute nicht mehr. »Ich glaube, diese Distanz ist wie ein Schutz für viele Deutsche. So kommen wir uns bei all der schweren Geschichte, die uns verbindet, nicht zu nah.«

Justynas Kinder sind mittlerweile erwachsen. Emilia, die gehörlose Tochter ihres Ex-Mannes, ist verheiratet und hat einen Sohn. Justyna besucht sie, sooft es geht. »Meine Kinder sind immer meine Rettung gewesen. Da konnte ich alles ver-

gessen, was ich erlebt habe.« Als sie neulich mit ihrem fünf-
jährigen Enkel vor dem Fernseher sitzt, will er für Justyna
einen passenden Ehemann aussuchen, weil er nicht möchte,
dass sie allein bleibt. Justyna lacht. »Der Kleine weiß ja nicht,
wie alt ich bin und dass ich dieses Kapitel schon lange abgeschlossen habe.«

Kasia und Jakub: Zwei Engel für Frau Müller

Es ist 9.50 Uhr. Die alte Dame ist tot. Kasia und Jakub sitzen
neben ihrem Bett, als sie den letzten Atemzug macht. Noch
einmal legen sie das Blutdruckmessgerät um ihren dünnen
Arm. Das Display meldet »Error«, jetzt haben sie Gewissheit.
Gerade haben sie ihr noch das Fläschchen mit Melissengeist
unter die Nase gehalten, damit sie besser durchatmen kann.
Sie haben Frau Müller am frühen Morgen noch gemeinsam
gewaschen, ihren Körper eingecremt. »Wir wollten immer,
dass es ihr gut geht und sie nicht zu sehr leiden muss«, erzählt Jakub, ein gepflegter, freundlicher Mann um die sechzig
mit weißem Rauschebart und gutmütigem Blick. Noch nie
hat Jakub einem Menschen beim Sterben zugesehen. Als die
97-Jährige ihren letzten Atemzug macht, bleibt ihr Mund offen stehen. Jakub holt ein Handtuch aus dem Bad, wickelt es
der alten Dame vorsichtig um den Kopf, so, dass Unter- und
Oberkiefer schließen. »Es war eine spontane Idee. Ich dachte,
wir müssen das machen, bevor die Leichenstarre eintritt.«
Kasia und Jakub zünden Kerzen an. Die beiden sind religiös
und glauben an ein Leben nach dem Tod. Gemeinsam beten
sie für Frau Müller. Es sind innige Momente echter Trauer.
    Kurz darauf rufen sie den Hausarzt an. Dann benach-
richtigt das polnische Ehepaar Verwandte und Freunde von
Frau Müller. Ab jetzt klingelt es fast ununterbrochen an der

Haustür, viele wollen Frau Müller noch einmal sehen, um Abschied zu nehmen. Mittendrin sind Kasia und Jakub, die Kaffee kochen, die Trauernden trösten und ihnen von den letzten Stunden mit der Verstorbenen erzählen. Der leblose Körper von Frau Müller liegt indes noch immer nebenan in ihrem Bett. Erst Stunden später, gegen 17 Uhr, kommt der Hausarzt, um den Totenschein auszufüllen. Jakub und Kasia suchen für den Bestatter einige Kleidungsstücke zusammen. Gegen 18 Uhr wird Frau Müller schließlich in einem Sarg aus der kleinen Wohnung getragen.

Kasia zeigt mir einen kleinen Zettel. *»Hilf Maria, es ist Zeit. Hilf Mutter der Barmherzigkeit. Du bist mächtig, uns aus Nöten und Gefahren zu erretten. Ich lasse alles los, was mich bedrückt, und nehme die unendliche Liebe Jesu als Heilkraft Christi in mich auf.* Das hat Frau Müller immer laut vor sich hin gebetet«, erzählt Kasia. Eines Tages hat sie diese Worte, die sie so oft aus dem Munde der alten Dame gehört hat, aufgeschrieben. Sie wollte gemeinsam mit ihr beten und über das Gebet mit ihr verbunden sein. Der gemeinsame Glaube an Gott war stets ein starkes Bindeglied zwischen Kasia und Frau Müller. Dann muss sie plötzlich lachen. Sie erzählt von einem Erlebnis vor wenigen Tagen. Frau Müller musste wie so oft dringend zur Toilette. Trotz aller Bemühungen landet dann aber doch alles in der Hose. Kasia muss die gebrechliche alte Frau ausziehen, von Kopf bis Fuß waschen und wieder anziehen, was etwa eine halbe Stunde dauert. Als beide nach der anstrengenden Prozedur wieder im Wohnzimmer sitzen, hört Kasia Frau Müller sagen: »Danke heiliger Michael!« Kasia blickt sie ungläubig an. »Frau Müller, mein Name ist Kasia!« Da dreht Frau Müller sich erstaunt um: »Sind Sie denn heilig?« Darauf Kasia: »Noch nicht. Aber ich werde es bald, wenn Sie so weitermachen!«

Fast ein Jahr lang hat das polnische Ehepaar mit Frau Müller zusammengelebt, ihr einziger Rückzugsort ist das kleine

Schlafzimmer, altmodisch eingerichtet mit einer Schlafcouch und einer alten Vitrine, in der statt Porzellan jetzt Wäsche »präsentiert« wird. Auf einem kleinen Tisch am Fenster liegt eine Biographie Konrad Adenauers. Kasia liest gerade darin. »Ein interessanter und kluger Mann«, schwärmt sie. »Ich lerne durch das Buch viel über Deutschland.« Gleich daneben steht aufgeklappt ein kleiner Laptop. »Das ist unser Fenster zur Welt«, erzählt Jakub. »Hier skypen wir mit unseren Verwandten und Freunden in Polen. Hier lesen wir auch viel im Internet. Alles übers Alter und über Demenz und wie das den Menschen verändert. Das hilft uns, besser mit ihnen klarzukommen.« Jakub wirkt wie ein wissensdurstiger Student, der seine Umgebung interessiert und gebannt inspiziert und alle Informationen in sich aufnimmt. Im Netz hat er gelesen, dass man Demenzkranke besser über Bilder als über Sprache erreicht. Dann zieht er unter dem Sofa im Wohnzimmer einen Stapel Papier hervor, auf denen er in den letzten Monaten unzählige Zeichnungen für Frau Müller angefertigt hat. Detailgenau hat er Bäume, Vögel, Blumen, Häuser, Felder und Wiesen, Gesichter und Hände für Frau Müller gemalt. Stundenlang haben sie sich mittels der Zeichnungen Geschichten erzählt. Phantasiegeschichten, vielleicht waren aber auch Kindheitserinnerungen von Frau Müller dabei. Jakub möchte das gar nicht genauer wissen. »Sie war dann jedes Mal wie ausgewechselt und hat ihm immer wieder die Hände geküsst« schildert Kasia mit einem Lächeln. »Das war ihre Art, danke zu sagen.« Auf einem der Bilder erkenne ich den Ausblick aus Frau Müllers Wohnzimmerfenster wieder. »Das war für die Tage, wenn sie nicht aufstehen konnte«, erklärt Jakub.

Und dann erzählt er, wie schwer es für ihn am Anfang war, alte Menschen zu pflegen. »Ich vergesse nie, wie ich zum ersten Mal einer alten Frau die Windeln gewechselt habe. Kasia und ich standen zusammen am Bett, alles war verschmutzt. Ich habe die Frau aus dem Bett gehoben, sie war ganz dünn und gebrechlich und lag in ihrem eigenen Kot. Ich weiß nicht, woher ich die Kraft genommen habe, das auszuhalten. Es hat fürchterlich gestunken, es war einfach nur schrecklich. Sie tat mir so leid.« Auch Kasia erinnert sich noch genau daran: »Jakub hat danach im Sessel gesessen und bitterlich geweint. Er hat mich immer wieder gefragt: ›Was machen wir hier bloß?‹ Ich habe zu ihm gesagt: ›Jakub, wir haben das so entschieden. Das ist jetzt unsere Arbeit.‹«

Allein hätte Jakub diesen Schritt niemals getan, aber zusammen mit Kasia war es für ihn eine klare Entscheidung. Getrennt zu leben und eine Fernbeziehung zu führen war für ihn nie eine Alternative. Mittlerweile unterstützt er seine Frau bei der Pflege, so gut er kann und so weit seine Kräfte reichen, denn diese Tätigkeit ist fast immer gleichbedeutend mit großen körperlichen Anstrengungen wie dem Heben, Tragen, Aufrichten sowie Festhalten der alten Menschen. Die anfängliche Scham, gerade bei der intimen Körperpflege, den Toilettengängen und der Wundversorgung, wich mit der Zeit einer unaufgeregten Routine. Heute redet er darüber mit erstaunlicher Selbstverständlichkeit. Zu Beginn hat Jakub noch große Probleme mit der pflegerischen Arbeit. Vor allem sein tiefes Mitgefühl mit den Pflegebedürftigen bringt ihn immer wieder an seine Grenzen und auch darüber hinaus. Er weiß nicht, wie er sich jemals an das körperliche und seelische Leid der alten Menschen gewöhnen soll. Oft fühlt er sich überfordert, obwohl Kasia bei ihm ist. Doch mit der Zeit wird aus dem Ehepaar ein eingespieltes Pflege-Team, dem nichts Menschliches mehr fremd ist.

Jakub mag Frau Müller, diese resolute Frau, die trotz ihrer Gebrechlichkeit und ihrer beginnenden Demenz noch so viel Energie hat. Ihr starker Wille treibt ihn aber auch manches Mal zur Verzweiflung. Er erinnert sich, wie sie oft stundenlang wie ein Tiger im Käfig in der kleinen Wohnung auf und ab gelaufen ist. In letzter Zeit hat sie jeden Tag alle Schubladen im Wohnzimmerschrank ausgeräumt und die Sachen überall verteilt. In solchen Momenten flüchtet Jakub auf die Terrasse, egal wie kalt es draußen ist, egal ob es regnet oder schneit. Dann braucht er Luft, streckt die Arme aus und atmet tief durch. Danach geht es dann wieder. Er würde es sich nie verzeihen, wenn er die alte Frau Müller aus Verzweiflung anschreien würde. Nein, so weit will er es nie kommen lassen.

Nachts, wenn Kasia und Jakub im Bett liegen, hören sie Frau Müller nebenan husten. Manchmal spricht sie laut vor sich hin. Dann steht einer von beiden auf und versucht, sie zu beruhigen. Jakub und Kasia verstehen sich ohne Worte, ihr Umgangston ist freundlich. »Wir können nicht ohne einander« erklärt mir Kasia. »Wenn Jakub nur kurz aus dem Haus ist, zum Beispiel, um einzukaufen, dann warte ich schon darauf, seinen Schlüssel wieder in der Tür zu hören.«

Kasia und Jakub kommen aus Kattowitz. Eigene Kinder haben sie nicht, dafür aber viele Verwandte; die Familie ist ihnen wichtig. Ursprünglich war Kasia Gartenbauingenieurin von Beruf. Zu Zeiten des Sozialismus hat sie in einem Staatsbetrieb gearbeitet und mit geplant, wie viel von welchem Gemüse angebaut werden musste, um die polnische Bevölkerung zu ernähren. Auch Jakub war dort beschäftigt, er hat die Lkw-Transporte disponiert. Als die beiden sich kennenlernen, ist es der Beginn einer großen Liebe. Inzwischen sind sie seit fast 40 Jahren zusammen.

Nach der politischen Wende müssen Kasia und Jakub sich neu orientieren und beschließen, gemeinsam ein Textilgeschäft zu eröffnen. »So richtig gut lief das nie«, erzählt Kasia. Zunächst können sie sich noch über Wasser halten. Doch dann müssen sie Konkurs anmelden. Zum zweiten Mal heißt es nun für Kasia und Jakub: Alles auf Anfang! Als Kasia von einer Freundin hört, dass man in Deutschland mit der Betreuung alter Menschen gutes Geld verdienen kann, ist ihr gleich klar: Wenn sie diese Arbeit macht, dann nur mit Jakub. Sowohl die Vermittlungsagenturen als auch die deutschen Familien reagieren anfangs befremdet auf das polnische Paar, das offenbar nur im »Doppelpack« zu haben ist. »So eine Arbeit machen keine Männer« hieß es oft. Mittlerweile ist das kein Thema mehr. Manche Familien schätzen es sogar, dass Kasia ihren Mann mitbringt, denn der kann zwischendurch gleich ein paar Renovierungsarbeiten übernehmen. »Als Mann wirst du von den Deutschen schnell zum Hausmeister gemacht«, sagt Jakub. Der Sohn einer alten Dame hat ihn beispielsweise gebeten, seine Wohnung zu renovieren. »Ich habe über einen Monat lang daran gearbeitet, und ich war mir sicher, dass er mich am Ende auch angemessen entlohnen würde. Letztlich hat er mir lediglich 400 Euro dafür gegeben, für einen ganzen Monat Arbeit. Das hat mich sehr verletzt. Die Deutschen denken oft, sie können das einfach so mit uns machen«, schimpft Jakub.

Bevor die beiden Frau Müller gepflegt haben, war Kasia für kurze Zeit allein bei einer wohlhabenden Familie in Norddeutschland beschäftigt. Der pflegebedürftige alte Herr war Teppichfabrikant. »Für ihn war ich wie eine Sklavin. Den ganzen Tag über hat er mich herumgescheucht. Es ging ihm nur darum, Macht auszuüben. Dreißig Mal am Tag musste ich ihm neben all meiner Arbeit das Telefon von der Aufladestation holen und nach dem Gespräch jedes Mal wieder dorthin zurückbringen. Es war reine Schikane.« Einmal hat er mit Kasia vor seinem Kleiderschrank gestanden und seine Uniform herausgeholt. Er war Soldat im Zweiten Weltkrieg und ist mit einer Kriegsverletzung heimgekehrt. Mit hasserfülltem Gesicht zeigte er Kasia das Loch im Ärmel, das von einer Schussverletzung des Polenfeldzugs herrührte. »Er war ein Despot, ein herrschsüchtiger alter Mann, der Spaß daran hatte, andere zu erniedrigen.«

Es schellt an der Tür. Eine Freundin von Frau Müller möchte noch ein paar Erinnerungsfotos in der Wohnung machen. Dann kommt noch eine Firma, die das Pflegebett, den Rollstuhl, den Rollator und den Toilettenaufsatz abholt. Jakub und Kasia sitzen in einer fast leer geräumten Wohnung. Sie wollen noch ein paar Tage hier bleiben, um Abschied zu nehmen. Die Familie hat ihnen das erlaubt. Vielen Angehörigen ist oft nicht bewusst, dass die polnischen Pflegekräfte nach dem Tod des Pflegebedürftigen nicht nur eine Stelle verlieren, sondern auch einen nahestehenden Menschen. Viele Pflegekräfte bauen mit der Zeit einen sehr intensiven Kontakt zu den Senioren auf. Durch die Nähe und die viele Zeit, die sie miteinander verbringen, entstehen oft enge Bindungen. Auch andere Pflegekräfte erzählen, dass sie lange nach dem Tod des Pflegebedürftigen eine tiefe Trauer empfunden haben. Zu Hause hätten sie davon aber nichts erzählt, weil ihre Familien in Polen das nicht verstanden hätten. Kasia und Jakub können ihre Trauer teilen. Sie können über Frau Müller reden und sich gemeinsam an sie erinnern, wenn sie das Bedürfnis danach haben. »Es war unsere beste Stelle in all den Jahren«, sagt Kasia mit trauriger Stimme. »Auch wenn es eng und klein war und die Einrichtung mehr als bescheiden. Wir haben hier mit Frau Müller viel Herzlichkeit erlebt, und sie hat unsere Arbeit sehr geschätzt. Wir werden sie sehr vermissen.«

Gabriel: Vom Bau ans Pflegebett

Es vergehen Monate, bis es schließlich doch noch klappt. Zwei Männer, die jeweils allein deutsche Senioren pflegen, sind bereit, mir ein Interview zu geben. Damit hatte ich nicht mehr gerechnet. Zu entschieden waren all die Absagen: »Nein, das mache ich auf gar keinen Fall! Wenn jemand bei mir zu Hause in Polen mitbekommt, was ich hier tue, dann bin ich unten durch«, bekam ich immer wieder zu hören. In Polen gelte das Motto, polnische Männer seien keine Waschlappen und sie nähmen erst recht keinen in die Hand! Doch die Wirklichkeit sieht schon lange anders aus. Schätzungen zufolge ist mittlerweile jede fünfte polnische Pflegekraft, die in Deutschland arbeitet, männlich, Tendenz steigend.

Ich treffe Gabriel in einem wohlhabenden Wohnviertel einer mittleren Großstadt in Süddeutschland. Die Bürgersteige sind gefegt, die Menschen auf der Straße tragen teure Kleidung, und das Einzige, was sich hier bewegt, sind die elektrischen Tore der Garageneinfahrten. Als mein Auto in die Zielstraße einbiegt, fällt mir gleich ein Männerpaar ins Auge: Der ältere von beiden sitzt im Rollstuhl mit einer Decke über den Knien. Der andere, ein circa 50-jähriger Mann, schiebt ihn ruhig und bedächtig den Gehsteig entlang. Das muss er sein: Gabriel. Ich hatte am Telefon nur wenige Sätze mit ihm geredet, die sich ausschließlich um die terminlichen Details unserer Verabredung drehten. Die Stimme am Telefon passt für mich genau zu diesem Mann.

Ich begrüße die zwei Männer draußen auf der Straße. Auch der ältere Herr im Rollstuhl schenkt mir und der mich begleitenden Dolmetscherin ein freundliches Lächeln. Wenig später führt uns Gabriel in ein nahe gelegenes kleines Café. Wir merken schnell, wie gut er sich auskennt. Schließlich arbeitet er seit Jahren in dieser Stadt als Pflegekraft. Zuletzt bei einem älteren Ehepaar. Die Agentur, bei der Gabriel angestellt ist, erklärt ihm, dass der Mann, den er ab jetzt pflegen soll, im Wachkoma liegt. Zusammen mit dem örtlichen Pflegedienst, der die medizinische Versorgung übernimmt, kümmert Gabriel sich rund um die Uhr um den alten Mann. »Das war eine anstrengende Arbeit. Vor allem das Waschen und Anziehen. Der Mann konnte sich ja nicht bewegen.« Und dann platzt es völlig unvermittelt aus ihm heraus: »Es war schrecklich für mich, dort zu arbeiten, denn die Ehefrau des kranken Mannes hat mich oft bedrängt.« Immer wieder sucht er nach Worten für das eigentlich Unbeschreibliche. »Sie hat immer wieder Annäherungsversuche gemacht. Ich war fünfzig, sie um die siebzig. Aber sie fühlte sich noch zu jung, um den ganzen Tag am Bett ihres Mannes zu sitzen. Sie wollte noch was erleben. Eines Nachts kam sie dann zu mir ins Schlafzimmer, während ich schlief. Als sie die Bettdecke anhob und sich neben mich legen wollte, bin ich wach geworden. Ich habe mich fürchterlich erschrocken und ihr dann sehr deutlich zu verstehen gegeben, dass ich das nicht möchte. Ich als Mann kann mich ja ganz anders wehren, als eine Frau das kann. Ich habe mit vielen polnischen Frauen, die hier auch als Pflegekraft arbeiten, gesprochen. Sie müssen viel häufiger als ich sexuelle Übergriffe erdulden, Sowohl von den Pflegebedürftigen als auch von Angehörigen. Viele von ihnen arbeiten schwarz. Da ist es besonders schlimm, weil die Familien in diesen Fällen meinen, alles mit einem machen zu können. Die Frauen werden mit dieser Gefahr völlig alleingelassen.«

Gabriel ist eigentlich Bauarbeiter, was seine auffallend kräftigen Hände erklärt. Als er plötzlich starkes Asthma bekommt, kann er seine Arbeit auf den Baustellen nicht fortsetzen. Er wird Frührentner und bekommt ab jetzt eine monatliche Rente in Höhe von nur 200 Euro vom polnischen Staat. Damals musste er noch seine Frau und drei Kinder versorgen. Gabriel entdeckt in der Zeitung die Anzeige einer Vermittlungsagentur, die polnische Pflegekräfte sucht. Er bewirbt sich und findet sich kurz darauf in einem eintägigen Pflege-Crashkurs wieder. Danach ist er laut Prospekt der Agentur »ausgebildeter Altenpfleger«. »Ich hatte keinerlei Erfahrung, als ich die erste Stelle angenommen habe. Ich hatte meine Kinder gewaschen und gewickelt. Ein bisschen was konnte ich also schon. Aber das meiste habe ich mir über die Jahre selbst beigebracht.«

Gabriel wirkt ruhig und unprätentiös. Er erzählt von Ehefrauen, die es zeitweise sogar genießen, wenn ihre Männer pflegebedürftig werden »Oft sind das Hausfrauen, die nie etwas zu sagen hatten, weil der Mann als Alleinverdiener und Ernährer alles bestimmt hat. Sie genießen die Macht, die sie plötzlich über ihre Männer haben – und auch über mich als Pflegekraft. Eine Frau hat im Haus manchmal extra Dreck verteilt, um mir dann vorwerfen zu können, ich hätte nicht sauber geputzt. Den ganzen Tag über kommandierte sie mich herum. Sie wollte gleich über zwei Männer herrschen.«

Gabriel finanziert mit seinem Verdienst das Studium seiner beiden Kinder und zahlt Unterhalt an seine Exfrau. Die beiden sind mittlerweile geschieden. »Sie kann nicht verstehen, wie ich als Mann eine solche Arbeit machen kann. Für sie ist das Frauenarbeit«, erzählt Gabriel. Aber ihm mache das nichts aus. »Arbeit ist Arbeit!«

Wenn Gabriel über seine Pflegealltag in deutschen Haushalten spricht, spielt immer ein kleines Lächeln um seine Mundwinkel. Es wirkt so, als würde ihm jetzt, wo er das alles erzählt, erst richtig bewusst, was für ein Leben er da eigentlich führt und was für eine Arbeit er da Tag für Tag verrichtet. Er, der auf Großbaustellen Hand anlegte und jetzt alte Menschen spazieren fährt und ihnen die Windeln wechselt. Gabriel hat sich inzwischen daran gewöhnt. Was ihm aber nach wie vor zu schaffen macht, ist die enorme psychische Belastung dieser Arbeit. »Man darf sich nicht aufregen und sich gefühlsmäßig nicht allzu sehr einlassen auf die Menschen um einen herum, denn sonst ist man verloren! Ich versuche, das alles ganz nüchtern zu sehen. Wie einen Job eben. Du erlebst immer wieder Grenzsituationen. Wenn sich ein Pflegebedürftiger mitten in der Nacht komplett einkotet und seine Exkremente überall verteilt, bist du derjenige, der aufstehen und im Halbschlaf alles wegmachen muss. Am liebsten möchtest du dann laut schreien. Aber das darf dir nicht passieren, nie! Du musst dich immer im Griff haben, sonst bist du mit deinen Nerven schnell am Ende. Dann fängst du an zu trinken, weil du es sonst nicht aushältst. Wenn jemand mich respektlos behandelt, dann lasse ich das einfach nicht an mich ran.«

Einmal hat Gabriel einen Kollegen vertreten, der dringend zurück nach Polen musste. Als er in dessen Schlafzimmer trat, standen dort über hundert leere Weinflaschen. »In den Verträgen, die wir mit der Agentur schließen, steht immer drin: *Kein Alkohol*! Aber die wenigsten schaffen das. Viele Pflegekräfte sind nicht gefestigt genug für diese Arbeit und gehen regelrecht kaputt daran. Eine Zeitlang habe ich mal einigen polnischen Frauen meinen Laptop zum Skypen zur Verfügung gestellt. Sie saßen dann in meinem Zimmer und haben sich bei ihren Familien ausgeweint. Sie haben alle fürchterlich gelitten.«

Am schwierigsten findet Gabriel den Umgang mit den Familien der Pflegebedürftigen. »Sie mischen sich ständig in meine Arbeit ein, weil sie meinen, alles besser zu wissen. Die Angehörigen kommen vorbei, und das Einzige, was sie sagen, ist: ›Sie haben unserem Vater das falsche Hemd angezogen. Das passt doch gar nicht zur Hose.‹ Aber sie fragen nie: ›Wie geht es unserem Vater? Wie geht es Ihnen mit unserem Vater?‹ Die meisten beteiligen sich auch kaum an der Pflege. Dafür bin ich ja da. Auch wenn gerade ganz akut etwas passiert, der alte Mann sich beispielsweise am Kaffeetisch in die Hose macht, gucken alle zuerst auf mich, als wollten sie sagen: ›Das ist Ihr Job!‹« Gabriel erlebt die Familien, in denen er arbeitet, oft als kühl. »Da ist wenig Wärme, wenig Herzlichkeit. Die Kinder tun ihre Pflicht, mehr aber nicht. Sie rufen ab und zu mal an, aber da ist keine körperliche Nähe, keine Verbindung. Sie kommen vorbei, essen Kuchen und trinken Kaffee und sind dann ganz schnell wieder weg.«

Als seine eigene Mutter stirbt, sitzt Gabriel gerade am Bett eines deutschen Seniors. In Polen hat sich seine Schwester monatelang um die alte Mutter gekümmert. Jetzt hat er nicht einmal die Möglichkeit, an ihrer Beerdigung teilzunehmen. »Das war sehr schwer für mich. Ich kam einfach nicht aus meinem Vertrag raus. Gerade erst hatte ich eine neue Stelle in einer neuen Familie angefangen. Wenn ich gesagt hätte, ich möchte nach Hause fahren, weil meine Mutter gestorben ist, hätte mich die Agentur ans unterste Ende der Bewerberliste gesetzt. Das hätte unter Umständen bedeutet, dass ich monatelang keinen neuen Job bekommen hätte, denn es gibt nicht so viele Pflegestellen für Männer.«

Gabriel macht seine Arbeit mit einer großen Selbstverständlichkeit. Er beschwert sich nicht, regt sich nicht auf und nimmt die Dinge, wie sie sind. Aber wo lässt er mal Druck ab? Mit wem kann er über seinen Alltag und seine Probleme reden? »Ich telefoniere regelmäßig mit meiner Tochter in Polen. Mindestens genauso wichtig ist für mich der Ausgleich, den ich mir über meine Reisen verschaffe. Ich war letztens in Marokko, davor in Peru und in Kambodscha. Da tauche ich dann einmal im Jahr für drei Wochen in eine ganz andere Welt ein, schaue mir die Sehenswürdigkeiten an und lerne andere Leute und Kulturen kennen. Da tanke ich auf. Und dann habe ich wieder die Kraft für meine nächste Pflegestelle. Ich finanziere das durch meine Arbeit. Ein Drittel davon ist für meine Familie in Polen, ein Drittel für meinen Unterhalt, und mit dem letzten Drittel finanziere ich meine Reisen.«

Was würde er sich von den deutschen Familien wünschen, damit es besser läuft mit der häuslichen Pflege? »Die Familienmitglieder sollten sich nicht zu sehr in meine Arbeit einmischen. Das würde viel helfen. Und wenn sie Extrawünsche haben, dann wäre es gut, wenn sie die mit mir besprechen würden, anstatt mir Befehle zu erteilen, gegen die ich mich dann zur Wehr setzen muss.«

Abschließend sagt er nachdenklich: »Ehrlich gesagt kann ich das bis heute nicht richtig verstehen, dass die Deutschen uns für diese Arbeit hierher holen. Ich kann mir das umgekehrt gar nicht vorstellen: Eine deutsche Pflegekraft, die meine Eltern pflegt.« Dann lacht er: »Wer sollte das auch in Polen bezahlen? Wir Polen haben doch schon immer diese Jobs gemacht. Wir sind anders als die Deutschen. Wir gucken nur von heute auf morgen, von einem Lohn zum nächsten. Nur deshalb können wir diese Arbeit auch so machen. Die Deutschen gucken mehr perspektivisch. Sie stellen sich gleich vor, wie es wäre, diese Arbeit jahrelang zu machen. Ich mache das hier noch so lange, wie ich das körperlich kann. Dann werde ich zu meiner Tochter und ihrem Mann nach Polen ziehen. Das haben wir schon besprochen. Ich werde für die beiden den Haushalt machen, putzen und kochen. Darauf freue ich mich schon.«

Rafał: Pflege mit Herz und Verstand

Ich bin mit der Dolmetscherin Agata auf dem Weg in die Eifel. Dort wollen wir Rafał treffen, einen jungen Mann, der in einem kleinen Dorf als Pflegekraft arbeitet. Als wir uns an der Haustür gegenüberstehen, muss ich lachen, genau wie Rafał. Vor ein paar Tagen, als wir uns am Telefon verabredet haben, hat er mir noch erzählt, dass er 36 Jahre alt ist. Jetzt denke ich: Was für ein charmanter Schwindler! Und als könne er meine Gedanken lesen, erklärt er mir verschmitzt und mit stark polnischem Akzent: »Sechsunddreißig auf einer Seite! Die andere ist genauso alt!« Aha, so kann man sein Alter also auch sehen.

Das Haus, in dem wir uns treffen, gehört einem 80-jährigen pflegebedürftigen Mann, der für ein paar Tage ins

Krankenhaus musste. Rafał führt uns über eine alte, knarrende Holztreppe durch das dreistöckige Einfamilienhaus, als wäre es sein eigenes. Zuerst präsentiert er uns stolz den Stand seiner Renovierungsarbeiten. Er hat das Badezimmer frisch gefliest, die Wände tapeziert und neue Rohrleitungen im Keller verlegt. Sogar einen kleinen Wintergarten hat der drahtige 73-Jährige angebaut. Rafał ist sportlich, hält sich fit und ernährt sich gesund. Vor einem Jahr hat er die Diagnose Blasenkrebs erhalten. Eine OP verhinderte das Schlimmste.

Fast nebenbei streifen wir einen kleinen Raum, in dem ein verwaistes Pflegebett steht. Rafał greift nach einer Fernbedienung auf dem Nachttisch und führt uns verschiedene Vor-, Rück- und Seitwärtsbewegungen des Bettes vor. »Hab ich selbst gebaut. Die Fernbedienung ist vom Sperrmüll!« Am liebsten hätte er es gesehen, wenn ich mich zur Probe hineingelegt hätte in sein »Wunderbett«, um die Virtuosität seiner Erfindung am eigenen Körper zu erfahren. Aber das geht mir dann doch zu weit.

Wickeln, kochen, renovieren: Männer als Pflegekräfte

Rafał ist gelernter Schiffskoch und hatte, wie alle Männer, mit denen ich gesprochen habe, vor seiner Ankunft in Deutschland keinerlei Erfahrung mit pflegerischer Arbeit. Er hat sich gewissermaßen hineingefunden, indem er sich hier und da ein paar Handgriffe abgeguckt und einige Tipps geholt hat. Der Rest ist Selbsterfahrung.

Was in den Schilderungen der männlichen Pflegekräfte besonders auffällt, ist, dass sie neben der Pflege häufig auch handwerkliche Arbeiten in den deutschen Haushalten übernehmen. Danach wird zu Beginn der Pflegebeziehung sogar oft konkret gefragt. Da heißt es dann: »Könnten Sie auch unsere Wohnung streichen, wenn Sie hier sind?« Oder: »Die

Treppe müsste dringend abgeschliffen werden. Könnten Sie das übernehmen?«

Rafał demonstriert auf seinem Handy, durchaus mit gewissem Stolz, die Umbauarbeiten auf seinen vorangegangenen Stellen. Und in der Tat kann man sich nur wundern, wie er das neben der Pflege alles schafft. Er fährt zu Baumärkten, fragt sich durch, und am Ende kriegt er immer irgendwie alles hin. Die Angehörigen sind froh und dankbar und zeigen den pflegenden Männern das auch. Die Bezahlung für solche Dienstleistungen wird aber selten klar besprochen und geregelt. Rafał erzählt von seiner großen Enttäuschung, als er nach der Komplettrenovierung eines Hauses 400 Euro angeboten bekommt. Rafał ist Handwerker aus Leidenschaft und genießt die Anerkennung, die er über diese Tätigkeiten von den deutschen Arbeitgebern erhält. Das scheint ihm als Lohn schon fast zu reichen. Während die weiblichen Pflegekräfte ihre Selbstbestätigung fast immer in der sichtbaren Zufriedenheit der von ihnen betreuten Senioren suchen, ist es für die Männer wichtig, auch in typischen Männerdomänen zu punkten. Es gibt aber nur selten einen klar definierten Arbeitsauftrag für die Renovierungsarbeiten, und bei vielen deutschen Familien herrscht noch immer das Verständnis vor, dass die Pflegekräfte ohnehin die ganze Zeit im Haus sind und diese und jene Arbeit doch sicher mal eben mit erledigen können. Auch Rafał kennt solche Situationen, denn auch er wurde schon mit Hungerlöhnen abgespeist. Bei ihm ändert das allerdings nichts daran, dass er diese Arbeiten weiter übernimmt, schließlich machen sie ihm Spaß, bescheren ihm Ablenkung und schaffen Selbstvertrauen. »Zu Hause in Polen habe ich schon alles fertig renoviert. Da gibt's nichts mehr zu tun. Deshalb mache ich jetzt hier weiter«, sagt er mit einem verschmitzten Lachen im Gesicht.

Die Trennung von seiner Familie in Polen beschreibt Rafał zwar als Belastung, doch gleichzeitig betont er, dass es schließlich keine Alternative gibt. Er hat sich mit seiner Situation abgefunden, ohne ständig damit zu hadern.

Auf einem Regalbrett am Fußende des Pflegebettes hat Rafał einen Wecker mit großen Leuchtziffern montiert. Daneben lese ich auf einem handgeschriebenen Zettel: »Von 22 Uhr bis 6 Uhr: Schlafen!« Besiegelt ist die Zeile mit einer zittrigen Unterschrift. »Der alte Mann und ich haben einen Vertrag geschlossen. Ich habe ihm gesagt ›Du kannst alles von mir haben, ich bin den ganzen Tag für dich da, aber nachts muss ich schlafen. Sonst bin ich am nächsten Morgen nicht fit. Ich will vor 6 Uhr morgens nicht von dir geweckt werden.‹ Und wissen Sie, was das Verrückteste daran ist? Es funktioniert!«

Vor Rafał waren schon mehrere polnische Frauen als Pflegekraft im Haus. »Die sind alle weggelaufen«, erzählt Rafał. »Sie sind nicht mit dem alten Herrn klargekommen. Er ist sehr dominant und will immer alles bestimmen.« Rafał setzt auf klare Regeln, feste Zeiten und Rituale. Jeden Nachmittag spielen die zwei Männer im neu angebauten Wintergarten Schach. Dann erzählt der alte Mann auch schon mal von den Söhnen, mit denen er sich nicht versteht, oder vom Altenheim, in dem er vier Jahre lang gelebt hat, bis es der Familie zu teuer wurde. »Ich bin einfach wesentlich preiswerter! Und besser!«, scherzt Rafał, und wieder huscht dieses charmante Lächeln über sein Gesicht.

Zu Zeiten des Kommunismus hat der gelernte Schiffskoch bei einer polnischen Werft gearbeitet. Auf hoher See wurde er eines Tages versehentlich im Gefrierraum eingeschlossen und erst viele Stunden später von seinen Kollegen entdeckt und gerettet. »Da war ich schon halb tot«, erinnert sich der 73-Jährige. »Im Krankenhaus hatten die Ärzte mich schon aufgegeben, aber ich habe mich noch mal berappelt.« Nach dem Unfall kann er nicht länger in seinem alten Beruf arbeiten und bekommt vom polnischen Staat eine Frührente in Höhe von 300 Euro im Monat. Da er von diesem geringen Einkommen nicht leben kann, nimmt er in der Zeit darauf alle möglichen Jobs an. Er arbeitet auf einem Schrottplatz oder verdingt sich als Schreiner, Anstreicher und Ofenbauer. »All das dafür erforderliche Können habe ich mir selbst beigebracht.«

Rafałs Ehefrau lebt in Polen. Hin und wieder kommt sie für ein paar Tage nach Deutschland zu Besuch. Von seinen vier erwachsenen Kindern leben zwei in Polen und zwei in Deutschland. Auch zu ihnen und seinen mittlerweile sieben Enkeln hat Rafał regelmäßigen und guten Kontakt. Die Familie ist ihm wichtig, weshalb er auch nicht versteht, dass der alte Mann, den er gerade pflegt, so schlecht von seinen Kindern spricht. Der Mann sieht sie kaum noch und hat mittlerweile sogar einen gesetzlichen Vormund einbestellt, weil er seinen eigenen Kindern nicht mehr traut. »Der Vormund regelt all seine persönlichen Angelegenheiten. Mit seiner Familie will er nichts mehr zu tun haben. Der Vormund und ich sind seine einzigen Bezugspersonen.«

Bei seiner letzten Arbeitsstelle in Norddeutschland seien die Verhältnisse ähnlich gewesen. »Als ich dort ankam, hat mir der Sohn des älteren Herrn, um den ich mich kümmern sollte, die Hausschlüssel in die Hand gedrückt und gesagt: ›Hier ist der Hauptschalter vom Strom, hier ist dein Zimmer, hier ist dein Lohn für die ersten Wochen.‹ Dann ist er gegangen. Von da an war ich mit dem alten Mann und seiner Ehefrau allein. Der Sohn kam alle paar Wochen vorbei, brachte mir mein Geld und guckte, ob wir noch leben. Das reichte ihm.« Dieser Job in Norddeutschland ist seine erste Arbeitsstelle als Pflegekraft, an die er eher durch Zufall gerät. Eine Bekannte sollte die Stelle eigentlich antreten, als sie aber aus Krankheitsgründen absagen muss, übernimmt Rafał kurzentschlossen den Job.

Der Anfang ist schwer. Rafał weiß nichts über die Arbeit, die da auf ihn zukommt. Von seinem Schwiegersohn, einem gelernten Altenpfleger, lässt er sich die wichtigsten Griffe und Kniffe beibringen. Schnell gewinnt er die Sympathie des älteren Ehepaares. Als der Mann drei Monate später schwer erkrankt, zeigt sich, wie nah sich die drei in der kurzen Zeit gekommen sind. »Auf dem Sterbebett hat der Mann meine Hand genommen und gesagt: ›Rafał, pass jetzt gut auf meine Anna auf! Kümmere dich um sie, so wie du dich um mich gekümmert hast.‹ Ich habe es ihm versprochen. Kurz darauf ist er gestorben.«

Zusammen mit der Ehefrau organisiert Rafał die Beerdigung des alten Mannes. Sie suchen gemeinsam Lieder und Texte aus und lassen die Lieblingsblumen des Verstorbenen zu Gestecken binden. Rafał, der gelernte Koch, versorgt die gesamte Beerdigungsgesellschaft mit Essen. Als alles vorbei ist, ringt Anna ihm ein zweites Versprechen ab: »Wenn ich mal sterbe, möchte ich genau so eine Beerdigung haben.«

Es war nicht vorgesehen, dass er ab jetzt eine Frau pflegen würde. War das schwierig für ihn? »Nein, überhaupt nicht!«, erklärt Rafał. »Ich habe sie gewaschen, angezogen, manchmal habe ich ihr auch die Haare aufgedreht. Darüber hat sie sich immer besonders gefreut. Wir haben alles miteinander besprochen. Es gab zwischen uns keine Peinlichkeiten. Wir sind doch alle Menschen.« Das Einzige, was für ihn schwierig ist, sind Annas nächtliche Angstattacken. »Dann lag sie im Dunkeln in ihrem Bett und hat aus Leibeskräften geschrien. Sie rief immer was von einem Soldaten, der in ihrer Phantasie vor ihrem Bett stand und sie bedrohte. Sie hat sich mit Händen und Füßen gewehrt. Immer wieder hat sie gerufen: ›Hau ab! Hau endlich ab!‹ Ich wusste nicht, was mit ihr los war. Irgendwann kam mir der Gedanke, dass es vielleicht ein Trauma aus dem Krieg war. Vielleicht ist Anna damals sogar vergewaltigt worden.«

Rafał überlegt, wie er der alten, mittlerweile auch etwas verwirrten Frau helfen kann. »Ich habe direkt an ihrem Bett ein kleines Lämpchen montiert und zu ihr gesagt: Anna, wenn dieser Soldat heute Nacht wieder kommt, dann knipst du einfach das Licht an und schlägst die Bettdecke zurück. Und wenn der sieht, dass du Windeln trägst, dann haut der garantiert sofort ab.« Es war das letzte Mal, dass Anna nachts geschrien hat. Die beiden haben nie wieder über die nächtlichen Besuche des Soldaten gesprochen. So wie die 80-Jährige überhaupt nie über den Krieg sprechen wollte. »Sie sagte oft ›Rafał, das war so schlimm für mich, das kann ich niemals erzählen‹.«

Manchmal überfällt Anna eine unbändige Traurigkeit. Sie weint dann unaufhörlich und weiß nicht wohin mit sich. In solchen Momenten nimmt Rafał ihre Hände, und die zwei tanzen eine kleine Runde in der Küche. Dann erzählt er ihr noch ein paar Witze, um sie aufzuheitern. Am Ende geht es ihr meistens ein bisschen besser als vorher. Das reicht ihm. Wenn sie manchmal nachts aufsteht, um Butterbrote für ihren Sohn zu schmieren, der »dringend zur Arbeit muss«, erklärt Rafał ihr, dass er das schon erledigt habe und dass der Sohn das Haus schon verlassen hat. Dann ist Anna beruhigt und legt sich wieder hin.

Annas Zustand verschlechtert sich zusehends. Sie ist immer häufiger durcheinander und läuft sogar hin und wieder weg. Nachts muss Rafał jetzt Gitter an ihr Bett schrauben, damit sie nicht rausfällt. Als sie sich darüber lautstark beschwert und ihm vorwirft, er würde sie einsperren, sägt der Pole kurzerhand ein großes Guckloch in das Seitenteil. So bekommt Anna auch im Liegen alles mit.

Mit zunehmender Demenz setzt sich ein neuer Alptraum in ihrer Seele fest. Anna ist der festen Überzeugung, dass sie ein Kind erwartet. Auf der Toilette hält sie ihren Urin für entweichendes Fruchtwasser und alarmiert Rafał, sie habe einen Blasensprung. Der versichert ihr zwar, dass eine Schwangerschaft in ihrem Alter unmöglich ist, doch diese Erklärung erreicht Anna nicht. Rafał soll sie sofort ins Krankenhaus bringen. »Sie hatte eine regelrechte Geburts-Paranoia entwickelt und war voller Sorge. Das war für sie ganz real. Als es immer häufiger vorkam, bin ich in meiner Not schließlich mit ihr zu einem Frauenarzt gefahren. Wir haben zusammen im Wartezimmer gesessen, bis er uns beide zu sich rief. Natürlich hat er sich gewundert. Ich habe ihm dann die ganze Geschichte erzählt. Der Arzt hat Anna dann auf dem gynäkologischen Stuhl richtig untersucht und ihr anschließend erklärt, dass sie definitiv kein Kind erwartet. Danach sind wir nach Hause gefahren, und in Annas Seele kehrte endlich wieder Ruhe ein.«

Rafał ist ein lebenskluger Mann. Einer, der sich gut in andere Menschen hineinversetzen kann und sie ernst nimmt, egal wie alt, schwach oder verwirrt sie sind. »Nur, wenn du dich wirklich für die Leute interessierst, kannst du diese Arbeit gut machen. Und dann machst du vieles auch automatisch richtig. Manchmal fühle ich mich wie ein Schwamm. Ich sauge alle Erlebnisse, Geschichten, Gefühle und Probleme der Pflegebedürftigen in mir auf. Und wenn du eine gute Beziehung zu den alten Menschen aufbaust, dann läuft auch die Pflege viel leichter.« Zu Hause in Polen weiß niemand, womit Rafał sein Geld verdient. »Sie wissen nur, dass ich in Deutschland arbeite. Mehr nicht. Und das soll auch so bleiben«, meint Rafał. »Was ich hier mache, geht niemanden etwas an.«

Eines Morgens erinnert Anna ihren polnischen Pfleger an sein Versprechen. »Du hast gesagt, dass du mir auch eine so schöne Beerdigung machst wie meinem Mann.« Am nächsten Tag schläft sie in ihrem Bett friedlich ein. Vier Jahre nach dem Tod des Ehemannes löst Rafał sein Versprechen ein und organisiert für Anna eine ebenso schöne Beerdigung.

Bei Anna und ihrem Mann in Norddeutschland hatte Rafał noch schwarzgearbeitet. Das erschien ihm damals am einfachsten. Den alten Mann in der Eifel pflegt er jetzt aber »offiziell« über eine Agentur, wodurch er kranken- und rentenversichert ist. Außerdem sorgt die Agentur für Ersatz, wenn er mal ausfällt oder nach Hause fahren möchte. Dass die alten Menschen immer gut versorgt sind, ist ihm wichtig. Seine fürsorgliche Art bekommen auch wir zu spüren. Rafał hat für uns Bigos gekocht, ein polnisches Nationalgericht aus Sauerkraut mit verschiedenen Fleisch- und Wurstsorten. Nach dem Essen begleitet er uns noch bis auf die Straße und winkt uns fast väterlich nach. Als wir schon fast beim Auto sind, ruft er noch: »Gute Fahrt! Und wenn ich 37 werde, lade ich euch vielleicht zu meiner Geburtstagsparty ein!«

3. Die Fremde im Haus – Wie deutsche Senioren die Vollzeitbetreuung durch polnische Pflegekräfte erleben

»Älter werden ist, wie auf einen Berg steigen; je höher man kommt, umso mehr Kräfte sind verbraucht; aber umso weiter sieht man.« So hat der schwedische Regisseur Ingmar Bergman das Alter(n) einmal zusammengefasst. Aber was macht man mit dem »Panoramablick« in einem Altenheim, fragen sich da vielleicht manche in die Jahre gekommene Frauen und Männer. Fast alle, mit denen ich gesprochen habe, wollten um jeden Preis im eigenen Haus oder der eigenen Wohnung bleiben – also an dem Ort, der sie an ihr früheres, aktiveres, ereignisreiches Leben erinnert, der ihnen vertraut ist und an dem sie den Ausblick aus dem Wohnzimmerfenster genießen, weil sie die Menschen kennen, die dort vorbeispazieren.

Bei meinen »Hausbesuchen« ist mir immer wieder aufgefallen, dass die älteren Menschen einen Lieblingsplatz im Haus oder in der Wohnung hatten, meist war es der Sessel vor dem Fenster mit Blick auf das Leben um sie herum – ein Panoramablick auf das Leben. Auch wenn die Häuser und Wohnungen, in denen die Senioren ihre Kinder aufgezogen haben, mittlerweile zu groß für sie geworden sind, auf der Eckbank am langen Küchentisch nur noch selten jemand sitzt und die Zimmer ihrer mittlerweile erwachsenen Kinder schon lange ungeheizt und verwaist sind, möchten ältere Menschen fast immer so lange wie möglich »zu Hause« bleiben. Die gewohnte Umgebung gibt ihnen Sicherheit und Geborgenheit in einer Welt, die ihnen mit zunehmendem Alter immer fremder wird. Vor allem Demenzkranke profitieren von der Orientierung in einem für sie vertrauten Umfeld. Die eigene Wohnung, das eigene Haus macht einen wesentlichen Teil ihrer Identität aus. Hier fällt die Orientierung leichter und alltägliche Verrichtungen sind selbstverständlich, was ein hohes Maß an Selbständigkeit und Eigenaktivität bewahrt.

Fast immer sind es die Kinder der Senioren, die sich – auch aus diesem Grund – um eine Vollzeitbetreuung durch eine ausländische Pflegekraft bemühen. Viele Senioren, das hat sich sowohl in den Interviews mit Angehörigen als auch mit Pflegebedürftigen gezeigt, reagieren zunächst befremdet auf diese Möglichkeit der häuslichen Pflege. Manche lehnen eine »fremde Person« im eigenen Haus zunächst strikt ab. Für sie ist eine polnische Pflegekraft eine »Ausländerin«, der sie erstmal nicht recht trauen. In vielen Köpfen sind noch alte, vom Krieg geprägte Vorurteile und Klischees lebendig. Andere fühlen sich durch einen solchen Vorschlag von den eigenen Kindern zurückgewiesen, kommen sie selbst doch noch aus einer Generation, in der es selbstverständlich war, die alten Eltern im gemeinsamen Zuhause zu versorgen. Aber auch sie müssen jetzt anerkennen, dass sich die Zeiten geändert haben, ihre Kinder berufstätig sind und zudem oft weit entfernt leben. Und so fügen sie sich gewissermaßen ihrem Schicksal, denn die Alternative wäre eine Heimunterbringung, was viele Senioren als weitaus bedrohlicher empfinden. Die Tatsache, dass sie bei dieser Form der häuslichen Pflege in den eigenen vier Wänden bleiben können, ist letztlich entscheidend für ihre Einwilligung zur Anstellung einer Polin.

Die Kunst des Älterwerdens

Der Benediktinermönch Anselm Grün aus dem Kloster Münsterschwarzach beschreibt das Alter als ein ständiges Loslassen – ein Loslassen des Besitzes, der Gesundheit, der Beziehungen, der Sexualität, der Macht und des Ego. Alles, was einem im bisherigen Leben wichtig erschien, spielt plötzlich keine Rolle mehr. Wir müssen akzeptieren, dass Alter immer auch Verlust bedeutet. Diesen Verlust anzunehmen, scheint die besondere Herausforderung zu sein. So erzählen auch die Senioren, mit denen ich gesprochen habe, von diesem Loslassen als ihrer bislang schwersten Übung. Wir Menschen möchten leben, unser Erreichtes festhalten, eine Bedeutung für andere haben, etwas schaffen und bewirken, egal wie alt wir sind.

Ich habe beobachtet, wie meine Großmutter mit weit über 80 Jahren in ihrem Sessel saß und Kartoffeln schälte. Sie wollte unbedingt noch etwas beitragen zur familiären Gemeinschaft. Meiner Mutter geht es heute ähnlich, auch sie verlangt sich täglich Aufgaben ab, die sie bis an den Rand ihrer Fähigkeiten und Kräfte bringen. Ihr ganzes Leben war von Arbeit und Leistung geprägt. Bis heute kann sie sich von diesen Gewohnheiten nur schwer verabschieden, aber genau das verlangt ihr das Alter jetzt ab. Erst vor kurzem habe ich mit ihr im Garten Stauden gepflanzt und versetzt. Es tat mir in der Seele weh zu sehen, wie sehr sie sich dabei anstrengen musste, wie kraftlos und auch traurig sie nach kurzer Zeit in ihren Sessel zurücksank und feststellte: Es geht nicht mehr!

Zu akzeptieren, dass die Kräfte schwinden, ist die letzte große Übung, die uns das Leben abverlangt – ob wir wollen oder nicht. Mancher alte Mensch wird bitter über die zunehmende Hilflosigkeit. Es gibt aber auch ältere Menschen, die sanfter, milder und ruhiger werden im Angesicht des Lebensendes und ihrer Bedürftigkeit. Anselm Grün resümiert: »Im Alter geht es nicht mehr darum, was ich getan habe und was ich tue, sondern wer ich bin.« Das klingt schön, aber der Weg zu dieser Erkenntnis scheint ausgesprochen beschwerlich zu sein. Umso überraschter bin ich, als ich in meinen Interviews auf einige Senioren treffe, die offenbar genau das geschafft haben. Es ist ihnen gelungen, loszulassen, das Alter und die Hilfe anderer anzunehmen und dankbar zu sein für das, was war und ist.

Da ist zum Beispiel der 93-jährige Friedhelm H., der in seinem hohen Alter noch täglich die Zeitung liest, sein Trimmrad auf Hochtouren bringt, schwimmen geht und jeden Sonntag den Gottesdienst besucht, egal wie beschwerlich es für ihn ist. Sowohl Friedhelm H. als auch seine Frau wirken freundlich, gutmütig, ruhig und in Einklang mit sich selbst. Diese beiden alten Menschen werden nicht zuletzt auch von ihrem Glauben getragen. Dies trifft auch auf Mathilde K. zu, die im Rollstuhl sitzt und dankbar ist für jeden Sonnenstrahl, der auf ihren Frühstückstisch fällt. Sogar Grete M., die an einer Krebserkrankung leidet, blickt freundlich und optimistisch in die Zukunft. Diese Menschen beeindrucken mit ihrer Kraft und ihrer Weisheit, und man fragt sich, wie sie es schaffen, älter zu werden, ohne zugleich auch bitter, böse oder unglücklich zu sein. Gewinnen manche Menschen im Alter vielleicht eine Extraportion Mut und positive Energie hinzu?

Je nachdem, wie die befragten Senioren auf das Leben und ihr Lebensende blicken, so scheinen sie auch die Menschen um sich herum zu behandeln. Es ist also wesentlich von ihrer eigenen inneren Haltung abhängig, ob die zeitlich intensive Beziehung zu einer Pflegekraft, die mit im Haus wohnt, gelingt oder scheitert.

Erfahrungen deutscher Senioren mit polnischen Pflegekräften

Die Suche nach Seniorinnen und Senioren, die von ihren Erfahrungen mit polnischen Pflegekräften erzählen können und möchten, gestaltet sich schwierig. Viele von ihnen sind geistig nicht mehr in der Lage zu einem Gespräch mit einer völlig fremden Person. Andere wiederum sind körperlich zu schwach für ein längeres Interview. Dennoch war es möglich, mit einigen zu sprechen. Auf ausführliche Schilderungen von Einzelfällen habe ich in diesem Teil daher verzichtet. Vielmehr werden Äußerungen, die häufig wiederholt wurden und deshalb als typisch gewertet werden können, unter »sprechenden Überschriften« zusammengefasst.

Erste Allgemeine Verunsicherung: Allein mit »Ausländern«

Die Seniorinnen und Senioren, die ich getroffen habe, sind sich einig: Sie selbst hätten sich diese Form der häuslichen Pflege nicht ausgesucht. Und so ist bei ihnen allen zunächst das Befremden groß, als ihre Kinder ihnen den Vorschlag unterbreiten, eine Polin als Pflegekraft ins Haus zu holen. Die Vorstellung, mit einer für sie völlig fremden, dazu noch ausländischen Person zusammen unter ihrem eigenen Dach zu leben, empfinden sie alle als »gewöhnungsbedürftig«, manche gar als »beängstigend«.

Auch der 92-jährigen Mathilde K. geht es so, als ihre Kinder mit dieser Idee an sie herantreten. Die alte Dame lebt seit Jahren allein und versorgte sich bislang komplett selbst. Doch seit einem Schlaganfall ist nichts mehr wie vorher. Von einem Tag auf den anderen braucht sie eine Rund-um-die-Uhr-Betreuung. Heute sitzt sie im Rollstuhl. »Glücklicherweise«, so sagt sie, »ist hier alles ebenerdig, und ich kann mich frei bewegen.« Zwar ist das Haus, in dem die Familie früher zusammenlebte, eigentlich viel zu groß für sie, aber ausziehen möchte sie nicht. Hier fühlt sie sich mit ihrer Vergangenheit verbunden. Zu einem ihrer Kinder zu ziehen, kommt für sie nicht in Frage. »Das wollte ich nie. Sie sollen ihr eigenes Leben leben.« Vielleicht pocht sie gerade deshalb so sehr darauf, weil ihr selbst ein eigenständiges Leben in jungen Jahren verwehrt blieb. Sie stellt damals ihre eigenen Bedürfnisse zurück, als ihre Mutter pflegebedürftig wird. »Ich wollte eigentlich nicht auf dem Hof meiner Eltern bleiben, habe es dann aber aus Rücksicht auf sie doch getan. Mein Bruder ist mit 18 Jahren im Krieg gefallen. Das war für meinen Vater und meine Mutter damals unfassbar traurig. Ich selbst konnte ihre tiefe Trauer kaum ertragen, wollte ihnen irgendwie helfen und habe ihnen deshalb fest versprochen, dass ich bei ihnen bleibe und mich um sie kümmern werde. Und das habe ich auch getan.« Jahrelang pflegt Mathilde K. ihre bettlägerige Mutter. »Damals gab es noch keine Windeln, keine Caritas, keine Tagespflege, nichts! Die Pflege war allein meine Aufgabe. Ich bin da irgendwie hineingewachsen.« Sie selbst hat fünf Kinder, die alle studiert haben und »was geworden sind«, wie sie sagt. »Die Zeiten haben sich einfach geändert. Unsere Kinder haben eine gute Ausbildung und gehen arbeiten. Die können sich nicht die ganze Zeit um mich kümmern.«

Vor zwei Jahren zog deshalb auf Anregung ihrer Kinder ein polnisches Ehepaar ins Haus. Beide sind bei Mathilde K. fest als Haushaltshilfen nach deutschem Arbeitsrecht angestellt. »Auf diese Weise haben wir nicht diese ständigen Wechsel wie bei den Pflegekräften, die über die Agenturen vermittelt werden. Das ist mir sehr wichtig. Ich möchte mich nicht ständig an neue Personen gewöhnen und alles immer wieder neu erklären müssen.« Am Anfang ist die Betreuung durch zwei fremde Menschen auch für Mathilde K. noch »gewöhnungsbedürftig«. Aber dann muss sie sich schnell an sie gewöhnen. »Als die beiden kamen, ging es mir körperlich so schlecht, dass ich keine andere Wahl hatte, als diese Hilfe einfach anzunehmen. Ich musste das so über mich ergehen lassen. Auch das mit dem Waschen und Anziehen war am Anfang nicht einfach für mich. Meistens wäscht mich jetzt die Frau, ihr Mann geht dann meistens raus. Das finde ich sehr rücksichtsvoll.« Grundsätzlich ist Mathilde K. froh, dass sie von einem Ehepaar betreut wird. »Die können sich immer miteinander in ihrer Muttersprache unterhalten, sich austauschen und gemeinsam etwas unternehmen. Abends sitzen sie in ihrem Wohnzimmer und gucken polnisches Fernsehen, und ich sitze hier bei mir. Diese gesunde Distanz ist mir wichtig. Der Mann kümmert sich auch um meinen Garten, und zwar mit großem Engagement. Manchmal schneidet er mir etwas zu viel von den Bäumen und Sträuchern ab, aber ich sage nichts. Das ist für mich einfach nicht mehr so wichtig.« Das polnische Ehepaar hat sich dem Tagesrhythmus von Mathilde K. angepasst. Die drei nehmen zu festen Zeiten bis auf das Abendessen alle Mahlzeiten gemeinsam ein. »Sie decken den Tisch jedes Mal schön, so wie ich das gerne habe. Und sie fragen immer, ob alles in Ordnung ist, ob ich noch etwas brauche und was ich gerne essen möchte. Sie tun wirklich alles für mich.«

In regelmäßigen Abständen fährt ihre Tochter zusammen mit der polnischen Haushaltshilfe zum Einkaufen in den Supermarkt. »Auch meine Kinder verstehen sich sehr gut mit den beiden.« Mittags, wenn Mathilde K. sich ein bisschen hinlegt, radelt das polnische Ehepaar hin und wieder ins nahe gelegene Dorf. »Ich finde es schön zu wissen, dass es ihnen hier bei mir auch gut geht.«

Mittlerweile ist aus der anfänglichen Distanz ein Vertrauensverhältnis geworden. »Die beiden stellen mir auch viele Fragen zu meiner Jugend und meiner Familie. Wir gucken uns dann gemeinsam alte Fotos von meiner Hochzeit an, und von den Kindern, als sie noch klein waren. Sie nehmen richtig Anteil an unserem Familienleben.«

Einmal in der Woche kommt eine Ordensschwester aus dem Dorf, um Mathilde K. die Heilige Kommunion zu bringen. »Sie hat dann immer drei Hostien dabei. Eine für mich und zwei für das polnische Ehepaar. Die beiden knien dann hier in meinem Wohnzimmer auf dem Boden, ich sitze daneben in meinem Rollstuhl, und wir empfangen zusammen die Kommunion. Die Religion verbindet uns sehr. Die beiden sind aber noch etwas katholischer als ich«, sagt sie und lacht. Ist sie manchmal auch enttäuscht darüber, dass ihre Kinder die Pflege nicht übernehmen? »Nein. Überhaupt nicht. Meine Kinder tun, was sie können. Sie kaufen ein, kümmern sich um alle finanziellen und bürokratischen Sachen. Jedes Wochenende ist einer von ihnen bei mir zu Besuch. Was sie tun, ist mehr als genug. Und ehrlich gesagt kann ich die Hilfe des polnischen Ehepaares mittlerweile besser annehmen als die von meinen eigenen Kindern. Die sind ja extra für mich da. Ich bin sehr zufrieden mit ihnen, und deshalb sind sie es vielleicht auch mit mir.«

Was haben Sie gesagt? Sprachbarrieren

Eines der größten Alltagsprobleme zwischen den deutschen Senioren und den polnischen Pflegekräften ist die Verständigung. Wie soll man im Pflegealltag miteinander zurechtkommen, wenn die andere Seite einen falsch oder gar nicht versteht?

Die älteren Menschen haben durch den kleiner werdenden

Lebensradius häufig ein ausgeprägtes Interesse daran, sich zu unterhalten. Viele haben lange allein gelebt und empfinden die Gesellschaft bei aller anfänglichen Skepsis und Zurückhaltung mit der Zeit als bereichernd und abwechslungsreich. Die Pflegekräfte, die über Agenturen vermittelt werden, sind umso kostspieliger, je besser ihre Sprachkenntnisse sind – eine gängige Praxis auf diesem heiß umkämpften Markt. Wenn das Geld nicht ausreicht, stehen sich am Ende oft Menschen gegenüber, die über eine Einwortunterhaltung nicht hinauskommen. Das frustriert viele Senioren. Die Rüstigeren unter ihnen bringen »ihrer Polin« die wichtigsten deutschen Begriffe bei. Einige der Älteren haben auch Spaß an dieser Rolle, in der sie gewissermaßen ihren »Heimvorteil« genießen.

Die Volkshochschule im nordrhein-westfälischen Velbert wirbt seit einiger Zeit mit einem interessanten Angebot. Sie bietet einen Sprachkurs an, in dem die Pflegebedürftigen oder ihre Angehörigen die Grundlagen der polnischen Sprache erlernen können. Dabei werden in erster Linie Begriffe aus dem Seniorenalltag wie Einkaufen, Waschen oder Telefonieren vermittelt, denn der Kommunikationsbedarf ist gerade in der Kennenlernphase besonders hoch. »Kleine Rollenspiele machen es einfacher, Muster für die normalen Unterhaltungen zu lernen«, sagt die Dozentin für Polnisch an der Volkshochschule in Velbert, Aleksandra Spalek-Gruca. »Wie spät ist es? Ist das Essen fertig? Haben Sie die Zeitung schon aus dem Briefkasten geholt?« Das sind die ersten Sätze, die die Senioren lernen.

Hinzu kommen Schlüsselwörter aus der Medizin, wie die Wirkungsbereiche der Medikamente und ihre Dosierungen sowie Auskünfte zum Wohlbefinden. Deutsche Senioren müssen also jetzt Polnisch lernen? »Es wäre zumindest empfehlenswert. Beide Seiten gehen aufeinander zu, um besser miteinander zurechtzukommen. Wenn die polnische Pflegerin oder der polnische Pfleger Fortschritte beim deutschen Spracherwerb verzeichnet, pendelt sich ohnehin Deutsch als Umgangssprache ein«, ist sich Spalek-Gruca sicher. »Für den Polnischkurs spricht aber noch etwas ganz anderes: Das Erlernen von Fremdsprachen trainiert das Seniorenhirn.« Der Kurs, darüber ist sich die Volkshochschule im Klaren, eignet sich ausschließlich für Senioren, die geistig fit genug und offen für Neues sind und zudem Freude daran haben, noch etwas zu lernen.

Hauptsache »Ich«: Die Pflegekraft als Erfüllungsgehilfin

In dem Forschungsprojekt »Ausländische Pflegekräfte in Privathaushalten« analysieren die Autoren die häusliche Pflegesituation unter anderem auch aus der persönlichen Sicht der Senioren. Der Analyse ging eine Befragung einiger Senioren voraus, die aufgrund von Krankheit und dementiellen Einschränkungen nur eingeschränkt möglich war. Ein wichtiges Ergebnis der Befragungen ist, dass die Pflegebedürftigen im Alltag mit der ausländischen Pflegekraft sehr auf die Erfüllungen ihrer persönlichen Bedürfnisse fokussiert sind.

Die Pflegekräfte waren bei den Senioren ausnahmslos schwarz, also irregulär beschäftigt. Der folgende Auszug aus dem Forschungsbericht beleuchtet die Beziehungen der Seniorinnen zu ihren Pflegekräften.

»Frau [Schmidt] beschreibt die Pflegekraft als in den Haushalt integriert, da diese zwei Zimmer im oberen Stockwerk bewohnt. An der Pflegekraft hat Frau [Schmidt] nichts auszusetzen und fühlt sich ihr sehr verbunden. Sie begründet dies damit, dass die Pflegekraft mitfühlend ist und immer weiß, was Frau [Schmidt] will. Konflikte habe es mit dieser

160

Pflegekraft nie gegeben, auch weil sie alles mache und auf ihre Wünsche eingehe [...]. Angesichts ihrer körperlichen Einschränkung – sie könne nichts alleine machen – sieht sie die ideale Pflegesituation darin, dass jemand Tag und Nacht für sie da ist.«

Die Pflegebedürftige sei mit der Arbeit der Pflegekraft demnach sehr zufrieden, könne sich aber mit der Polin, die die reguläre Kraft während des Urlaubs vertrete, nicht anfreunden. Die Vertretung arbeite anders und ließe sich von der Seniorin nicht einschüchtern.

Auf die Freizeit der Pflegekraft angesprochen, äußert sich die alte Frau auffallend positiv und ausführlich zu der täglichen zweistündigen Pause am frühen Nachmittag. »Außerdem betont sie, dass die Pflegekraft zwei Zimmer hat und ein Fahrrad gestellt bekommt. Zu allen anderen Fragen äußert sie sich nicht. Es fällt auf, dass sie das Beschäftigungsverhältnis nur aus ihrer eigenen Perspektive wahrnimmt. Ihre Sympathie für Frau [Kowalska] begründet sie komplett damit, dass diese ihre Wünsche verstehe und erfülle. Alles was Frau [Schmidt] im Interview als positive Eigenschaften der Pflegekraft beschreibt, ist ausschließlich auf das eigene Wohlergehen bezogen und lässt keinerlei eigenständige Wahrnehmung der Pflegekraft erkennen [...].«

Es wird klar, dass die Seniorin lediglich auf die positiven Aspekte der Arbeitsumstände hinweist. So habe die Pflegekraft eine schöne Unterkunft, ein Fahrrad sowie regelmäßige Pausen. Dass die Pflegearbeit ungemein anstrengend ist, wird nicht wahrgenommen.

In einem weiteren Fallbeispiel wird der einseitige Blick der Pflegebedürftigen auf die Arbeit der Pflegekräfte noch deutlicher:

»Frau [Meyer] [...] findet die Beziehung gut, weil die Pflegekraft all ihre Wünsche und Anweisungen versteht und umgehend umsetzt. Ihre Beispiele sind dabei ausnahmslos aus dem hauswirtschaftlichen Bereich (Putzen, Einkaufen und Kochen). Die Tätigkeiten der Grundpflege werden vollständig ausgeblendet. Den Umstand, dass die Pflegekraft nur alle drei Monate nach Hause fährt, interpretiert sie so, dass diese sich offenbar wohlfühle und die Ortschaft nicht verlassen möchte. Schließlich sei dies nicht das erste Pflegeverhältnis, das Frau [Lewandowska] vor Ort eingegangen sei. Negative Eigenschaften hat die Pflegekraft nach Aussage von Frau [Meyer] nicht. Zur Befindlichkeit von Frau [Lewandowska] könne sie nichts sagen, da sie darüber nicht sprächen. Auch ihre eigenen Angelegenheiten erledige sie selbstständig. Frau [Meyer] nennt während des gesamten Interviews die Pflegekraft nicht bei ihrem Namen. Besonders wichtig sei es ihr, täglich einen Spaziergang in Begleitung machen zu können.«

Beide im Rahmen der Studie befragten Seniorinnen gehen in den Gesprächen ausschließlich auf die eigenen Bedürfnisse ein und erkennen es als positives Merkmal, wenn die Pflegekräfte auf sie eingehen. Dabei entsteht ein emotionales Ungleichgewicht: »Während sich die Pflegekraft der Vorstellung familiärer Nähe anheimgibt, ist sie für die Gepflegte ein Instrument zur Befriedigung der eigenen Bedürfnisse. Für sie ist die Beziehung positiv, weil die Pflegekraft unter Absehung der eigenen Bedürfnisse rund um die Uhr verfügbar ist und alle impliziten und expliziten Arbeitsaufträge erledigt.«

Auch bei den von mir befragten Senioren stehen die eigenen Bedürfnisse bei der Schilderung und Beurteilung der Pflegesituation stark im Vordergrund. Je besser die ausländische Pflegekraft diese erkennt und erfüllt, umso zufriedener sind sie mit dieser Form der häuslichen Pflege. Die Konzentration und Fokussierung auf die eigene Bedürfnislage wird häufig noch durch Krankheit und die daraus entstehende Hilfsbedürftigkeit verstärkt. Einige Senioren nehmen Ereignisse und Personen außerhalb ihres eigenen privaten Lebens kaum noch wahr und sind auch nicht mehr willens und in der Lage, sich mit anderen Menschen wie zum Beispiel der polnischen Pflegekraft auseinanderzusetzen.

Die oben angeführte Studie der Hans-Böckler-Stiftung spricht vor diesem Hintergrund von einer »prekären Rollenumkehr«:

»Einerseits sind die Pflegebedürftigen von der Hilfe der Pflegekräfte abhängig, die eine Vielzahl an Entscheidungen für sie treffen. In dieser Hinsicht sind die Pflegekräfte in einer bestimmenden und dominanten Funktion. Andererseits ordnen [sie] beinahe alles dem Ziel unter, den eigenen – höchst prekären – Arbeitsplatz zu erhalten: nicht nur eigene Bedürfnisse, sondern gegebenenfalls auch Überzeugungen, was ihres Erachtens richtig ist und dem Pflegebedürftigen auf die Dauer guttut. Insofern sie [...] bereit sind oder zumindest doch erwägen, den ›Flausen‹ dementer Pflegebedürftiger nachzugeben, um deren Wohlwollen und Zuneigung nicht aufs Spiel zu setzen – denn davon hängen die eigene Arbeitsstelle und das damit verbundene Einkommen ab –, wird deutlich, wie ohnmächtig sie in der irregulären Pflegearbeit sind. In dieser Hinsicht sind die Pflegekräfte also in der unterlegenen Position: der Willkür der Arbeitgeberseite – und gegebenenfalls sogar den Launen einer dementen Pflegebedürftigen – ausgeliefert.«

Wie gut Senioren mit der Pflegekraft auskommen und der gemeinsame Pflegealltag gelingt, hängt entscheidend von den Lebenserfahrungen und den eigenen Einstellungen zum Alter ab, die wiederum höchst unterschiedlich ausfallen können.

Vorsichtige Annäherung: Die Pflegekraft als Vertraute

Grete M. ist 76 Jahre alt und lebt in einer Kleinstadt im Sauerland. Gemeinsam mit ihrem Mann hat sie hier in jungen Jahren ein Haus gekauft, in dem sie die fünf gemeinsamen Kinder großgezogen und glücklich zusammengelebt haben. Als beide bereits in Rente sind, erleidet ihr Mann einen Schlaganfall und ist umgehend auf intensive Betreuung angewiesen. Mehrere Jahre lang kümmert sich die Ehefrau Grete M. unter Aufbietung all ihrer Kräfte so lange selbst um ihren Mann, bis es schließlich nicht mehr geht. Die Pflege wird für sie immer anstrengender, und ihr Mann lässt inzwischen auch geistig immer stärker nach und reagiert häufig aggressiv. »Er war eigentlich immer ein sehr friedlicher, ausgeglichener und ruhiger Mensch. Doch dann wurde er zunehmend böse und ungehalten. Einmal, als ich ihn abends gewaschen habe, hat er sich heftig gewehrt und mir eine tiefe Bisswunde am Arm zugefügt.« Die Narben an ihrem Unterarm erinnern sie bis heute an dieses schlimme Erlebnis. Grete M. weiß sich keinen Rat mehr und entscheidet sich schließlich schweren Herzens, ihren Mann in einem Pflegeheim vor Ort unterzubringen. »Ich konnte nicht mehr. Ich war am Ende und bin durch die Pflege meines Mannes schließlich selbst krank geworden.«

Bei Grete M. wird einige Zeit später Brustkrebs diagnostiziert. Eine Amputation sowie zahlreiche Chemotherapien hat sie bereits hinter sich. »Meine Haare sind mittlerweile alle wieder da«, freut sich die Seniorin. »Dafür habe ich jetzt häufiger mit starken Depressionen zu tun.« Gemeinsam mit ihren Kindern entscheidet sie sich vor einem Jahr für eine 24-Stunden-Betreuung durch eine polnische Pflegekraft. Über eine Vermittlungsagentur kommt die 62-jährige Teresa ins Haus. »Am Anfang war mir das alles nicht geheuer. Es war schwer für mich zu akzeptieren, dass ich fremde Hilfe brauche. Ich hatte auch gewisse Vorbehalte und Ängste, dass die fremde Frau vielleicht nicht das tut, was ich möchte; dass ich zur Marionette in meinem eigenen Haus werde.« Es ist die Angst vor dem Verlust der Selbständigkeit, die viele Senioren erleben, wenn eine Pflegekraft ins Haus kommt. Grete M. hat in ihrem Leben immer selbst Regie geführt. Sollte die ab jetzt jemand anderes übernehmen? »Eine Ausländerin?«

Wer die beiden heute zusammen in der kleinen Küche herumalbern sieht, kann kaum glauben, wie schwierig der Anfang ihrer Beziehung war. Teresa nennt Grete M. mittlerweile ihre »Freundin«, was Grete M. sichtlich schmeichelt. Die beiden sind fast den ganzen Tag zusammen in der Wohnung. Sie erzählen sich viele private und persönliche Dinge aus ihrer Vergangenheit, ihrer Kindheit und Jugend, und sprechen über ihre Sorgen und Nöte. Nachmittags gucken sie zusammen fern. Eine ihrer Lieblingssendungen ist die ARD-Serie »Verbotene Liebe«. Wenn die Sendung läuft, sitzen die beiden Frauen gemeinsam auf dem Sofa und fiebern, leiden und lachen mit. »Wir besprechen nachher auch zusammen, wie es wohl weitergeht und was wir über die einzelnen Personen denken. Das macht immer großen Spaß. Dabei vergesse ich alles, auch meine Krankheit.« Einmal in der Woche lädt Grete M. ein paar Freundinnen aus dem Ort zum Kaffeetrinken ein. Teresa bewirtet das Damenkränzchen dann nach allen Regeln der Kunst. Die 62-jährige Polin ist dankbar für ihren Job. »Wir verstehen uns richtig gut. Mit Grete ist es leicht für mich. Vorher hatte ich nur mit Demenzkranken zu tun. Das ist nicht zu vergleichen. Da können Sie nicht reden, nicht lachen, nichts teilen. Deshalb hoffe ich sehr, dass ich noch lange mit Grete zusammenbleiben kann.« Dafür gibt Teresa alles. Jeden Morgen bereitet sie für Grete M. einen frischen Obstsalat zu, »damit sie wieder ganz gesund wird«. Mittags kocht sie das, was Grete M. sich wünscht. An den Nachmittagen gehen sie ab und zu zusammen eine Runde um den Block. Grete M. ist zutiefst dankbar für die liebevolle Betreuung. Da sie selbst über Jahre ihren eigenen Mann gepflegt hat, weiß sie die Hilfe zu schätzen. Sie weiß, dass das, was Teresa für sie tut, nicht selbstverständlich ist. »Mir geht es sehr gut. Ich könnte das alles von meinen Kindern nie so annehmen wie von Teresa. Außerdem könnten sie doch ohnehin nicht immer hier sein. Die haben doch alle ihre eigenen Familien und ihre Berufe. Die tun schon, was sie tun können. Und das ist viel.« Die beiden so ungleichen Frauen haben trotz aller Anfangsschwierigkeiten eine herzliche und freundschaftliche Beziehung zueinander aufgebaut. »Teresa ist ein wichtiger Teil unserer Familie geworden.«

Bei den von mir befragten Senioren fällt auf, dass die meisten den Wert der Arbeit, den die polnischen Pflegekräfte für sie leisten, ausnahmslos anerkennen und würdigen. Und zwar weit über die eigene Bedürfnisbefriedigung hinaus. Sie zeigen sich interessiert an den Pflegekräften und lassen sich auf eine echte Beziehung mit ihnen ein. Dass es auch andere Fälle gibt, zeigen die Studienergebnisse der Hans-Böckler-Stiftung sowie die Schilderungen der polnischen Pflegekräfte im zweiten Kapitel auf bedrückende Weise. Sicherlich gibt es auch zahlreiche Senioren, die mit ihrer Pflegekraft nicht zufrieden sind. Diese wollten sich aber, das haben meine Erfahrungen gezeigt, nicht vor einer Journalistin dazu äußern, aus Sorge, damit zu intime Einblicke in ihr Leben zu gewähren. Zudem könnten auf diese Weise familiäre Probleme nach außen dringen.

Enttäuschungen: Wenn die Kinder nur noch selten kommen

Machen Sie mit mir zunächst einen kleinen »Ausflug« nach China. Dort paukten traditionell die Kinder von klein auf eine erste Bürgerpflicht: die Elternliebe. Sie lernten zu diesem Zweck Kinderreime und den konfuzianischen Kodex auswendig. Sittenlehrer Konfuzius (551–479 v. Chr.) forderte sie in unzähligen Belehrungen auf, ihre Eltern immerfort zu ehren. Das sei wichtigste Grundlage aller Moral und das Fundament für ein funktionierendes Staatswesen. Es sei zu wenig, die Eltern nur zu versorgen, wenn sie alt werden, betonte Konfuzius. Gnadenbrot erhielten auch Hunde und Pferde. Der Edle müsse sich ein Leben lang um sie kümmern, sie beerdigen und »ihnen nach dem Tod opfern, wie es sich ziemt«.

2500 Jahre später macht die Volksrepublik aus dem moralischen Imperativ eine juristische Forderung mit Strafandrohung. Seit dem 1. Juli 2013 zwingt ein neues »Gesetz zum Schutz der Rechte älterer Menschen« Kinder und Enkel dazu, ihre Eltern »häufig« zu besuchen und nach ihnen zu schauen. Wie oft »häufig« ist und in welcher Weise sich die Jüngeren um die Älteren kümmern sollen, steht jedoch nicht in dem öffentlich heftig umstrittenen Artikel 17. Er lässt auch die Höhe des Strafmaßes offen. Grund für das Gesetz sind die seit 30 Jahren gültige Ein-Kind-Politik und die überall verbreitete Kleinfamilie nach dem 4-2-1-Modell, dem zufolge auf vier Großeltern ein Enkelkind kommt. Sie hat dem heutigen China ein gigantisches Überalterungsproblem beschert. Ein Drittel der 200 Millionen über 60-Jährigen lebt in sogenannten »leeren Nestern«; die erwachsenen Kinder sind längst ausgezogen. Das neue Gesetz soll den Nachwuchs zwingen, sich um die Alleingelassenen zu kümmern. Kritiker schreiben, dass gesetzlich verordnete Elternliebe einen problematischen gesellschaftlichen Rückschritt bedeute.

Diese Meinung würde die Mehrheit der Deutschen wohl ebenfalls vertreten, denn Elternliebe lässt sich nicht durch Gesetze erzwingen. Dabei soll nicht verschwiegen werden, dass es auch in Deutschland Fälle gibt, in denen Angehörige aus unterschiedlichen Gründen die Übernahme der Pflegekosten für ihre Eltern verweigern oder sie nur selten oder gar nicht besuchen.

Das zeigt auch das Beispiel des Rentners Erich B., der nie ein besonders intensives Verhältnis zu seinen Kindern hatte. Seit sich eine polnische Pflegekraft um ihn kümmert, sind ihre Besuche noch seltener geworden. »Meine Kinder denken, dass ich ja nun versorgt bin und sie deshalb nicht mehr vorbeikommen müssen. Jetzt besuchen sie mich nur noch einmal im Monat, um zu gucken, ob ich noch lebe.« Die Worte und der Tonfall des alten Mannes spiegeln dessen Verbitterung deutlich wider. Erich B. ist 84 Jahre alt, seine Frau starb vor drei Jahren an einem Herzinfarkt. Jetzt lebt er allein mit der Pflegekraft in einem kleinen Reihenhaus im Taunus. Die Wohnung ist gepflegt, auf dem Wohnzimmerschrank stehen Fotos seiner Kinder und Enkelkinder. »Seit meine Frau tot ist, ist der Kontakt zu meinen Kindern regelrecht abgerissen«, erzählt er. »Gott sei Dank ist Ewa da. Sie macht alles für mich. Ich bin bei ihr bestens versorgt. Aber manchmal bin ich doch traurig, dass keiner mehr kommt. Die Kinder schauen nur dann kurz vorbei, wenn sie sowieso in der Nähe sind. Wir trinken eine Tasse Kaffee zusammen. Das war's.« Auf die Frage hin, ob das Verhältnis zwischen ihm und seinen Kindern schon einmal besser war, denkt er länger nach. »Nein, eigentlich nicht. Wir waren nie sehr eng miteinander. Das war bei meinen Eltern aber genauso. Und meine Frau und ich haben sie trotzdem regelmäßig besucht. Das war für uns selbstverständlich. Das waren doch unsere

Eltern.« Erich B. erzählt von seiner Kindheit und Jugend in einem strengen Elternhaus mit drei Geschwistern. Die Mutter war Hausfrau, der Vater verdiente das Familieneinkommen als Buchhalter. Über die streng katholische Erziehung lernte er früh das Vierte Gebot: *Du sollst deinen Vater und deine Mutter ehren.* »Davon will doch heute keiner mehr was wissen. Das zählt heute nichts mehr. Meine jüngste Tochter hat neulich zu mir gesagt, ich solle mich bei ihr melden, wenn was ist. Dann habe ich zu ihr gesagt: Und wenn nichts ist?«

Die Eltern der heute 50-jährigen sind im Krieg und in der Nachkriegszeit groß geworden. Sie haben nach den damals üblichen Familienbildern gelebt, wozu auch feste Rollen und Beziehungsmuster zwischen Eltern und Kindern gehörten. Als Erziehungsberechtigte haben sie die Entscheidungen getroffen, die Kinder mussten folgen. Es gab keine Diskussionen, keine offenen Gespräche, keine innige Nähe, und erst recht keine Zärtlichkeit. Erich B. sitzt heute fast ratlos in seinem Sessel am Fenster. Und wie verhält er sich, wenn seine Kinder ihm einen ihrer seltenen Besuche abstatten? »Ich sage ihnen immer, dass es mir gut geht und dass Ewa alles für mich macht. Ich möchte nicht, dass sie aus Mitleid zu mir kommen.«

Nur durch Ewas Betreuung ist es Erich B. möglich, »zu Hause« zu bleiben. Seine Kinder haben ihm von Anfang an klar gesagt, dass sie die Pflege nicht übernehmen werden. Falls er die Hilfe durch eine Pflegekraft im Haus nicht annehme, müsse er in ein Altenheim ziehen. Seine finanzielle Situation beschreibt der Senior als »ganz gut«, in dieser Hinsicht ist er nicht auf seine Kinder angewiesen. Durch die finanzielle Absicherung wird die Beziehung zwischen Alt und Jung nicht zusätzlich belastet.

Erich B. sagt von sich selbst, dass er oft einsam ist und Angst vor dem Sterben hat. Dann kommen dunkle Gedanken in ihm hoch, die er mit niemandem teilen kann. »Das ist manchmal kaum auszuhalten. Aber ich kann nichts daran ändern.«

Anselm Grün schreibt über die Einsamkeit im Alter: »In dieser Beziehung leben manche alten Menschen auf Kosten ihrer Kinder. Sie beklagen sich ständig, dass die Kinder sie so wenig besuchen. Sie fühlen sich nur lebendig, wenn die Kinder um sie herum sind. Sie weigern sich letztlich, einen wesentlichen eigenen Reifungsschritt zu tun, den das Älterwerden von ihnen verlangt: dass sie lernen, mit ihrem Alleinsein etwas anzufangen, die Stille wahrzunehmen, nach innen zu gehen, sich zu erinnern an das, was sie gelebt haben und was ihren wahren Wert ausmacht. Die Kinder tun ihren alten Eltern keinen Gefallen, wenn sie ihnen jeden Wunsch erfüllen. Sie müssen ihnen auch zumuten, das Alleinsein auszuhalten.«[7]

Wahlverwandtschaften: Wie aus Pflegekräften Enkel werden

Josefine und Friedhelm H. werden seit einem Jahr von polnischen Pflegekräften versorgt. Die 82-jährige Seniorin und ihr 93-jähriger Mann sind geistig noch sehr aktiv, nur ihm fällt das Laufen immer schwerer. Die Bücherwände im Haus zeugen von ihren weitreichenden Interessen an Politik, über Geschichte bis hin zu theologischen Themen. Beide wollen wissen, was in der Welt passiert. Und so reden wir zu Beginn unseres Treffens zunächst eine gute halbe Stunde über die angespannte Lage in der Ukraine nach den Protesten in Kiew. Auch mit einer der polnischen Pflegekräfte, eine Germanistin, erörtern die beiden Senioren derzeit täglich das Geschehen im polnischen Nachbarland. »Sie blickt aufgrund der Historie als Polin ja noch einmal ganz anders auf die Situation«, erklärt der Senior.

Das Ehepaar hat drei Söhne und eine Tochter. Die Söhne sind verheiratet und haben Kinder, die Tochter lebt allein und kümmert sich neben ihrer Berufstätigkeit hauptsächlich um die alltäglichen Belange der hilfsbedürftigen Eltern. »Sie haben ja alle Familie und einen anstrengenden Beruf. Sie können sich nicht um uns kümmern. Und für meinen Mann und mich ist das auch in Ordnung so. Sie sollen frei sein, ihr eigenes Leben unabhängig von uns leben. Wir kommen doch gut zurecht.«

Vor einem Jahr kommt auf Initiative der erwachsenen Kinder zunächst eine 28-jährige Polin ins Haus, die in ihrer Heimat zwei kleine Kinder im Alter von sechs und acht Jahren zurücklässt. Aus dem anfänglich distanzierten Dienstverhältnis wird schnell eine vertraute Nähe. So erzählt die junge Frau dem deutschen Ehepaar auch sehr persönliche Dinge aus ihrem Leben, unter anderem, dass ihr Mann sie in den letzten Jahren immer wieder misshandelt hat. In ihrer Not sei sie schließlich mit den Kindern weggelaufen und habe – notgedrungen – die Stelle als Pflegekraft in Deutschland angenommen. »Als sie zu uns kam, hat sie ihre Kinder schrecklich vermisst«, erzählt die Seniorin. »Uns hat das alles schrecklich leidgetan. Für uns war sie schon nach kurzer Zeit wie eine Enkelin. So nah waren wir uns.«

Nach zwei Monaten geht die junge Mutter schließlich zurück nach Polen. Sie kann und will die Distanz zu ihren Kindern nicht länger aushalten. Anschließend kommen zwei polnische Pflegekräfte ins Haus, die sich alle zwei Monate abwechseln. Besonders die studierte Germanistin ist für das Ehepaar eine geschätzte Gesprächspartnerin. Sie spricht aufgrund ihres Studiums sehr gut Deutsch, und so unterhalten sich die drei täglich über Politik, Geschichte und Kultur. Im Wechsel versorgen die beiden Frauen den Haushalt, waschen, bügeln, kochen, kümmern sich um den großen Garten, kaufen ein und fahren das ältere Ehepaar nach Bedarf zum Frisör, zum Schwimmbad oder zu Veranstaltungen. Pflegerische Tätigkeiten bleiben noch außen vor. »Ich habe manchmal das Gefühl, sie würden uns auch gerne beim Waschen und Ankleiden helfen. Das ist aus ihrer Sicht wohl die ehrenvollere Tätigkeit. Aber noch ist es Gott sei Dank nicht so weit.«

Als bei einer der Polinnen nach einem Arztbesuch Gebärmutterhalskrebs im Anfangsstadium festgestellt wird, ist es die Seniorin, die sie tröstet und sie anschließend zu den Untersuchungen begleitet, als wäre sie eine nahe Verwandte. »Wie sonst sollte sie denn all diese vielen medizinischen Ausdrücke verstehen? Das größte Problem war für sie aber nicht der Krebs, sondern die Gebärmutterentfernung. Sie meinte, sie sei danach keine richtige Frau mehr und wüsste nicht, wie sie das ihrem Mann erklären sollte. Ich habe ihr erklärt, dass dieser Eingriff nichts mit ihrem Frausein zu tun hat und ihr Mann sie sicher nach der Operation noch genauso gern haben wird wie vorher.« Dann deutet sie mit dem Finger auf zwei seidene Sofakissen in meinem Rücken. »Die hat sie mir nach der Operation als Dankeschön geschenkt. Es ist alles gut gegangen, auch mit ihrem Mann. Wir fühlen uns mit den Frauen verbunden. Wir fiebern sogar mit, wenn ihre Kinder in Polen ein wichtiges Handballspiel haben.«

Auch zwischen der 60-jährigen deutschen Putzfrau des Ehepaares und den beiden polnischen Pflegekräften hat sich mit der Zeit eine freundschaftliche Beziehung entwickelt. »Sie ist vom Alter her genau zwischen den Polinnen und uns und so etwas wie ein Mutterersatz für die Pflegekräfte geworden. Das Verhältnis zu ihren eigenen Müttern ist nämlich nicht besonders gut. Und so finden sie bei unserer Putzfrau das, was sie vielleicht bei ihren eigenen Müttern immer vermisst haben.«

Einmal im Jahr machen Josefine und Friedhelm H. zusammen mit einer der beiden polnischen Frauen eine große Rundreise. Dann besuchen die Senioren ihre Kinder und Enkelkinder in der Ferne. Die Polin übernimmt die lange Autofahrt, die sich die beiden selbst nicht mehr zutrauen, und schläft wahlweise mit im Haus oder auch schon mal in einer nahe gelegenen Pension.

Zu Beginn ist das Ehepaar noch skeptisch, was die polnischen Pflegekräfte im Haus betrifft. »Meinem Mann waren die Kosten von über tausend Euro pro Monat plus Kost und Logis und gelegentliche Heimfahrten zunächst zu hoch. Doch mittlerweile stecken wir den Polinnen monatlich immer noch was extra zu. Einfach, weil wir so zufrieden mit ihnen sind.«

Ein wichtiges Bindeglied zwischen den Senioren und den Polinnen ist auch hier, genau wie bei Mathilde K., der christliche Glaube. »Wir fahren jeden Sonntag gemeinsam zur Kirche. Dort merken wir, dass wir trotz unseres Altersunterschieds und unserer unterschiedlichen Kultur und Herkunft ganz ähnliche Werte haben. Verantwortung, Hilfsbereitschaft, Höflichkeit, Respekt und Vertrauen sind uns allen gleichermaßen wichtig. Keine deutsche Kraft würde sich so liebevoll und gewissenhaft um uns alte Leute kümmern wie diese Polinnen. Da bin ich mir sicher«, resümiert der 93-jährige Friedhelm H.

Dass ihre Kinder sie nicht mehr so häufig besuchen, nehmen beide gelassen hin. »Es ist der Lauf der Welt, dass sie alle so weit weg sind«, so die Seniorin. Und ihr Ehemann ergänzt: »Ich möchte auch gar nicht, dass unsere Kinder uns pflegen. Die sollen frei sein. Dann können sie sich doch viel besser entwickeln.« Während des Gesprächs bereitet die Polin das Abendbrot zu. »Nach dem Essen gucken wir immer noch zusammen die Nachrichten und reden anschließend auch darüber. Die Polinnen haben dann immer ihr Lexikon dabei und bekommen dann von uns noch Sprachunterricht gratis dazu«, lacht die Seniorin. Zum Schluss, kurz bevor ich das Haus verlasse, kommt doch noch etwas Traurigkeit bei der alten Dame auf. »Ich habe letztens noch zu meinem Mann gesagt, dass wohl keines unserer Kinder jemals in unserem Haus wohnen wird. Aber ich bin Realistin. So ist das eben.«

4. Es geht auch anders – Anregungen zur häuslichen Pflege

Hilfestellungen für Angehörige

Wenn Angehörige sich um eine Betreuung für ihre Eltern oder Schwiegereltern bemühen, dann liegt der größte Kraftakt oft im Vorfeld der häuslichen Pflege. Es müssen viele organisatorische Details geklärt werden, für die meisten Menschen ist die Beschäftigung mit dieser Form der Altenpflege ein völlig neues, unsicheres Terrain. Im Folgenden werden die wichtigsten Bedingungen für ein faires Arbeitsverhältnis beschrieben und Hilfestellungen für ein gutes Miteinander gegeben. Sie sollen Angehörigen als erste Handreichung dienen.

Faire Bedingungen: Verträge, Arbeitszeit, Unterbringung und Bezahlung

Alle befragten Angehörigen fühlten sich mit der Organisation einer Vollzeitpflege für ihre Eltern überfordert. Auch bei der konkreten Suche nach einer Pflegekraft haben sie fast immer die erstbeste Lösung gewählt, weil zur ausführlichen Auseinandersetzung mit den verschiedenen Beschäftigungsverhältnissen und Vertragsformen Zeit und Energie fehlten. Häufig ist der Preis für die Vollzeitbetreuung das entscheidende Kriterium, und so endet die Suche schnell bei Pflegekräften, die schwarzarbeiten. Der mit Abstand größte Teil aller bei uns beschäftigten osteuropäischen Betreuungskräfte ist derzeit auf diese Weise tätig. Weil viele andere wie Nachbarn, Freunde oder Bekannte ihre Pflegekräfte ebenfalls illegal beschäftigen, sinkt bei vielen Angehörigen das Unrechtsbewusstsein. In der Studie der Hans-Böckler-Stiftung heißt es über einen Angehörigen, der eine Pflegekraft schwarz beschäftigt: »Grundsätzlich hält Herr [Fischer] das Arbeitsverhältnis in der jetzigen Konstellation für gerecht. Zugleich ist er sich völlig darüber im Klaren, dass das Arrangement gegen das Gesetz verstößt. Allerdings schätzt er die Wahrscheinlichkeit, dass er selbst oder seine Mutter dafür sanktioniert wird, als sehr gering ein. So etwas wie ein schlechtes Gewissen oder Ängstlichkeit ist nicht feststellbar.«

Die Pflegeberaterin Heike Bohnes findet dafür deutliche Worte: »Man würde eigentlich keinen Hund so in eine Tierpension geben, wie manche Menschen eine Betreuung für ihre Eltern aussuchen. Da setzen bei vielen in der Not der Verstand und der gesunde Instinkt aus. Es muss alles schnell gehen, und weil nach außen alles seriös wirkt, setzen Angehörige ihre Unterschrift unter Verträge, die sie nicht verstehen und die nach genauerer Betrachtung auch nicht fair sind.«

Der Arbeitsvertrag

Das Stuttgarter Projekt FairCare arbeitet seit langem daran, die Bedingungen für osteuropäische Pflegekräfte in Deutschland zu verbessern. FairCare rät den deutschen Familien, die Frauen am besten direkt anzustellen. Nach Einschätzung der Agentur für Arbeit ist die häusliche Betreuung von pflegebedürftigen Personen durch Frauen aus Osteuropa, die gleichzeitig in der Familie wohnen, nur dann legal und fair, wenn die Frauen von der Familie festangestellt werden und die Familie Arbeitgeber mit allen Rechten und Pflichten wird.

Für alle Personen aus Ländern der Europäischen Union wie Lettland, Estland, Litauen, Polen, der Slowakei, Ungarn, Tschechien, Rumänien und Bulgarien gilt: Sie sind genauso zu behandeln wie deutsche Arbeitnehmer. Die Beschäftigung von Betreuungskräften, die nicht aus Ländern der Europäischen Union kommen, sondern zum Beispiel aus der Ukraine, Moldawien oder Weißrussland, ist zurzeit nicht legal möglich. Kriterien für eine legale Beschäftigung sind, dass

- die Betreuungskraft einen schriftlichen Arbeitsvertrag erhält,
- die Betreuungskraft ihren Arbeitslohn auf ein Konto überwiesen bekommt,
- die Betreuungskraft eine Lohnabrechnung erhält, in der alle Bezüge, Steuern und Sozialversicherungsbeiträge für die Rentenversicherung, Arbeitslosenversicherung und Krankenkasse in korrekter Höhe aufgeführt sind,
- die wöchentliche Arbeitszeit maximal 40 Stunden beträgt (zusätzlich sind maximal acht extra bezahlte Arbeitsstunden in der Woche möglich)
- und dass ein Tag in der Woche als Ruhezeit garantiert wird.

Im Schnitt kostet eine festangestellte Haushaltshilfe ungefähr 2000 Euro pro Monat. Pflegekräfte, die über eine Agentur vermittelt werden, sind in der Regel zwar preiswerter, allerdings kommt durch solide Einzahlungen in die Sozialversicherung mehr bei den Pflegenden selbst an. Denn der Betrag, den Angehörige sonst als Vermittlungsgebühren an die Agenturen zahlen, wird bei dieser Form der Beschäftigung unter anderem für die Alterssicherung der Pflegekräfte verwendet. Außerdem bekommen die Frauen als festangestell-

te Kräfte immer Unterstützung von einem örtlichen Pflegedienst, der die medizinische Betreuung übernimmt. Sie sind
also nicht alleine mit den Pflegebedürftigen.

Viele Familien schrecken jedoch davor zurück, selbst Arbeitgeber zu werden. Es klingt für sie nach zu viel Verantwortung und lästigem bürokratischem Aufwand. Die Gewerkschaft ver.di fordert deshalb, die Anmeldeverfahren
für Pflegekräfte zu vereinfachen. Vorgemacht hat das unser
Nachbarland Österreich, wo die Anstellung einer Pflegekraft
finanziell gefördert wird. In Deutschland sind solche Regelungen bislang nicht einmal geplant.

Eine Zwischenlösung stellen Projekte wie Caritas24 und
FairCare dar, die jeweils auch die lästige Bürokratie übernehmen und die Familien regelmäßig und intensiv vor Ort
betreuen.

Arbeitszeiten

Es ist in diesem Buch immer wieder darauf hingewiesen worden, dass eine 24-Stunden-Betreuung im Grunde für niemanden leistbar und zumutbar ist. Wenn Angehörige dennoch
aus sicher nachvollziehbaren Gründen auf eine Rund-um-
die-Uhr-Pflege zurückgreifen, ist es unabdingbar, dass sie für
die Pflegekraft möglichst viel Ausgleich schaffen. Dies wird
zum Beispiel ermöglicht, indem sie die Pflege für einen oder
mehrere Tage pro Woche selbst übernehmen, wie es Bettina
mit ihren Geschwistern macht (siehe Kapitel 1). Sie wechseln sich untereinander ab, so dass an jedem Wochenende
jemand bei der Pflegekraft und dem pflegebedürftigen Vater
ist. Bettina und ihre Geschwister übernehmen dann auch das
Kochen, so dass die Pflegekraft in jeder Hinsicht entlastet
wird und den Tag wirklich ganz zu ihrer freien Verfügung hat.
Sie kann sich dann zum Beispiel mit anderen Polinnen tref-

fen oder einfach einen längeren Ausflug unternehmen. Das extreme Gegenteil erlebt die Polin Halina in der Schilderung von Rita (Kapitel 1). Die Seniorin bindet die Pflegekraft so sehr an sich, dass diese kaum noch atmen kann. Selbst wenn sie sich nur im Nachbarzimmer aufhält, ruft die alte Dame schon hinter ihr her. Nur durch die Überredungskunst der Tochter lässt sie schließlich zu, dass Halina ein Mal pro Tag für eine Stunde spazieren gehen kann. In einer solchen Situation müssen Angehörige eingreifen und vermitteln, denn die Polin kann sich in ihrer Rolle als entsendete, selbständige oder gar irregulär arbeitende Pflegekraft nur schwer zur Wehr setzen.

Wie wichtig geregelte Freiräume für ein Gelingen des Pflegealltags sind, zeigen auch die Forschungen im Auftrag der Hans-Böckler-Stiftung. Das Fazit lautet hier unter anderem, »dass die fast vollständige Okkupation des Lebensalltags durch das Arbeitsverhältnis und die extreme Fremdbestimmung durch die Wünsche des Pflegebedürftigen eine soziale Isolation der Pflegenden wahrscheinlich machen; auf ein Leben, in dem auch eigene Wünsche und Vorstellungen eine Rolle spielen dürfen, müssen viele von ihnen für die Monate der 24-Stunden-Pflege weitestgehend verzichten. Aus diesem Untersuchungsergebnis lässt sich ableiten, dass ausreichende und verlässlich geregelte Freizeit für die dauerhafte Gesundheit und die Selbstbestimmung der pflegerisch tätigen Migrantinnen von fundamentaler Bedeutung ist.«

Unterbringung

In den Interviews mit polnischen Pflegekräften sind vor allem in Bezug auf ihre Unterbringung die abenteuerlichsten Geschichten zutage getreten. Eine Frau berichtete, dass sie in einem fensterlosen Raum im Untergeschoss des Hauses geschlafen habe. Das Kellerzimmer habe keine Heizung gehabt, so dass sich die Pflegekraft in den Wintermonaten mit mehreren Decken behelfen musste. Andere Frauen schliefen mit den Pflegebedürftigen in einem Zimmer. Auf diese Weise sollte sichergestellt werden, dass immer jemand bei ihnen ist und dafür sorgt, dass sie nachts nicht im Haus umherirren. Die Pflegekräfte waren also nicht nur tagsüber, sondern auch nachts ununterbrochen mit den alten Menschen zusammen. Die wenigsten Frauen trauen sich, ihr Unbehagen darüber offen auszusprechen. Sie wollen sich nicht gleich zu Beginn alles »verderben«.

Wer eine polnische Pflegekraft beschäftigt, sollte ihr unter allen Umständen ein eigenes, abschließbares Zimmer zur Verfügung stellen, je nach Möglichkeit auch ein eigenes Bad. Ein Waschbecken im Zimmer ist in keinem Fall ausreichend.

Durch die enge, zeitintensive Betreuung braucht die Pflegekraft unbedingt einen Rückzugs- und Erholungsort im Haus. Das Zimmer sollte deshalb wohnlichen Charakter haben. Oft werden in den deutschen Familien die ehemaligen Kinderzimmer für die Polinnen hergerichtet. Dort hängen manchmal noch alte vergilbte Popstar-Poster an den Wänden, und auch die Möbel haben ihre besten Zeiten meist hinter sich. Omas alte Vitrine im Keller wird kurzerhand zum Wäscheschrank für die Polin umfunktioniert. Diese Szenarien sind keine Seltenheit, wie aus den Erzählungen der Pflegekräfte hervorgeht. Keine von ihnen hat sich in den Gesprächen darüber beschwert und die Wohnsituation von sich aus als Problem dargestellt. Erst auf konkrete Nachfrage haben sie ihr Unwohlsein mit dieser Art der Unterbringung beschrieben. Oftmals waren ihnen die Zimmer, in denen sie wohnten, mit weniger als zehn Quadratmetern auch zu klein. All diese Faktoren tragen nicht dazu bei, dass sich die Frauen wohl und wertgeschätzt fühlen. Es ist ein Akt der Höflichkeit, die Pflegekraft nach ihren Vorlieben zu fragen und sie bei der Zimmergestaltung mit einzubeziehen. Auch das ein oder andere neu angeschaffte Möbelstück gibt dem neuen Dauergast im Haus das Gefühl, willkommen zu sein. Die Wohnsituation sollte zudem im Vorfeld geregelt sein und nicht erst, wenn die Pflegekraft ankommt, was den Erfahrungen der Pflegekräfte zufolge leider keine Seltenheit ist. Ein Hin- und Herräumen in ihrer Gegenwart erweckt nicht den Eindruck eines herzlichen Empfangs.

Viele polnische Pflegekräfte legen großen Wert auf einen eigenen Internetanschluss in ihrem Zimmer, um mit ihrer Familie in Polen skypen zu können. Es ist für sie die einzige Möglichkeit, mit ihren Ehemännern, Kindern und Enkelkindern in Verbindung zu bleiben. Deshalb sollte es für die deutschen Familien selbstverständlich sein, diesem Wunsch ebenso nachzukommen wie dem nach einem eigenen Telefon. Beides ist mit den heutigen Flatrates einfach und preisgünstig zu haben.

Für Angehörige ist es stets hilfreich, sich die gesamte Situation einmal umgekehrt vorzustellen und sich zu fragen: Was würde ich mir wünschen, wenn ich in einem fremden Land bei fremden Leuten als Pflegekraft ankäme? Was würde mir guttun? Was würde zu meinem Wohlbefinden beitragen? Wer sich diese Fragen ehrlich beantwortet, kann im Grunde nichts falsch machen.

Bezahlung

Mit vielen Pflegekräften werden, wenn sie über eine Agentur vermittelt werden, regelrechte Knebelverträge abgeschlossen. So dürfen sie zum Beispiel mit niemandem über ihren Lohn sprechen. Das führt dazu, dass die deutschen Familien oft gar nicht wissen, was die Frauen wirklich verdienen. Auf diese Weise wollen die Agenturen vermeiden, dass ihre oft unanständigen Gewinnmargen auffliegen. In den Interviews erzählen einige Pflegekräfte zudem von kleinen, natürlich außervertraglichen, Extrazahlungen, die sie wöchentlich in bar an die Vermittlungsagenturen abführen müssen. Ein vertrauliches Gespräch mit der Pflegekraft über ihren wahren Lohn sollten Angehörige nicht scheuen, denn nur so können sie feststellen, ob die Agentur, mit der sie zusammenarbeiten, seriös ist.

Seit August 2010 gibt es eine gesetzliche Lohnuntergrenze für die Pflegebranche, die festlegen soll, dass Pflegekräfte in Westdeutschland aktuell mindestens 9 Euro und in den neuen Bundesländern mindestens 8 Euro in der Stunde verdienen. Für Privathaushalte gelten jedoch eigene Regeln. Wenn die Frauen direkt von einer Familie angestellt werden, greift die Lohnuntergrenze nicht, weil ein Privathaushalt per Gesetz nicht als Pflegebetrieb gilt. Es ist aber ein Gebot der Fairness, dass Angehörige und Pflegebedürftige den Frauen einen angemessenen Lohn zahlen.

Bei der Beschäftigung einer legalen Haushaltshilfe, wie sie von Organisationen wie FairCare und Caritas24 empfohlen wird, stellen die Tarife, die zwischen dem deutschen Hausfrauenbund und der Gewerkschaft Nahrung-Genuss-Gaststätten (NGG) geschlossen werden, eine erste Orientierung für deutsche Familien dar. Der Tarif variiert von Bundesland zu Bundesland, in Hessen liegt er derzeit bei 1409 Euro, während eine Haushaltshilfe in Berlin 1632 Euro erhält. Im bundesweiten Schnitt beträgt der von der NGG und dem Hausfrauenbund ausgehandelte Lohn etwa 1500 Euro.[8]

In Bezug auf Kosten und Bezahlung bleibt festzuhalten, dass eine 24-Stunden-Pflege im eigenen Zuhause nicht preiswert ist. Man muss sich diese Art der Pflege leisten können, weshalb diese Betreuungslösung nach wie vor einer einkommensstarken Mittel- und Oberschicht vorbehalten bleibt. Diese Einschätzung wurde in sämtlichen mit Angehörigen, Pflegekräften und Senioren geführten Interviews bestätigt.

Aufgaben und Erwartungen

In den Gesprächen mit Angehörigen wird deutlich, dass sie häufig unter Druck geraten, wenn die Eltern plötzlich hilfsbedürftig werden. Wenn in dieser angespannten Situation erfahrene polnische Pflegekräfte ihre Ansprüche und Erwartungen klar formulieren, empfinden viele Angehörige das hin und wieder als befremdlich. Was dabei häufig vergessen wird, ist, dass diese Frauen in Deutschland einer Erwerbsarbeit nachgehen – die Pflege der alten Menschen stellt für die Frauen kein Ehrenamt dar. Vermutlich würden wir in dieser Situation ebenfalls auf einem verbindlichen Arbeitsvertrag mit klaren Regeln und einem angemessenen Lohn bestehen, auch wenn diese Arbeit im Privatbereich der Familie stattfindet und damit immer etwas anders anmutet als die übliche Berufstätigkeit. Manche Angehörige nehmen vieles, was die Polinnen tun, nicht als Teil ihrer Arbeit wahr. Vor allem die Aufgaben, die ihre Mütter früher völlig selbstverständlich und vor allem umsonst, also ohne finanziellen Ausgleich, erledigt haben, wie putzen, waschen, bügeln, kochen und bei der Körperpflege helfen, fallen in diese Kategorie. Vor dem Hintergrund, dass wahrscheinlich jeder von uns eine Putzfrau ganz selbstverständlich für ihre Arbeit bezahlen würde, mutet dieser Blick auf die Arbeit der Pflegekräfte etwas verwunderlich an. Eine Pflegekraft sollte, genau wie eine Putzkraft, für alle durchgeführten Tätigkeiten entlohnt werden, egal wie beiläufig die Aufgaben zuweilen wirken.

Nur weil die polnische Pflegekraft in Deutschland weit mehr Geld verdient als in ihrer Heimat, darf das kein Grund dafür sein, ihr immer neue Aufgaben aufzubürden. Viele Pflegekräfte berichten, dass vor allem die Angehörigen mit zusätzlichen »Aufträgen« an sie herantreten, für die sie nicht zuständig sind. Da werden vor einer Urlaubsfahrt Haustiere bei der Pflegekraft abgegeben, »weil sie ja sowieso den ganzen Tag zu Hause ist; wenn sie mittags mal für eine Stunde spazieren geht, kann sie ja auch gleich den Hund Gassi führen«. Auch Schmutzwäsche wird gerne zum Waschen und Bügeln vorbeigebracht. Eine Frau erzählt, dass sie regelmäßig die Wohnung der Angehörigen, die mit im Haus wohnten, putzen musste. Das ist vergleichbar damit, einen Handwerker zur Reparatur der Spülmaschine zu bestellen und ihm en passant mitzuteilen, dass er doch bitte, wo er schon mal da ist, auch noch eben die Waschmaschine in Ordnung bringen soll – ohne Aufpreis natürlich.

Die Pflegeberaterin Heike Bohnes macht bei vielen deutschen Familien eine problematische Anspruchshaltung aus: »Die Polin darf auf keinen Fall herumsitzen. Sie muss immer beschäftigt sein. Die Familien wollen einfach möglichst viel für ihr Geld bekommen. Das Problem ist aber: Die Arbeit im Haushalt ist ausgesprochen kleinteilig. Es sind diese vielen »Mal-eben-Tätigkeiten«, die kaum als Arbeit wahrgenommen werden. Ich habe Fälle erlebt, wo die Polinnen weggelaufen sind, weil sie sich so schlecht behandelt fühlten.«

Deshalb ist es wichtig, dass die zu erledigenden Arbeiten, die die Pflegekraft übernehmen soll, in einem gemeinsamen Gespräch mit allen Beteiligten ausführlich und verbindlich besprochen werden. Eine solche Verabredung ist vor allem dann hilfreich, wenn es Probleme gibt, da sich dann alle auf diese Vereinbarung beziehen können. Den Pflegekräften sollte dabei immer ein gewisser Spielraum eingeräumt werden, den sie brauchen, um die Pflege und Versorgung auf ihre ganz persönliche Art zu organisieren. Zu viele Vorgaben können sie unnötig einengen und nähren ihr gegenüber darüber hinaus ein Misstrauen, das in der Pflegesituation ganz sicher nicht förderlich ist. Eine Pflegekraft erzählt, dass ihr zu Arbeitsbeginn von der deutschen Familie ein Zettel vorgelegt wurde, auf dem alle Tätigkeiten, die sie zu verrichten hatte, minutiös aufgeführt waren. Dort heißt es unter anderem: »Um punkt acht Uhr Frühstück servieren. Dazu das große weiße Tablett benutzen.« Darauf folgt eine detaillierte Beschreibung aller Zutaten. Eine weitere Liste ordnet an, wie die Wäsche im Schrank zu stapeln ist und welche Einkaufstaschen für was zu benutzen sind. Auch der gewünschte Ablauf der Körperpflege wird im Detail schriftlich beschrieben. Dieser Fall stellt vermutlich eine überzogene Ausnahme dar.

Alle Pflegekräfte, mit denen ich gesprochen habe, schätzen es, die Aufgaben genau zu besprechen, sie mögen es aber gar nicht, wenn der Rahmen dafür zu eng gesteckt ist. Für sie ist die Selbstorganisation ein wichtiges Stück Autonomie und erzeugt einen Freiraum, der ihnen ermöglicht, sich selbst auf ihre Weise in den Haushalt und die Pflege einzubringen. Angehörige sollten grundsätzlich von Zeit zu Zeit für mehrere Stunden im Haus sein, um selbst mitzubekommen, wie die Pflegesituation konkret aussieht und wo es Hilfsbedarf gibt.

Die Soziologin Agnieszka Satola gibt den Angehörigen in diesem Zusammenhang noch etwas Entscheidendes zu bedenken, und zwar die Herkunft der Pflegekräfte. Das Bild von polnischen Pflegekräften ist eng verbunden mit einer gewissen »katholischen Dienstleistungsbereitschaft«. Diese birgt laut Satola eine große Ausbeutungsgefahr, denn die Polinnen würden von vielen Angehörigen noch immer als »billige Arbeitskräfte angesehen, die ihre ›natürlich‹ erworbenen Frauenkompetenzen in der Arbeit anwenden«. Auf diese Weise würde es ihnen zusätzlich erschwert, in Deutschland eine angemessene Anerkennung für die Qualität ihrer Arbeit zu erlangen. Satola sieht darin einen wesentlichen Grund dafür, dass die Frauen sich häufig übernehmen und unbezahlte Zusatzarbeit leisten, auch wenn das niemand von ihnen verlangt. »Die Frauen werten ihre Arbeit dadurch selbst auf. Sie zehren von der Zufriedenheit der Senioren und ihrer Angehörigen. Auf diese Weise erhöhen sie den Wert ihrer Arbeit und versetzen sich in eine bessere moralische Position. Es ist das Einzige, auf das sie sich berufen können. Sie geben ihrer Tätigkeit, die von außen oft als minderwertig betrachtet wird, eine größere Bedeutung und freuen sich, wenn es den Pflegebedürftigen durch ihre gute Versorgung besser geht.«

Für die Angehörigen bedeutet das: Je größer die Wertschätzung für die geleistete pflegerische Arbeit, umso kleiner ist der Druck für die Pflegekräfte, sich durch ständige Zusatzarbeit Anerkennung verschaffen zu müssen. Im Alltag ist ein Satz wie »Könnten Sie noch mal eben?« schnell formuliert, ohne eine echte Frage, sondern vielmehr eine Bitte darzustellen. Angehörige erwarten, dass die Pflegekraft ihren Wünschen nachkommt. Fairerweise sollte man sich unbedingt an die im Vorfeld besprochenen Verabredungen halten und die Pflegekräfte nicht mit ständig neuen Aufgaben belegen.

Wichtige Umgangsformen im täglichen Miteinander

Du oder *Sie*? Viele deutsche Familien, die eine polnische Pflegekraft beschäftigen, gehen häufig schnell dazu über, sie mit dem Vornamen anzusprechen und zu duzen. Ein Grund hierfür sind sicherlich die für uns oft schwierig auszusprechenden Nachnamen. Niemand möchte gerne auf den komplizierten polnischen Buchstabenkombinationen »ausrutschen«. Umgekehrt müssen sich die Polinnen unsere Nachnamen auch merken, und die sind für sie genauso schwierig. Am besten ist es, wenn Angehörige die Frauen gleich zu Beginn fragen, wie sie gerne angesprochen werden möchten. Ein »Sie« oder ein »Du« sollte in jedem Fall gegenseitig sein. In Polen würde niemand eine andere, fremde Person gleich duzen. Jede Begegnung beginnt stets mit der Höflichkeitsform, dem »Sie«. Wenn man sich schon etwas besser kennt, geht man zu einer Kombination aus »Frau«/»Herr« plus Vornamen über. Also »Frau Agnieszka« oder »Herr Rafał«. Was für uns zunächst fremd und gewöhnungsbedürftig klingt, wäre den Polinnen gegenüber ein wichtiger Akt der Höflichkeit, der zeigt, dass man sich mit den landesüblichen Umgangsformen beschäftigt hat und bereit ist, sie zu beachten.

In den Interviews mit Angehörigen ist mir immer wieder aufgefallen, wie sie sich den äußerst belastenden Alltag der Pflegekräfte schönreden. Das schöne Zimmer, der sonntägliche Kirchgang sowie die regelmäßigen Gespräche zwischen der Pflegekraft und der Familie werden häufig als besonders positiv hervorgehoben. Da die Polinnen aus einem gewissen Zweckoptimismus heraus ihre Situation beschönigen, können Angehörige leicht den Eindruck gewinnen, dass alles in Ordnung ist. In den meisten Fällen ist dies jedoch ein Trugschluss. Viele der Frauen haben Heimweh und das Gefühl, alleingelassen zu werden. Sie leiden unter der großen Verantwortung, die sie plötzlich übernehmen, unter der physischen und psychischen Belastung ihrer täglichen Arbeit sowie unter den Erwartungen, die von allen Seiten an sie gestellt werden. Deshalb ist es wichtig, dass sich Angehörige so oft wie möglich mit den Frauen austauschen und sie ehrlich nach ihrem Befinden fragen. In diesem Zusammenhang ist es wichtig, dass sie die Pflegekraft nicht nur fragen, wie es dem Pflegebedürftigen gerade geht, sondern auch wie es *der Pflegekraft* mit dem Pflegebedürftigen geht.

In den Gesprächen mit den Pflegekräften formulieren diese immer wieder den Wunsch nach einem festen Ansprechpartner in der Familie. Die Frauen leben inmitten eines höchst komplizierten Beziehungsgeflechts bestehend aus den Pfle-gebedürftigen, deren Angehörigen, der Vermittlungsagentur, der Hausärztin, dem Pflegedienst sowie der Familie in Polen. Sie alle haben eigene Erwartungen an die Frauen, die kaum zu erfüllen sind. Unter Berücksichtigung dessen erscheint es umso wichtiger, wenn sie in der konkreten Pflegesituation nicht zusätzlich noch die Verantwortungsbereiche der Fami-lienangehörigen ausloten müssen. Ganz gleich um welche Fragen oder Probleme es sich handelt, die Pflegekraft sollte sich stets an diese eine Ansprechperson wenden können, die dann ihrerseits für eine Klärung der Situation oder Lösung von Problemen sorgt.

Wenn Angehörigen an der Arbeit der Pflegekraft etwas nicht passt, ist es hilfreich, die Kritik nicht allzu direkt zu äußern. Eine Möglichkeit, dies zu vermeiden, ist, die Pfle-gekraft zunächst mit ehrlichem Interesse zu fragen, ob es einen besonderen Hintergrund gibt, warum sie die Dinge so und nicht anders tut. Eine Antwort auf die Frage erklärt oft schon vieles. Es kann aber auch sein, dass es gar keinen besonderen Grund für ihr Verhalten gibt und sie dankbar für den Hinweis der Angehörigen ist und ihrem Wunsch sogar gerne nachkommt.

Viele Angehörige üben – oft unbewusst – Kontrolle in der konkreten Pflegesituation aus und geben Tipps und Hinwei-se, wie es besser ginge. Das ist nachvollziehbar, denn die er-wachsenen Kinder begleitet oft ein schlechtes Gewissen, weil sie die Eltern nicht selbst pflegen. Dieses Gefühl versuchen sie durch eine optimale Versorgung ihrer Eltern und Schwie-gereltern auszugleichen. Den Senioren soll es gut gehen, es soll ihnen an nichts fehlen. Doch mit solchen Erwartungen sind die Polinnen oft überfordert. Auch ihnen reißt mal der sprichwörtliche Geduldsfaden, auch sie haben mal einen schlechten Tag, und auch sie sind nicht Tag und Nacht zu Höchstleistungen fähig. Deshalb ist es ratsam, gelegentlich über Kleinigkeiten einfach hinwegzusehen. Wenn, wie in Gabriels Geschichte eindrücklich geschildert, das Hemd des Pflegebedürftigen farblich mal nicht zur Hose passt, wenn das Essen mal nicht ganz so gelungen oder die Wäsche mal nicht ganz so perfekt gebügelt ist, darf das hin und wieder auch unerwähnt bleiben. Solange die pflegerische Arbeit und das Verhältnis zwischen Pflegebedürftigem und Pflegekraft stimmen, sollten Angehörige sich mit Kritik lieber zurückhalten.

Angehörige können der Pflegekraft, wenn es der Platz im Haus zulässt, bisweilen auch anbieten, ihre Familienmitglieder zu empfangen, die dann für die Dauer des Besuchs mit im Haus wohnen. Auch sollten sie Kontakte zu weiteren ausländischen Pflegekräften in der Umgebung fördern, so dass die Pflegekraft sich in ihrer Muttersprache mit anderen Polinnen austauschen kann, nicht zuletzt auch, um ihrem Heimweh ein wenig entgegenzuwirken.

Zwischen den polnischen Pflegekräften und den Pflegebedürftigen entstehen oft intensive persönliche Bindungen. Sie verbringen sehr viel Zeit miteinander, gewöhnen sich aneinander und erzählen sich voneinander. Es sind Beziehungen, die weit über ein übliches Arbeitsverhältnis hinausgehen. Wenn die alten Menschen dann sterben, erleben die Pflegekräfte dies oft als einen schmerzlichen Verlust. In den meisten Fällen fahren die Polinnen direkt nach dem Tod des Pflegebedürftigen für kurze Zeit zurück zu ihren Familien in die Heimat und müssen das Erlebte dort ganz allein verarbeiten. Die Trauer wird von den polnischen Familienmitgliedern selten aufgefangen, da sie den Verstorbenen nicht persönlich kennen und auch meist nicht einschätzen können, wie nahe sich Pflegende und Pflegebedürftiger waren. Deshalb ist es umso wichtiger, dass die deutschen Angehörigen die Frauen in dieser Situation nicht alleinlassen, sondern sie in den Trauerprozess mit einbeziehen.

Für Christine und ihre Geschwister (Kapitel 2) ist es selbstverständlich, dass die Polin, die den Vater lange Jahre gepflegt hatte, die Trauerfeier mit vorbereitet und ihr Name auch mit in der Zeitungsanzeige erscheint. Im Fall von Kasia und Jakub (Kapitel 2) ermöglichen die Angehörigen dem polnischen Ehepaar, persönlich Abschied von Frau Müller zu nehmen. Sie dürfen nach dem Ableben der alten Dame sogar noch eine Zeitlang in ihrer Wohnung bleiben, genau so, wie sie es sich gewünscht hatten. Für Magda (Kapitel 2) ist der Umgang mit dem Tod des Pflegebedürftigen eher schwierig. Ihre Trauer wird nicht ernst genommen. Vielmehr ist die hinterbliebene Ehefrau fast eifersüchtig auf die Nähe, die Magda über die Jahre zu ihrem Mann aufgebaut hat. Ihr bleibt deshalb nur ein kurzer Moment, in dem sie ein Gebet für ihn spricht und ihm eines ihrer geliebten polnischen Heiligenbilder auf sein Sterbebett legt.

Wenn eben möglich, sollten Angehörige die Pflegekraft am Trauerprozess teilhaben lassen, sei es durch gemeinsames Gedenken, durch Gespräche oder Einbeziehung bei der Organisation der Beerdigungsfeier. Der Abschied ist für die Pflegenden auch deshalb wichtig, weil sie in der Regel nach einer kurzen Pause bereits die nächste Stelle antreten.

Pflegerelevante Lebensgeschichte(n)

Die Pflegeberaterin Heike Bohnes weist Angehörige in ihren Beratungen immer wieder darauf hin, wie wichtig es ist, dass die Pflegekraft möglichst viel über die zu pflegende Person weiß. Auch Fotos von früher unterstützen die Pflegekraft dabei, sich ein Bild vom Leben des ihnen anvertrauten alten Menschen zu machen. Vielleicht entdecken sie sogar Gemeinsamkeiten, über die sie eine neue Gesprächsebene finden und miteinander in Kontakt kommen können. Ob es die geteilte Freude am Garten ist oder die Leidenschaft zu kochen: Mehr Wissen über die jeweils andere Person erleichtert den Pflegealltag. »Viele Angehörige erkennen die persönliche Lebensgeschichte der Senioren nicht als pflegerelevant. Mehr Informationen als ›Mein Vater ist schwierig, meine Mutter ist launisch‹, erhält die Pflegekraft oft nicht. Wie soll sie da angemessen auf die Senioren eingehen?«, wundert sich die Pflegeberaterin.

Besonders anschaulich wird das am Beispiel der Bäuerin Rita (Kapitel 1), die ihr Leben lang Hilfskräfte auf ihrem Hof befehligt hat. Es ist wenig verwunderlich, dass sie mit den polnischen Pflegekräften ähnlich verfährt, zum Leidwesen der polnischen Frauen, die sich ihren permanenten Anweisungen kaum widersetzen können. Derartige Details aus der Biographie der Pflegebedürftigen müssen unbedingt im Vorfeld über die Angehörigen kommuniziert werden, damit die Pflegekräfte die Verhaltensmuster der alten Menschen nicht auf sich persönlich beziehen. Ritas Mutter handelt aus Gewohnheit, sie kennt es nicht anders. Für sie sind die Pflegekräfte wie »Personal«, das es anzuweisen gilt. Früher, in den 1950er- und 1960er-Jahren, waren Anweisungen im Befehlston nichts Ungewöhnliches und erst recht nichts Verwerfliches. Weiß die Pflegekraft von diesem biographischen Hintergrund, kann sie sich innerlich viel besser auf die pflegebedürftige Person einstellen und ihre Äußerungen und ihr Verhalten besser einordnen und von sich selbst fernhalten.

In einem anderen Fall ruft eine pflegebedürftige verwirrte Frau jede Nacht verzweifelt nach einer Person namens Hedwig. Immer wieder ertönt der Name durchs ganze Haus. Die polnische Pflegekraft weiß weder etwas mit diesem Namen zu verbinden, noch in welchem Verhältnis die ihr unbekannte Hedwig zu der alten Frau steht. Darüber hinaus wird sie selbst von der Pflegebedürftigen immer wieder mit diesem

Namen angesprochen. Erst auf Nachfrage bei den Angehörigen erfährt sie, dass Hedwig die jung verstorbene Tochter der alten Frau ist. Hedwig wäre heute so alt wie die Pflegekraft selbst. Solche Erlebnisse kommen in den Schilderungen der Pflegekräfte immer wieder vor. Oft scheuen sie sich davor, bei den Angehörigen nach den Hintergründen zu fragen.

Wenn die Eltern geistig noch dazu in der Lage sind, können sogenannte Fragebücher, die im Handel erhältlich sind, bei der Biographiearbeit hilfreich sein. Darin werden Fragen nach der eigenen Lebensgeschichte gestellt, wie zum Beispiel: »Wie hast du deine Frau kennengelernt? Wie hast du den Zweiten Weltkrieg erlebt?« Diese Fragen helfen den Senioren, sich noch einmal ganz bewusst an wichtige Stationen ihres Lebens zu erinnern – und die polnische Pflegekraft erfährt viele Einzelheiten, die für das tägliche Miteinander wichtig sind.

Wie bedeutsam biographische Details für die Pflege sind, lässt sich gut an einer exemplarischen Dokumentation zeigen. Pflegedokumentationen gehören zum Alltag in deutschen Senioreneinrichtungen. Sämtliche biographischen Informationen erhalten die Verfasser in der Regel von den Pflegebedürftigen selbst.

Lebensereignis Kriegs- und Nachkriegszeit
Frau P. wurde 1936 als drittes von insgesamt acht Kindern geboren. Mit ihren Eltern und Geschwistern wohnte sie auf einem Hof und hat den Krieg als Kind hautnah miterlebt. Die Bombenangriffe und den Fliegeralarm beschreibt Frau P. folgendermaßen: »Ich hatte solche Angst und betete immerzu, ›bitte Herrgott lass meine Eltern und Geschwister überleben‹.« Weil ihr Vater schon früh einen schlimmen Unfall erlitten hatte,

musste sie bereits als junges Mädchen jeden Tag auf dem Feld mitarbeiten und sich zusätzlich noch um die jüngeren Geschwister kümmern.

Bedeutung für die Pflege:
Für Frau P. ist es sehr wichtig, gebraucht zu werden, sei es beim Abtrocknen des Geschirrs oder beim Falten der Wäsche. Bei dieser Arbeit kann sie die starken Schmerzen, die sie immer wieder hat, völlig vergessen.

Lebensereignis Krankheit
Frau P. scheint sehr unter ihren starken Schmerzen und dem zunehmend schlimmer werdenden Zittern ihrer Hände, ausgelöst durch eine Parkinson-Erkrankung, zu leiden. Oft erzählt sie, wie gerne sie früher gestrickt und gehäkelt habe. »Als die Kinder noch ganz klein waren, habe ich jedes Kleidungsstück für sie selbst gestrickt. Ich konnte nicht aufhören, bevor ein Teil ganz fertig war.« Bis zu ihrem Umzug ins Pflegeheim hat sie ihren Haushalt selbst geführt und einmal wöchentlich ihre Nachbarinnen zum Kaffee eingeladen. Heute hingegen fühlt sie sich immer öfter nutzlos. Dann sitzt sie in ihrem Sessel und weint. Sie sagt dann Sätze wie: »Wenn mich der Herrgott doch endlich zu sich holte, dann wäre ich keine Last mehr.«

Bedeutung für die Pflege:
Man muss Frau P. deutlich sagen, dass sie nicht lästig ist. Es ist wichtig, ihr gut zuzuhören und auf sie einzugehen. Nach Möglichkeit wird einmal im Monat ein Kaffeekränzchen organisiert, zu dem Frau P. ihre Nachbarinnen und Freundinnen einladen kann.

Wohlbefinden

Frau P. legt besonderen Wert auf Körperhygiene. Ihre Schublade ist gefüllt mit Cremes und Lotionen. Frau P. achtet sehr darauf, dass für die entsprechende Körperstelle die richtige Creme verwendet wird. Die zunehmende nächtliche Inkontinenz stört sie sehr. Sie wäscht sich morgens minutenlang im Intimbereich und fragt fast stündlich, ob man was »rieche«.

Ängste

Frau P. befürchtet, dass ihre Töchter das Familienhaus verkaufen könnten. »Mein Mann und ich haben es zusammen gebaut und all unser Erspartes hineingesteckt. Das Haus kann und will ich nicht verkaufen«, sagt sie mir immer wieder unter Tränen.

Zuversicht

Obwohl Frau P. sehr unter ihrem Gesundheitszustand leidet, kann sie sich an den kleinen Dingen des Alltags erfreuen. So liebt sie es zum Beispiel, Servietten zu falten, und tut dies mit großer Sorgfalt. Den Satz »Ordnung ist das halbe Leben« hört man bei ihr oft.

Misstrauen

Frau P. begegnet jeder neuen Heimbewohnerin oder Pflegekraft mit einer gewissen Scheu. Sie lässt nicht jeden gleich an sich heran, und es bedarf einer gewissen Zeit, um ihr Vertrauen zu gewinnen.

Glaube

Frau P. ist streng gläubig (römisch katholisch) und lässt sich jeden Sonntag zur Kirche fahren. Wenn sie einmal nicht zum Gottesdienst geht, schaut sie sich die Messe im Fernsehen an und singt die Kirchenlieder lauthals mit.

Bedeutung für die Pflege:
Da Frau P. sehr unter ihrem schlechter werdenden Gesundheitszustand leidet, ist es sehr wichtig, auf ihre oben beschriebenen Vorlieben einzugehen. Wenn sie spürt, dass die Menschen in ihrem Umfeld auf ihre persönliche Situation, ihre Lebensgeschichte und ihre Bedürfnisse eingehen, kann sie sich entspannen und Vertrauen fassen, was wiederum für beide Seiten gewinnbringend ist.

Wie diese Aufzeichnungen eindrücklich belegen, ist es von zentraler Bedeutung für die Pflege, dass sich die Angehörigen Zeit nehmen, der Pflegekraft möglichst viel über die Eltern und Schwiegereltern zu erzählen und ihr etwas Schriftliches an die Hand zu geben, sofern die Sprachkenntnisse der Pflegekraft dies zulassen. Es kann auch für Angehörige bereichernd und lohnenswert sein, sich die Lebensgeschichten ihrer Eltern noch einmal zu vergegenwärtigen. Die Biographiearbeit ermöglicht in manchen Fällen sogar eine neue Nähe zwischen den Generationen und kann sich durchaus unterstützend auf die Reflexion der eigenen Kindheit und Jugend in diesem Elternhaus auswirken.

Auch typische Gewohnheiten, Rituale und Beziehungspersonen sind pflegerelevant. Essens- und Schlafenszeiten gehören ebenso dazu wie Vorlieben für bestimmte Fernsehserien oder Freizeitbeschäftigungen. Wird der gewohnte Lebensrhythmus gestört, sorgt das oft schon zu Beginn der Pflegebeziehung für Spannungen und Ablehnung der Pflegekraft. Angehörige sollten nicht zögern, der Pflegekraft auch Kleinigkeiten mitzuteilen, die auf den ersten Blick unwichtig erscheinen. Sie können ausschlaggebend für ein gutes Gesamtklima sein, von dem auch die alten Menschen profitieren. Die oft ängstlichen und verunsicherten Senioren fühlen sich geborgener, wenn sie spüren, dass die Pflegekraft sich mit ihren Gepflogenheiten auseinandergesetzt hat und die Routinen der Pflegebedürftigen kennt und berücksichtigt.

Mindestens ebenso wichtig ist es, dass die Pflegekraft die Menschen kennenlernt, die für den Pflegebedürftigen im Alltag wichtig sind. Das können Familienmitglieder, Nachbarn, ehemalige Kollegen oder Freunde sein. Am besten ist es, wenn sie einander offiziell vorgestellt werden, so dass erst gar keine Verunsicherung über die neue Person im Haus aufkommen kann.

Familiäre Teamarbeit

Wenn Eltern hilfsbedürftig werden, bleiben die Versorgung und Pflege meistens an den Angehörigen hängen, die in der Nähe wohnen. Dies trifft auch auf Christine zu, die sich in weiten Teilen fast allein um die Organisation der Pflege für die Eltern kümmert (Kapitel 1). Sie fühlt sich häufig überfordert und alleingelassen. So wie ihr ergeht es vielen Angehörigen, was nicht selten zu Spannungen innerhalb der Familie führt. Von einer gut organisierten Teamarbeit innerhalb der Familie können alle Seiten profitieren. In den Schilderungen der Angehörigen Bettina zeigt sich das besonders deutlich. Sie und ihre Geschwister übernehmen in einem für sie leistbaren Rahmen Besuchsdienste bei ihrem pflegebedürftigen Vater. Die ständig anwesende polnische Pflegekraft wird auf diese Weise regelmäßig und verlässlich entlastet. Bettina beschreibt die Wochenenden bei ihrem Vater aber nicht nur als Pflichtaufgabe, sondern auch als persönliche Bereicherung. Sie erlebt den Senior an diesen gemeinsamen Tagen noch einmal auf eine ganz neue Art, erfährt eine neue Nähe zu ihrem Vater. Die Geschwister tauschen sich regelmäßig aus und beraten gemeinsam, ob die Unterstützung, die sie organisiert haben, noch ausreicht oder ob sie etwas verändern müssen. Dabei spielen auch intensive Gespräche mit der Pflegekraft Aleksandra eine wichtige Rolle, denn sie ist diejenige, die den alten Mann im Alltag begleitet. Sie kann am besten beurteilen, ob der »Pflegemix« aus Rund-um-die-Uhr-Betreuung, Angehörigen-Pflege und ambulantem Pflegedienst dem Bedarf noch gerecht wird, und zwar so, dass niemand, auch sie selbst nicht, überfordert wird.

Auch im Fall der Angehörigen Marlies bringen sich alle Geschwister auf ihre Art in die Pflege der betagten Mutter ein. Die meisten Aufgaben bleiben dennoch an der jüngsten Tochter hängen, nicht zuletzt dadurch bedingt, dass sie zu viel Verantwortung für ihre Mutter übernimmt. Dies entwickelt sich schnell zu einem Teufelskreis: Weil sie sich sehr intensiv mit der Mutter beschäftigt, ziehen sich ihre Geschwister aus einem Gefühl des Nicht-gebraucht-Werdens mehr und mehr zurück, was wiederum zu einer noch größeren Belastung bei Marlies führt.

Es ist in jedem Fall sinnvoll, zur Entlastung aller so viele Personen wie möglich in die Pflege mit einzubinden. Das Umfeld der Unterstützenden muss sich dabei nicht auf die Familie beschränken. Auch Nachbarn und Freunde der Pflegebedürftigen können den Kreis der Hilfeleistenden bereichern, selbst wenn sie nur kleine Aufgaben übernehmen.

Wohnortnahe Alltagshilfen

Die Pflegeberaterin Heike Bohnes empfiehlt allen Angehörigen, die plötzlich Hilfe für ihre Eltern oder Schwiegereltern
suchen, zunächst Beratung in Anspruch zu nehmen. Die
Krankenkassen bieten ausführliche und kostenlose Informationen zu den Themen Pflegestufen, Hilfsmittel (Rollstuhl,
Rollator, Pflegebett, etc.), Fahrdienste, Wohnungstausch,
seniorengerechte Umbauten oder auch Ratschläge zu finanziellen Ansprüchen gegenüber den Sozialkassen an. Als
private Pflegeberaterin unterstützt auch Heike Bohnes Angehörige mittels individueller Beratung. Die staatlich aner-
kannte Altenpflegerin und Diplomsozialarbeiterin berechnet
49 Euro pro Stunde, mit der Option einer Abrechnung im
Viertelstundentakt. »Für Angehörige sind viele Aspekte der
Pflege Neuland. Meiner Erfahrung nach zahlt es sich immer
aus, wenn sie die Hilfsangebote und ihre Ansprüche gut
kennen.«

Es gibt für Angehörige von Pflegebedürftigen mittlerweile
zahlreiche entlastende Hilfen im Alltag. In über 150 deutschen Kommunen werden heute sogenannte Pflegebegleiter
ausgebildet, die Angehörige von Senioren ehrenamtlich und
unentgeltlich beraten. In bis zu 60 Unterrichtsstunden werden sie praxisnah an ihre Arbeit herangeführt. Sie verstehen
sich als »Botschafter/innen für eine neue Kultur zwischen-
menschlichen Zusammenlebens und gemeinsamer Verant-
wortlichkeit im Fall eintretenden Hilfe- und Pflegebedarfs«.
In ganz Deutschland gibt es mittlerweile rund 2500 Pflegebegleiter, die sämtliche Hilfsangebote vor Ort kennen und
dafür sorgen, dass die Pflege auf mehrere Schultern verteilt
wird. Auf der Homepage der Pflegebegleiter können Angehörige und Senioren über die Eingabe ihrer Postleitzahl nach
Pflegebegleiterinnen und Pflegebegleitern in ihrer Nähe su-

chen. Die Breite des Angebots wird anhand der Schilderungen einer Pflegebegleiterin deutlich:

»Ein 70-jähriger Mann ruft an und bittet um Hilfe, nachdem er Bescheid bekommen hat, dass seine Ehefrau (im selben Alter) aus dem Krankenhaus entlassen wird. Die Diagnose lautet, dass nach einer Gehirntumor-Operation keine Therapie mehr möglich ist und sich der Zustand der Frau verschlechtern wird. Der Mann ist sich sehr wohl bewusst, dass es um die letzten Monate im Leben seiner Frau geht.«[9]

Der Senior möchte seine Ehefrau gerne zu Hause pflegen, das hatten sie vorher so besprochen. Die beiden Pflegebegleiterinnen überlegen zusammen mit ihm, welche Hilfen und Maßnahmen dafür nötig sind. Es wird ein Pflegebett bestellt, das Wohnzimmer wird umgeräumt, und ambulante Dienste werden organisiert. Auch die Kinder werden mit eingebunden. Als die Ehefrau nach Hause kommt, ist alles bereits bestens vorbereitet. So erleben die beiden Ehepartner drei Monate, in denen sie sich sehr nahe sind. Nach dieser intensiven Zeit stirbt die Frau schließlich im eigenen Haus im Beisein des Mannes.

Weiter heißt es in dem Bericht: »Während der ganzen Zeit hält der Mann mindestens einmal wöchentlich Kontakt zu den Pflegebegleiterinnen und betont, wie wichtig ihm diese Begleitung ist: Sie gibt ihm die notwendige Kraft, und es tut ihm unendlich wohl, über seine Situation sprechen zu können. Er redet auch viel über das Glück, dass er seine Ehefrau auf ihrem letzten Weg zu Hause begleiten durfte.«

Fast überall in Deutschland gibt es mittlerweile Besuchs-, Begleit- und Fahrdienste für Senioren, die alleine leben. Die alten Menschen werden regelmäßig zu Hause besucht, zum Einkaufen begleitet oder zum Arzt gefahren. Außerdem gibt es im Rahmen der Pflegebegleitung hauswirtschaftliche und handwerkliche Unterstützung. Mahlzeitendienste sorgen für ein warmes Mittagessen am eigenen Küchentisch und ein Hausnotruf leistet unmittelbare Erste Hilfe bei gesundheitlichen Problemen, was vor allem für die Angehörigen beruhigend ist. Viele Kommunen schicken darüber hinaus bei Bedarf Mitarbeiterinnen und Mitarbeiter zu einer Wohnraumberatung ins Haus. Diese können über die jeweilige nächstgelegene Stadtverwaltung erfragt werden. Sie klären gemeinsam mit den älteren Menschen und ihren Angehörigen die Frage: Wie kann die Wohnung oder das Haus ohne großen Aufwand so umgestaltet werden, dass die Senioren dort besser zurechtkommen? Die vielfältigen Hilfsangebote und Dienstleistungen, die teils ehrenamtlich erbracht werden, können älteren Menschen oft über längere Zeit ein selbstbestimmtes Leben in den eigenen vier Wänden ermöglichen.

FairCare

Der Ausbeutung von ausländischen Pflegekräften ist schwer beizukommen, weil es kaum Kontrollen gibt. Der Markt ist gewissermaßen sich selbst überlassen. Die Diakonie in Württemberg hat dieser Form der illegalen Beschäftigung in der häuslichen Pflege schon vor längerer Zeit den Kampf angesagt und steuert mit dem Projekt FairCare dagegen. Die Mitarbeiter engagieren sich für eine legale und faire Beschäftigung von Haushalts- und Betreuungskräften aus Osteuropa. FairCare plädiert dafür, Frauen aus Osteuropa nicht zu Arbeitnehmerinnen zweiter Klasse werden zu lassen. Vielmehr hätten sie, wie alle anderen Arbeitnehmer auch, einen Anspruch auf legale Beschäftigung und die Einhaltung des gesetzlichen Sozial- und Arbeitsschutzes. In der Abschlussbilanz nach drei Jahren FairCare im Februar 2014 zeigt sich Vorstandschef Dieter Kaufmann aber vom Widerhall in der

Politik enttäuscht. Er fordert dringend ein Qualitätssiegel für Vermittlungsagenturen. Außerdem müsse legale Beschäftigung finanziell unterstützt werden, indem sich zum Beispiel der Staat an den Kosten für die Sozialversicherung der Pflegekraft beteiligt. FairCare hat bislang bei 400 Anfragen deutscher Familien gerade mal 75 Frauen auf der Basis deutschen Arbeitsrechts vermittelt.

Bei FairCare sind die Betreuungskräfte sozialversichert und haben mindestens einen Tag in der Woche frei. Das Modell funktioniert deshalb nur dort, wo noch ein Netz an zusätzlicher familiärer oder professioneller Hilfe existiert. Die Kosten einer legalen Betreuung betragen für den Arbeitgeber etwa 2000 Euro und liegen damit in der gleichen Größenordnung wie der Betrag, den manche Vermittlungsagenturen berechnen. Die Pflegekräfte erhalten brutto circa 1500 Euro. Ein wichtiger Vorteil für die Pflegekräfte ist unter anderem, dass sie bei Verlust des Jobs Anspruch auf Arbeitslosengeld haben. Zu FairCare gehören auch ein Informationszentrum für betroffene Frauen in Stuttgart sowie zahlreiche Anlaufstellen in Rumänien und Polen.

Es ist ein Gebot der Fairness und des Respekts, die Pflegekräfte so anzustellen, wie man es sich selbst in ihrer Situation auch wünschen würde. Und das heißt: Festanstellung mit deutschem Arbeitsvertrag. Nur diese Form der Beschäftigung garantiert einen fairen Lohn, faire Arbeitsbedingungen, geregelte Arbeits- und Urlaubszeiten, eine Kranken-, Renten-, Pflege- und Unfallversicherung. Neben den Arbeitsagenturen bieten derzeit nur FairCare und das katholische Pendant Caritas24 diese Form der Beschäftigung ausländischer Pflegekräfte an. An dieser Stelle sei noch darauf hingewiesen, dass eine festangestellte Haushaltshilfe ausschließlich haushaltsnahe Tätigkeiten übernehmen darf. Dazu gehören unter anderem Kochen, Putzen, Gartenarbeiten und auch die Versorgung und Betreuung von Pflegebedürftigen. Rein medizinische Tätigkeiten darf sie nicht ausüben. Dazu gehört schon das bloße Anreichen von Medikamenten. Solche Aufgaben bleiben den professionellen Pflegediensten vorbehalten.

Caritas24 – So fair wie möglich

Caritas24 vermittelt ebenfalls keine Rund-um-die-Uhr-Betreuung, sondern hilft bei der Vermittlung und Festanstellung von Haushaltshilfen mit deutschem Arbeitsvertrag. Sie werden von der Bundesagentur für Arbeit zugelassen, wenn »hauswirtschaftliche Arbeiten sowie notwendige pflegerische Alltagshilfen« erbracht werden. Auch hier übernimmt die deutsche Familie Arbeitgeberfunktion. Die Haushaltshilfe ist mit der Betreuung des Pflegebedürftigen aber nicht allein, sondern erhält Unterstützung von einem Pflegedienst sowie einer Tagespflegeeinrichtung.

Die deutsche Caritas unterstützt den gesamten Prozess der Betreuungsvermittlung und begleitet sowohl die Familien als auch die Pflegekräfte Schritt für Schritt. Dazu finden Gespräche mit den Angehörigen statt, in denen die individuellen Anforderungen an die Pflegekraft sowie der allgemeine Betreuungsbedarf der zu pflegenden Person ermittelt werden. Die Caritas in Polen empfiehlt daraufhin eine oder mehrere für die Stelle geeignete Pflegekräfte. Die deutsche Caritas unterstützt die Familien bei dem Abschluss eines entsprechenden Arbeitsvertrages und besucht sie anschließend regelmäßig (meistens einmal in der Woche), um mit allen Parteien über mögliche Probleme zu sprechen oder Fragen zu klären.

Um mehr über das Pflegekonzept der Caritas zu erfahren, treffe ich mich an einem ganz normalen Werktag zu einem Gespräch mit der Caritas-Koordinatorin Ursula Gisder. Die gebürtige Polin betreut derzeit 30 deutsche Familien und die bei ihnen angestellten Haushaltshilfen. Ihr Weg führt sie heute Morgen zuerst zu einer großzügigen Stadtvilla. Eine junge Polin namens Oliwia öffnet uns die Tür, die zu betreuende Seniorin schläft in ihrem Sessel am Fenster des geräumigen Wohnzimmers. Von außen betrachtet ergibt dies ein friedliches Bild, doch die Polin macht sich sichtlich Sorgen. Die Seniorin ist vor kurzem von einem längeren Krankenhausaufenthalt nach Hause zurückgekehrt. Zum Leidwesen der Haushaltshilfe hat sich ihr Schlafrhythmus vor allem durch die Medikamente völlig umgekehrt. Tagsüber ist die 80-Jährige müde und antriebslos, während sie nachts unruhig durchs Haus geistert. Oliwia schläft kaum noch, wirkt erschöpft und ratlos. Ursula Gisder ruft den Hausarzt der alten Dame an und schildert ihm das Problem. Sie macht ihm klar, dass umgehend etwas passieren muss, da die Haushaltshilfe unter diesen Umständen ihre Arbeit nicht fortsetzen könne. Der Arzt kündigt zeitnah einen Hausbesuch an. Oliwia selbst wäre dem Arzt gegenüber nie derart selbstsicher und fordernd aufgetreten. Frau Gisder als Pflegekoordinatorin der Caritas ist in dieser Hinsicht unbefangen, für sie sind solche Telefonate mit Ärzten Routine. Sie informiert auch den Neffen der alten Dame als festen Ansprechpartner der Caritas über das Problem. Eine gleichbleibende Kontaktperson in den Familien ist für den Wohlfahrtsverband ein obligatorisches Element für diese Art der Pflege.

Oliwia ist Anfang 40 und ausgebildete Physiotherapeutin. Als sie nach endlosen Bewerbungen in ihrer Heimat keine Arbeit findet, wendet sie sich an die polnische Caritas, die eng mit der deutschen Caritas zusammenarbeitet. Oliwia hat bereits vor einigen Jahren eine Zeitlang alte Menschen in England gepflegt, weil sie sich erhofft hatte, danach durch verbesserte Sprachkenntnisse leichter einen Job in Polen zu finden. Heute ist sie dankbar, ganz legal in Deutschland arbeiten zu können. Besonders wichtig ist ihr die Absicherung durch die deutsche Kranken- und Rentenversicherung.

Auf die deutschen Familien kommen bei dieser Form der Anstellung eigentlich zahlreiche Formalitäten zu. Die zu erledigenden Aufgaben reichen von der Beantragung einer Betriebsnummer bei der Bundesagentur für Arbeit über den Abschluss einer Unfall-, Kranken-, Pflege- und Rentenversicherung bis hin zur Anmeldung beim Finanzamt. Um die Familien zu entlasten, übernimmt Caritas24 diese nervenzehrende und für Ungeübte langwierige Bürokratie. Ursula Gisder ist bei den Behörden vor Ort jedoch bekannt, weshalb alles vergleichsweise schnell und einfach abgewickelt werden kann.

Ihr nächster Weg führt sie zu einer 92-jährigen demenzkranken Seniorin, die von der 50-jährigen Polin Paulina versorgt wird. Die gelernte Bankangestellte erzählt, dass sie am Ende ihrer Nerven und Kräfte ist, weil sie den ganzen Tag mit der alten Frau allein im Haus verbringt. »Das war nicht weiter schlimm, als die alte Dame geistig noch rege war«, erzählt sie. Da konnte Paulina sich noch gut mit ihr unterhalten, sie haben zusammen Karten gespielt und sind spazieren gegangen. Seit ein paar Wochen hat die Seniorin jedoch stark abgebaut und ist geistig vollkommen verwirrt. »Das Schlimmste ist, dass sie den ganzen Tag lang schreit. Manchmal schaut sie mich an und ruft wie ein kleines Kind ganz laut: ›Mutter!‹. Ich halte das nicht länger aus.« Ursula Gisder kennt die polnische Haushaltshilfe schon viele Jahre und weiß: Wenn Paulina sagt, es geht nicht mehr, dann duldet die Sache keinen Aufschub. Die Pflegekoordinatorin telefoniert mit der Tochter der alten Frau, die in Österreich lebt. Auch sie hat mitbekommen, dass die Demenz ihrer Mutter stark fortgeschritten ist. Eine Heimunterbringung kommt für sie jedoch aus finanziellen Gründen nicht in Frage. Deshalb hat sie entschieden, ihre Mutter ab jetzt selbst zu pflegen, und plant, in den nächsten Wochen anzureisen. Bis dahin muss die polnische Haushaltshilfe noch durchhalten. Ursula Gisder hat inzwischen bereits eine neue Familie für Paulina gefunden. Sie soll einen geistig regen pensionierten Deutschlehrer betreuen. Die Caritas-Koodinatorin achtet darauf, dass die Haushaltshilfen nach einer schwierigen Zeit, zum Beispiel durch die Pflege von Demenzkranken, entlastet werden. Paulina freut sich auf den neuen Job.

Die Haushaltshilfen, die durch Caritas24 vermittelt werden, besuchen alle einen Deutschkurs. »Die Beherrschung der deutschen Sprache ist eine der wichtigsten Voraussetzungen für eine gute Beziehung zwischen der Familie und der Haushaltshilfe«, weiß Ursula Gisder aus Erfahrung. »Außerdem freuen sich die alten Leute jedes Mal, wenn die Polinnen aus dem Unterricht zurückkommen. Dann machen sie mit ihnen gemeinsam die Hausaufgaben. Das habe ich schon oft beobachtet.« Frau Gisders Handy klingelt oft an diesem Tag. Eine Polin braucht Beratung nach einem schwierigen Zahnarztbesuch, eine andere hat Fragen zum anstehenden Sprachkurs, der Arbeitsagentur fehlen noch Unterlagen, in einer Familie gibt es Probleme zwischen der Haushaltshilfe und den deutschen Angehörigen. Ihr blaues Klemmbrett füllt sich an diesem Tag mit unzähligen kleinen und größeren Aufträgen.

Ursula Gisder hat obendrein ein Erstgespräch auf ihren Terminkalender notiert. Eine Familie interessiert sich für die Anstellung einer Haushaltshilfe über Caritas24. Am Ende solcher Termine hinterlässt sie bei den deutschen Familien ein Merkblatt, das Neukunden als erste Orientierung dienen soll. Darin findet sich auch eine ausführliche Kostenaufstellung:

»Grundsätzlich dürfen ausländische Haushaltshilfen nicht zu ungünstigeren Bedingungen als vergleichbare deutsche Arbeitnehmer beschäftigt werden. Die zugrunde liegenden Tarife sind vom deutschen Hausfrauenbund

und der Gewerkschaft Nahrung-Genuss-Gaststätten für das jeweilige Bundesland geschlossen worden. Die jeweiligen jährlichen Tariferhöhungen werden berücksichtigt. In Nordrhein-Westfalen beträgt der Monatsverdienst 1508 Euro brutto. Hinzu kommen Sozialversicherungsbeiträge (Krankenkasse, etc.) von ca. 400 Euro. Für die Beratung und Begleitung durch die Caritas fallen im ersten Monat Kosten in Höhe von 378,90 Euro, ab dem zweiten Monat 96 Euro, ab dem 13. Monat 76,50 Euro an. Der Urlaubsanspruch pro Jahr (6-Tage-Woche) beträgt bis zum 29. Lebensjahr 31 Arbeitstage, und ab dem 30. Lebensjahr 36 Arbeitstage. Hinzu kommen Unterkunft und Verpflegung, die [die Familien] stellen müssen. Gleichzeitig können [die Familien] aufgrund der legalen Beschäftigung bei [ihrer] Steuererklärung diese Kosten im Rahmen der haushaltsnahen Dienstleistungen bis zu bestimmten Grenzen absetzen.«[10]

Die Kosten für eine festangestellte Haushaltshilfe über Caritas24 belaufen sich demnach auf rund 2000 Euro brutto, was preiswerter ist als ein Seniorenheim, aber teurer als eine entsendete Pflegekraft über eine Vermittlungsagentur. Der Vorteil ist, dass die Haushaltshilfe nach deutschem Recht sozialversichert ist und die monatlichen Vermittlungsgebühren der Agenturen, denen nur selten eine angemessene Leistung gegenübersteht, entfallen.

Das Projekt für einen fairen Einsatz von polnischen Haushaltshilfen wird derzeit im Auftrag des Diözesan-Caritasverbands vom Deutschen Institut für angewandte Pflegeforschung in Köln wissenschaftlich evaluiert. Damit soll von unabhängiger Seite ein realistisches Bild zur Lebens- und Arbeitssituation der Frauen entstehen. Im Rahmen der Studie werden mit den Pflegekräften Interviews zu Arbeitszeiten, Arbeitsbelastung und Arbeitszufriedenheit geführt. Darüber hinaus sollen auch die Situation und Zufriedenheit der Einsatzfamilien untersucht werden. Schließlich interessiert den Diözesan-Caritasverband als Auftraggeber der Studie, wie sich die Betreuung durch die Caritas auf alle Beteiligten auswirkt. »Wir möchten mit der Untersuchung feststellen, an welchen Stellen Nachbesserungen erfolgen müssen«, so Janine Brökling vom federführenden Caritasverband des Erzbistums Paderborn. Letztlich gehe es auch um die Frage, wie das Angebot dauerhaft zur Zufriedenheit aller Beteiligten zu etablieren ist.

Der Caritas-Verband kümmert sich seit 2009 in Kooperation mit der polnischen Caritas parallel auch um die Familien der Haushaltshilfen in Polen. Die Frauen, die in Deutschland alte Menschen pflegen, fehlen in ihrer Heimat als Mütter, Ehefrauen und Großmütter. In Polen suchen Caritas-Mitarbeiter deshalb gemeinsam mit ihnen nach möglichen Alternativen zur Migration. Wenn die Frauen sich aber dennoch entscheiden, ins Ausland zu gehen, organisieren sie Hilfen für die Frauen und ihre zurückgelassenen Familien. Solche Hilfen finden beispielsweise in Form von Unterstützung der Kinder bei den Hausaufgaben statt. Sie bieten außerdem Sprach- und Qualifizierungskurse für die zukünftigen Pflegekräfte in Polen an, damit sie nicht vollkommen unvorbereitet zu der fremden Familie ziehen. An den grundlegenden Problemen ändern diese Maßnahmen nichts, aber die Not wird auf beiden Seiten gelindert. Das Projekt hat inzwischen zahlreiche Nachahmer gefunden, dreißig Verbände in ganz Deutschland beteiligen sich mittlerweile. In Polen kommt die Caritas aufgrund des großen Interesses an Sprach- und Qualifizierungskursen mit ihrem Angebot zurzeit kaum nach.

Es bleibt festzuhalten, dass die Caritas zwar sehr auf die Einhaltung fairer Arbeitsbedingungen achtet, der Wohlfahrtsverband die Pflegekraft letztlich aber nur an die deutsche Familie vermittelt und keine Arbeitgeberfunktion ausübt. Wenn zum Beispiel die vertraglich festgeschriebenen Arbeitszeiten nach deutschem Recht nicht eingehalten werden, hat die Caritas rechtlich keine Möglichkeit, einzugreifen, sondern kann nur an die deutsche Familie appellieren. Gibt es zwischen Pflegekraft und Familie eine Art stilles Einverständnis, dass die Polin gewissermaßen unbezahlte Überstunden leistet, so bleibt das eine Sache zwischen den offiziellen Vertragsparteien. Demnach sind Verstöße gegen das Arbeitszeitgesetz auch in den von der Caritas betreuten Familien nicht auszuschließen.

Hilfestellungen für polnische Pflegekräfte

Sprache ist (fast) alles

In den Gesprächen mit den Pflegebedürftigen, ihren Angehörigen und den polnischen Pflegekräften ist das Thema Sprache und Verständigung allgegenwärtig. Pflegebedürftige wie Angehörige beklagen sich häufig über die aus ihrer Sicht nicht ausreichenden Sprachkenntnisse der Pflegekräfte. Die Angehörigen können kaum Verabredungen treffen oder Pflegedetails klären, weil sie einfach nicht verstanden oder missverstanden werden. Auch die Pflegekräfte sind angesichts ihrer begrenzten Deutschkenntnisse unzufrieden. Die Kommunikation mittels Gestik, Mimik und eines sehr geringen Wortschatzes ist für alle Beteiligten anstrengend und nervenaufreibend. Deshalb ist es unabdingbar, dass die Pflegekräfte ausreichende Deutschkenntnisse mitbringen. Es muss möglich sein, sich über Pflegedetails auszutauschen und die Aufgaben und Erwartungen miteinander zu besprechen, andernfalls sind Spannungen vorprogrammiert. Die regelmäßige Verständigung zwischen allen Parteien spielt eine entscheidende Rolle für ein gelingendes Miteinander. Wie sollen beide Seiten etwas voneinander erfahren, sich kennenlernen und Verständnis füreinander entwickeln, wenn sie sich nicht unterhalten können? In den Schilderungen von Angehörigen sind die Beziehungen zu den Pflegekräften vor allem dann respektvoll und herzlich, wenn es eine gemeinsame Sprache gibt. Nur so kann auch die deutsche Familie die fremde Frau im Haus näher kennenlernen, und nur so ist es möglich, ihre Befindlichkeit zu erfassen und Überforderungen mitzubekommen. Polnische Pflegekräfte sollten sich auch deshalb nicht auf Vermittlungsagenturen einlassen, die sie ohne Sprachkenntnisse »ins kalte Wasser« einer häuslichen 24-Stunden-Pflege werfen. Die Enttäuschung, die deutsche Familien erleben, wenn die Pflegekräfte plötzlich – entgegen allen Versprechungen der Agentur – kaum ein Wort Deutsch sprechen, baden nämlich allein die Polinnen aus. Sie bekommen die Unzufriedenheit der Angehörigen und Pflegebedürftigen täglich hautnah mit. Eine angespannte Grundstimmung verspricht keinen guten Start in eine so private und auf Vertrauen basierende Pflegesituation. Zudem verschärfen mangelnde Sprachkenntnisse einmal mehr die Einsamkeit der Pflegekräfte und die daraus resultierende Sehnsucht nach ihrer Familie und nach ihrer Heimat.

Wir alle erleben eine ganz ähnliche sprachliche Hilflosigkeit und Verunsicherung gelegentlich im Urlaub, wenn wir dem einheimischen Gegenüber die simpelsten Kleinigkeiten nicht mitteilen können. Ein Urlaub ist jedoch frei gewählt und zeitlich begrenzt. Die polnische Pflegekraft hingegen ist in gewisser Weise gefangen. Sie hat kaum Möglichkeiten, sich sprachlich fortzubilden, um sich verständlich zu machen, erst recht nicht gegenüber den älteren Menschen, die sie versorgt und pflegt. Die Senioren haben altersbedingt ohnehin schon

Verständigungsprobleme. Sie können Unterhaltungen nicht mehr so gut folgen, hören schlechter und können sich selbst nicht mehr so präzise ausdrücken. Langfristig reichen Gestik, Mimik und ein Lachen, das die Hilflosigkeit höflich überspielen soll, nicht aus. Nur eine gemeinsame Sprache macht Verständigung möglich und schlägt in der Pflegesituation die entscheidende Brücke.

Mittlerweile bieten auch einige Agenturen vorab Sprachkurse an, weil sie die Pflegekräfte dann entsprechend teuer an deutsche Familien vermitteln können. Auf dem wachsenden Markt für Pflegekräfte gilt: Je besser die Sprachkenntnisse, umso höher der Preis.

Caritas24 bietet sowohl in Polen als auch in Deutschland standardmäßig Sprachkurse für polnische Pflegekräfte an, ohne dass sich die Vermittlungskosten verändern. Die Pflegekräfte besuchen die Kurse auch während ihres Einsatzes in den deutschen Familien regelmäßig.

Auffällig ist, dass viele Polinnen über einen überdurchschnittlich hohen Bildungsstand verfügen. Viele von ihnen haben Abitur, ein großer Teil hat darüber hinaus sogar ein Studium absolviert. In ihren jeweiligen Fachgebieten sind sie oft hoch qualifiziert, was an der schwierigen Arbeitsmarktsituation in ihrer Heimat aber nichts ändert. »Ab dem 40. Lebensjahr«, so erzählt mir eine Pflegekraft, »sind Sie in Polen zu alt für alles!« Folglich übernehmen sie bei uns eine Arbeit, für die sie nicht ausgebildet sind. Die für den Bereich der Pflege notwendigen Qualifikationen fehlen ihnen. Rudimentäre Sprachkenntnisse verschärfen die Frustration bei diesen Frauen zusätzlich. Das Forschungsprojekt der Hans-Böckler-Stiftung kommt zu dem Ergebnis, dass für die meisten polnischen Pflegekräfte hinsichtlich der Sprachkompetenz das Motto »Learning by doing« gilt: Die Frauen erlernen die deutsche Sprache bruchstückartig über kleine Gespräche, Fernsehen und Zeitung. Für die Pflegebedürftigen ist dieser Lernprozess oft langwierig, weil ihnen häufig die Energie und Geduld fehlen, ihre Worte ständig zu wiederholen oder erneut zu definieren. Dass daraus ein gewisser Unmut entsteht, erklärt sich von selbst. Was bleibt, ist die Erkenntnis, dass die häusliche Pflege ohne Sprachkenntnisse für niemanden wünschenswert ist.

Pflege muss gelernt sein

Fast alle Frauen kommen mit rudimentären Pflegequalifikationen nach Deutschland. Die Pflegekräfte, mit denen ich gesprochen habe, sind in Hinblick auf ihre fachlichen Qualifikationen ausnahmslos Autodidakten und haben sich alles, was sie für die Pflege und Betreuung älterer Menschen als notwendig erachteten, selbst beigebracht, meist intuitiv. Einige von ihnen haben Erfahrungen aus ihrem eigenen familiären Umfeld in den Pflegealltag miteingebracht. Gabriel, der vor seiner pflegerischen Tätigkeit als Bauarbeiter tätig war, erzählt, dass er früher häufig seine Kinder gewickelt hat, was ihm in der häuslichen Pflegesituation sehr geholfen habe. Die Pflegekräfte wissen wenig über den Umgang mit Demenzkranken, über Nebenwirkungen von Medikamenten oder über das richtige Umlagern von Bettlägerigen, denn niemand hat ihnen diese Kenntnisse im Vorfeld vermittelt. Dass gute Pflege fundierte Qualifikationen erfordert, wird am Beispiel des polnischen Ehepaares Kasia und Jakub deutlich, die die alte Frau Müller pflegen. Jeden Tag, wenn es die Zeit erlaubt, sitzen sie vor ihrem Laptop in ihrem kleinen Schlafzimmer und lesen dort notdürftig alles über den richtigen Umgang mit Demenzkranken. Die alte Dame, die sie gemeinsam versorgen, lässt plötzlich geistig stark nach; Jakub und Kasia kommen an ihre Leistungsgrenze. Das Internet dient ihnen als Erste-Hilfe-Kurs im Umgang mit der zunehmend verwirrten Frau Müller. Andere Pflegekräfte verzweifeln in einer solchen Lage, weil sie den ganzen Tag allein mit demenzkranken Senioren verbringen, die sie aus heiterem Himmel beschimpfen oder sogar körperlich angreifen. Wer auf ein solches Verhalten in keiner Weise vorbereitet ist, kommt schnell an seine Grenzen.

Caritas24 bietet Pflegekurse für Polinnen an, die in Deutschland arbeiten wollen. Einige Vermittlungsagenturen ziehen jetzt nach und bieten ebenfalls solche Qualifizierungen an. Aus Kostengründen bleibt es allerdings häufig bei viel zu kurzen Crashkursen, die nicht ausreichen, um die Frauen auf die Anforderungen ihrer Arbeit im Nachbarland wirklich gut vorzubereiten.

Die Qualifizierung ist deshalb so wichtig, weil im Pflegealltag bei aller Mühe, die die Frauen sich geben, auch einiges falsch laufen kann. Letztlich sind es die Pflegekräfte, die die Verantwortung für mögliche folgenschwere Fehler tragen. Durch eine fundierte Qualifizierung fühlen sich Pflegekräfte wie Pflegebedürftige sicherer, was sich wiederum positiv auf den gesamten Pflegealltag auswirkt.

Was vor der Abreise zu klären ist

Wenn sich polnische Frauen und Männer aus gewiss nachvollziehbaren Gründen entscheiden, eine Arbeit als Pflegekraft in Deutschland aufzunehmen, sollten sie einige wichtige Dinge vorher unbedingt beachten und klären.

Sylwia Timm von der Beratungsstelle »Faire Mobilität« empfiehlt den Pflegekräften, vor ihrer Abreise ausreichend Geld mitzunehmen, um zur Not eine Rückfahrkarte und eine Hotelübernachtung bezahlen zu können. »Es kommt immer wieder vor, dass die Pflegekräfte vor Ort Umstände antreffen, die für sie in keiner Weise akzeptabel sind. In einer solchen

Situation müssen sie die Möglichkeit haben, umgehend zurückzufahren.«

Vor der Abreise nach Deutschland sollten sie sich außerdem genau informieren, in welchen Ort sie fahren. Sylwia Timm trifft in ihren Beratungsgesprächen immer wieder auf Frauen, die dazu keinerlei Angaben machen können, so dass sie sie auch nur schwer mit Adressen und Hilfsangeboten in ihrer Nähe unterstützen kann. Wichtig ist es, vor der Abreise einige Telefonnummern im Handy eingespeichert zu haben. Die EU-weite Notfallnummer 112 ist dabei ebenso relevant wie die Kontaktdaten muttersprachlicher Beratungsstellen wie »Faire Mobilität«. Letztere kann im Ernstfall, aber auch bei kleineren Problemen nützlich sein.

Bei sämtlichen Stellenanzeigen für Pflege- und Haushaltshilfen in Internetforen, die von polnischen oder polnischsprachigen Privatvermittlern stammen, ist grundsätzlich Vorsicht geboten. Hinter solchen Angeboten verbergen sich meistens unseriöse Anbieter. Besser ist es, vorher in jedem Fall eine Beratungsstelle in Polen oder in Deutschland zu kontaktieren. Wann immer es möglich ist, sollten sich die Pflegekräfte von der deutschen Familie fest als Haushaltshilfe anstellen lassen. Bei dieser Form der Beschäftigung ist für alle Seiten die Rechtssicherheit am größten, denn hier gilt das deutsche Arbeitsrecht unter anderem mit klaren Regelungen zu Arbeits-, Ruhe- und Urlaubszeiten. Außerdem sind die Pflegekräfte nach deutschem Recht sozialversichert, wodurch eine gewisse Absicherung im Alter garantiert ist.

Wichtig ist in jedem Fall, dass die Pflegekraft einen schriftlichen Arbeitsvertrag erhält, idealerweise in deutscher und polnischer Fassung. Entsprechende Formulare sind bei den deutschen Arbeitsagenturen erhältlich. Vor der Abreise ist ebenfalls anzuraten, dass sich die Pflegekräfte eine Europäische Krankenversicherungskarte besorgen.

Zudem sollten sie sich vor Antritt der neuen Stelle ein

möglichst genaues Bild von dem Arbeitsplatz in Deutschland machen. Das bedeutet auch, die eigenen Rechte und Pflichten genau zu kennen. Zu Letzteren zählen bei festangestellten Haushaltshilfen ausschließlich grundpflegerische Leistungen wie Körperpflege, Unterstützung beim Toilettengang, beim An- und Auskleiden, beim Aufstehen und Zubettgehen, beim Essen und Trinken und bei der Fortbewegung innerhalb der Wohnung. Medizinische Pflegetätigkeiten wie die Verabreichung von Spritzen, der Verbandswechsel oder das Anlegen eines Katheters gehören in keinem Fall in den Aufgabenbereich einer Pflegekraft und sollten auch auf Nachfrage unter keinen Umständen übernommen werden. Angehörige sollten Pflegekräfte in keinem Fall zu solchen Tätigkeiten auffordern, da die Frauen ohne medizinische Ausbildung rechtlich nicht dazu befugt sind.

Der Umfang und die Art der Arbeit müssen vertraglich festgehalten werden. Ebenso sollte im Vertrag ein konkretes Gehalt fixiert sein, das den tariflichen Bedingungen entspricht und zu einem festen Termin monatlich ausgezahlt bzw. überwiesen wird.

Pflegekräfte, die über eine Agentur als entsandte Pflegekräfte nach Deutschland kommen, sollten *vor* ihrer Abreise einen schriftlichen Arbeitsvertrag in ihren Händen halten. Ebenso muss ihnen eine A1-Bescheinigung vorliegen, die belegt, dass sie in ihrem Heimatland ordnungsgemäß sozialversichert ist. Bei der Ankunft in Deutschland fragen die Familien oft direkt danach, weil sie sichergehen wollen, dass die Pflegekraft versichert ist.

Um eine A1-Bescheinigung zu erhalten, müssen bestimmte Voraussetzungen erfüllt sein. Zum einen muss das entsendende Unternehmen den Großteil seines Umsatzes im Heimatland erwirtschaften. Zum anderen muss es seine Mitarbeiter primär im Heimatland beschäftigen und eine Vor- und Weiterbeschäftigung der entsendeten Mitarbeiter in der

Heimat garantieren. Das Hauptgeschäftsziel dieser Unternehmen ist es jedoch, Betreuungskräfte in *deutsche* Familien zu entsenden und nicht im Heimatland zu beschäftigen. Das bedeutet, dass die Pflegekräfte und auch die deutschen Familien sich auf unsicherem Terrain bewegen, weil sie genau diese Bedingungen nicht wirklich überprüfen können und damit nie genau wissen, ob das entsendende Unternehmen wirklich seriös arbeitet.

Nach den Erfahrungen der Beratungsstelle »Faire Mobilität« werden die allermeisten Pflegekräfte auf der Grundlage eines sogenannten Dienstleistungsvertrages nach Deutschland geschickt. Sie werden anstatt über ein angemessenes Grundgehalt über steuerfreie Reisespesen bezahlt. Das Grundgehalt liegt häufig sogar noch unter dem polnischen Mindestlohn. Die Agenturen sparen auf diese Weise viel Geld. Wer sich auf diese Weise nach Deutschland schicken lässt, dem muss bewusst sein, dass es sich hierbei um ein Konstrukt zur Umgehung bestehender gesetzlicher Regelungen handelt. Die Verträge enthalten häufig unzulässige Schweigeklauseln, die es den Pflegekräften verbieten, mit den deutschen Familien über ihren Verdienst zu sprechen. Wenn Pflegekräften solche Verträge vorgelegt werden, deutet das immer auf ein unseriöses Arbeitsverhältnis hin.

Angehende Pflegekräfte sollten sich davor hüten, sich von privaten Vermittlern zu einer selbständigen Tätigkeit überreden zu lassen, da sie so gut wie immer auf eine gesetzeswidrige Scheinselbständigkeit hinausläuft. Von irregulären Beschäftigungsverhältnissen ist grundsätzlich abzuraten, auch wenn die Gefahr, durch eine Kontrolle der Zollbehörde bei der Schwarzarbeit erwischt zu werden, gering ist. Die ständig drohende Gefahr beschreiben einige polnische Pflegekräfte als enormen Druck, den sie als dauerhafte seelische Belastung erleben.

Vielen Pflegekräften fällt es schwer, den deutschen Familien gegenüber klare Grenzen zu setzen. Sie fürchten um ihren Job, der für sie fast immer von existentieller Bedeutung ist. Zu diesem Ergebnis kommt auch das Forschungsprojekt »Ausländische Pflegekräfte in Privathaushalten«. Demnach möchte die Pflegekraft ihre Arbeit einerseits zur vollsten Zufriedenheit des Pflegebedürftigen erledigen. Auf der anderen Seite hat sie aber Angst, Probleme oder Kritik offen anzusprechen, weil sie im schlimmsten Fall eine Kündigung befürchten muss.

Wenn die Polinnen klare Forderungen stellen und sich über eine aus ihrer Sicht unbefriedigende Arbeitssituation beschweren, führt das zunächst oft zu Spannungen in der Pflegesituation, die die Frauen oft nur schwer ertragen. Um des lieben Friedens willen beißen sie lieber die Zähne zusammen, schließlich spüren sie die Erwartungshaltung der Angehörigen und möchten sie auf keinen Fall enttäuschen. Eine Pflegekraft wird im Abschlussbericht des Forschungsprojektes mit den Worten zitiert, ihre Beziehung zur Pflegebedürftigen sei »unvermeidlich«:

»Unvermeidlich ist die Beziehung insofern, als dass sie keine bessere Arbeit gefunden hat und auf das Geld angewiesen ist. Deshalb will sie diese Arbeit auch unbedingt behalten. Um den Alltag zu bewältigen, ist sie auf positive zwischenmenschliche Beziehungen angewiesen. Da sie keine realistische Chance einer Veränderung in ihrem Leben sieht, bemüht sie sich, die Beziehungen im Pflegesetting trotz ›Zwangsgemeinschaft‹ positiv zu sehen.«

Viele Pflegekräfte reden sich ihren Alltag regelrecht schön, um Konflikte und Konsequenzen, die daraus folgen könnten, zu vermeiden. Diese Strategie führt aber dazu, dass sowohl die Pflegebedürftigen als auch ihre Angehörigen ein falsches

Bild von ihrer Lage und ihren Befindlichkeiten vermittelt bekommen. Nach außen hin scheint alles gut zu laufen, obwohl häufig ein versteckter Leidensdruck besteht. Auf lange Sicht wäre es für alle Beteiligten besser, wenn in dieser so wichtigen Beziehung mehr Ehrlichkeit gelebt würde und auch die Pflegekräfte offen über ihre Unzufriedenheit reden könnten. Findet ein Gespräch ohne Vorwürfe an die deutsche Familie und mit der Bitte um Verständnis statt, wird es gewiss nicht zu negativen Sanktionen oder gar zu einer Kündigung führen. Sollte dies doch der Fall sein, wäre die Pflegebeziehung ohnehin nicht zu retten gewesen. Sobald ein sachliches Gespräch seitens der Angehörigen verweigert wird, sollte über einen Wechsel in eine andere Familie nachgedacht werden.

Grenzen sind auch in Bezug auf ganz konkrete Arbeitsbedingungen wie Unterbringung, Bezahlung oder Arbeitszeiten wichtig. Bevor eine Pflegekraft ihre Arbeit aufnimmt, sollte sie sich über ihre vertraglich festgelegten Rechte genau informieren und diese auch einfordern. Je länger die Frauen damit warten, umso schwieriger wird es, im Nachhinein noch etwas daran zu ändern. Deshalb ist es am besten, wenn sie Grenzüberschreitungen jedweder Art gleich zu Beginn zur Sprache bringen und ihre rechtlich abgesicherten Ansprüche klar formulieren.

Es ist sinnvoll, die Arbeitszeiten und Tätigkeiten vor allem zu Beginn möglichst jeden Tag genau zu dokumentieren. So haben die Pflegekräfte im Konfliktfall immer etwas »in der Hand«. Diese Dokumentation ist als eine Art Pflegetagebuch zu verstehen, in dem die Pflegekraft alles festhält, was ihr auffällt, welche Dinge geklärt werden müssen und welche Arbeiten sie verrichtet hat. An vieles erinnert man sich später nicht mehr im Einzelnen, wenn Probleme angesprochen oder Konflikte mit der Familie geklärt werden müssen.

Die in diesem Abschnitt aufgeführten Hilfestellungen sind auch für die Angehörigen von Bedeutung, denn sie verdeutlichen ihnen noch einmal die Rechte der Pflegekräfte und führen zu einem besseren Verständnis der Menschen, die sich für die Pflegearbeit fern der Heimat entscheiden.

Pflege im Team

Die Soziologin Agnieszka Satola beschreibt die Vereinsamung und die enorme Verantwortung, die polnischen Pflegekräften aufgebürdet wird, als die wesentlichen Probleme in der häuslichen Betreuung. Die Frauen hätten oft keinerlei soziale Kontakte, könnten sich nicht austauschen und müssten wichtige Entscheidungen völlig allein treffen. Satola propagiert deshalb eine »rotierende Teampflege«. Vier Frauen, die aus einem Ort oder einer Region stammen, pflegen jeweils in Zweierteams ältere Menschen in Deutschland. »Das würde schon ein wenig gegen die Einsamkeit helfen«, so Satola. Demnach übernimmt ein Zweierteam die Betreuung eines deutschen Pflegebedürftigen, während sich die beiden anderen um die Familien zu Hause kümmern. Nach einer Weile könnten die Zweierteams dann wechseln. Das hieße zwar, dass sie sich den Lohn teilen müssten, aber es wäre laut Satola in jedem Fall die seelisch und körperlich gesündere Lösung. Sie bezieht sich in ihren Schilderungen auf einen konkreten Fall, in dem diese Teamarbeit erprobt wurde und sowohl von Seiten der deutschen Familie als auch von den Pflegekräften als sehr positiv beschrieben wurde. In diesem Fall war der Sohn des Pflegebedürftigen sogar bereit, den Lohn zu verdoppeln, weil er die Vorteile dieser Teamarbeit nicht mehr missen wollte. Ein doppeltes Gehalt kann sich aber gewiss nicht jede Familie leisten und stellt eine Ausnahmesituation dar.

Mancherorts hat sich die Teamarbeit laut Forschungsprojekt bereits als besseres Arbeitsmodell bei den Frauen herumgesprochen und wird erfolgreich umgesetzt. In diesen Teams werden persönliche Verbindungen und Beziehungen auf polnischer und deutscher Seite zum Vorteil aller Beteiligten bereits genutzt.

»Wie sich herausstellte, gibt es ein jeweils lokal verankertes Netzwerk deutscher Nachfrager nach Pflegedienstleistungen, die sich untereinander die Pflegekräfte empfehlen. Hinzu kommt, dass die transnationalen Arbeitsmigrantinnen sowohl an dem Ort, an dem sie arbeiten, untereinander vernetzt sind als auch in ihrem jeweiligen Heimatland. Dort bilden sie vorzugsweise über Verwandtschaftsverhältnisse lokale Netzwerke.« Es werden auch deutsch-polnische Städtepartnerschaften genutzt, um die Nachfrage nach Pflegekräften und das polnische Angebot an arbeitssuchenden Pflegekräften zusammenzubringen.

RESPEKT! Polnische Pflegekräfte wehren sich

Die Schweizer Soziologin Sarah Schillinger weist auf einer Tagung der Heinrich-Böll-Stiftung in Berlin zum Thema »Pflegemigration« auf ein Netzwerk von sogenannten Care-Arbeiterinnen in Basel hin, das sich mittlerweile gezielt an die Öffentlichkeit wendet. Gründerin Bożena Domańska, die selbst jahrelang als Pflegekraft gearbeitet hat, entschied sich aufgrund persönlicher schlechter Erfahrungen mit Vermittlungsagenturen dafür, das Netzwerk ins Leben zu rufen. Schillinger beschreibt das Motiv der Frauen wie folgt: »Die Frauen begehren auf, wollen nicht länger die Aschenputtel aus dem Osten sein. Mehr noch: Einige haben sogar gegen ihre Vermittlungsagenturen geklagt. So wurde einigen Frauen, wenn sie ihre Arbeit in einer Familie vor Vertragsende abgebrochen haben, von der Agentur ein ganzer Monat vom Lohn abgezogen.« Ihre Klage vor Gericht hatte Erfolg.

Mit RESPEKT haben die Gründerinnen für das neue Netzwerk einen Namen gewählt, dessen Schreibweise und Bedeutung auf Deutsch und auf Polnisch gleich sind. RESPEKT fordert insbesondere einen respektvollen Umgang, das Recht auf ein Sozialleben und auf die gesetzlich vorgeschriebene Frei- und Ruhezeit, die Einhaltung der Mindestlöhne und eine der Berufserfahrung angemessene Lohnentwicklung, vereinbarte Arbeitspensen statt Arbeit auf Abruf, Lohnfortzahlung bei Krankheit, eine Pensionskassenversicherung und Kündigungsschutz.

Auf der Homepage von RESPEKT[11] wird unter anderem der Fall der polnischen Pflegekraft und Netzwerk-Gründerin Bożena Domańska detailliert geschildert. Sie hat über ein halbes Jahr einen älteren pflegebedürftigen Mann betreut. Als dieser stirbt, schickt die Agentur sie in eine neue Familie. Dort ist ein älteres Ehepaar zu versorgen, bezahlt wird Bożena Domańska aber weiterhin nur für die Pflege einer Person. Sie beschwert sich darüber bei ihrer Agentur und wird kurz darauf entlassen. Begründet wird die Kündigung mit schlechter Leistung, einem offensichtlich vorgeschobenen Grund. Doch die Pflegekraft will die Entlassung nicht ohne weiteres akzeptieren, zieht vor Gericht und gewinnt die Klage. Heute ist Bożena Domańska bei RESPEKT beschäftigt und unterstützt andere Pflegekräfte dabei, sich gegen unzumutbare Arbeitsbedingungen und ungerechte Behandlung zur Wehr zu setzen. Dieses von Pflegekräften in der Schweiz initiierte Netzwerk ist ein Modell, das auch in Deutschland wünschenswert wäre.

Hilfestellungen für pflegebedürftige Senioren

Vielen Senioren fällt es schwer, die eigene Hilfsbedürftigkeit anzunehmen und sich an die häusliche Pflege durch eine fremde, ausländische Pflegekraft zu gewöhnen. Sie müssen akzeptieren, dass nicht mehr sie, sondern andere den Ton angeben und dass diese anderen Menschen darüber entscheiden, wie die Senioren älter werden. Den Weg aus einem bis dahin aktiven in ein passiveres Leben zu finden und dabei zufrieden zu bleiben, ist nicht leicht. Niemand weiß, ob und wie uns das selbst einmal gelingen wird. Für das Miteinander zwischen Pflegekräften und Senioren ist diese Selbsterkenntnis aber von entscheidender Bedeutung. Nur, wenn Senioren mit ihrer Situation nicht ständig hadern, können sie anderen Menschen um sich herum freundlich und respektvoll gegenübertreten, deren Hilfe annehmen und sich für die Unterstützung dankbar zeigen.

Bei vielen älteren Menschen verengt sich der Blick vor allem im Krankheitsfall zunehmend auf das eigene Befinden und die eigene Sicht der Dinge. Das ist verständlich und nachvollziehbar, in der häuslichen Pflegesituation führt es aber unweigerlich zu Spannungen. Problematisch wird es, wenn die Pflegebedürftigen den Menschen, der 24 Stunden jeden Tag um sie herum ist, sie versorgt, pflegt, tröstet und spazieren fährt, nicht (mehr) als Menschen mit eigenen Bedürfnissen und mit eigener Geschichte wahrnehmen. Von demenzkranken Personen kann ein respektvoller Umgang aufgrund der gegebenen medizinischen Umstände nicht erwartet werden. Alte Menschen, die geistig noch dazu in der Lage sind, tragen durch Anerkennung der Pflegekraft zu einem entspannten Alltag bei. Ein Geben und Nehmen, auch im Sinne von wechselseitigem Zuhören und Reden, verbessert das Verhältnis oft nachhaltig. Was Rafał über die pflegebedürftige Anna erzählt, lässt erahnen, wie viel Offenheit und gegenseitiges Vertrauen zwischen ihnen über die Jahre gewachsen sind. Solche Beispiele zeigen, dass die Art und Weise des gegenseitigen Umgangs von zentraler Bedeutung für den Pflegealltag ist.

Der Ton und die Musik

Jeder von uns freut sich über ein freundliches Wort, vor allem, wenn jemand eine Bitte an uns heranträgt. Die Art und Weise, in der ein Anliegen geäußert wird, ist entscheidend für das Gelingen einer Beziehung. In dem besonderen Binnenverhältnis zwischen Senioren und Pflegekräften gelingt das nicht immer, wie die Schilderungen der Angehörigen Christine besonders deutlich zeigen. Ihr pflegebedürftiger Vater hat sich gegenüber den Pflegekräften auch im Beisein der Tochter häufig schlecht benommen. Ihm fällt es schwer, sein Alter und seine Gebrechlichkeit zu akzeptieren, seinen wachsenden Unmut darüber lässt er zunehmend an den polnischen Frauen aus. Er weist sie an, kritisiert und beschimpft sie. Aus den Gesprächen mit den Pflegekräften geht hervor, dass ein solches Verhalten nicht selten anzutreffen ist. Besonders leidtragend ist Magda, deren »Chefin« sie wie eine Dienstmagd behandelt, ihr ständig neue unsinnige Befehle erteilt und sie sogar bei den Essensportionen »übersieht«. Auch Ritas Mutter sieht ihre Pflegekraft als eine Art Befehlsempfängerin, die zu tun hat, was sie von ihr verlangt. Sicher ist das aus ihrer Biographie heraus erklärbar. Zu entschuldigen ist es dadurch nicht. Ähnlich erlebt es die Angehörige Brigitte mit ihrem pflegebedürftigen Vater. Auch er verhält sich der Pflegekraft gegenüber oft unfreundlich und beleidigend. Hier steht vor allem ihre Herkunft im Zentrum seiner Kritik. Er verletzt sie als Polin. Wie belastend ein unfreundlicher, respektloser

Umgangston in der Pflegesituation sein kann, belegen die Interviews mit den Pflegekräften. Die Pflegekräfte fühlen sich gekränkt und verletzt, und die Angehörigen schämen sich für das Verhalten ihrer Eltern.

Wenn die häusliche Pflege gelingen soll, ist es unumgänglich, dass alle Beteiligten respektvoll miteinander umgehen. Die Pflegekräfte übernehmen eine Arbeit, die physisch und psychisch überaus anstrengend ist. Oft schlucken sie böse Bemerkungen oder Verletzungen herunter, weil sie Angst haben, ihren Job zu verlieren. Polnische Pflegekräfte sind aber kein Dienstpersonal, sondern in den meisten Fällen ein wichtiger, wenn nicht gar entscheidender Part in der häuslichen Pflegesituation. Auch hier gilt der Grundsatz: Behandele deine Mitmenschen so, wie du selbst in ihrer Situation gern behandelt werden möchtest.

Die Pflegekraft als Mensch mit eigener Geschichte

Die Situation ist anfangs gewiss nicht einfach. Von heute auf morgen kommt eine völlig fremde Person ins Haus, aus einem fremden Land, mit einer fremden Sprache und Kultur. Dieser Mensch wird fortan rund um die Uhr anwesend sein, was vielen Senioren erst mal Angst bereitet. Diese Reaktion ist ganz normal: Alles, was fremd ist, erzeugt zunächst eine distanzierte Haltung. Der anderen Seite geht es allerdings ganz genauso. Auch die Pflegekraft fühlt sich fremd in der neuen Umgebung, auf engem Raum mit einem ihr noch unbekannten Menschen. Auch sie weiß nicht, welcher Mensch ihr da begegnet und wie lange und unter welchen Umständen sie mit ihm zusammenleben wird. Deshalb ist es gut, wenn sich beide Seiten offen gegenüberstehen und dem jeweils anderen einen kleinen Vertrauensvorschuss gewähren, damit der Anfang dieser ungewöhnlichen Beziehung nicht zu sehr von Ängsten, Zweifeln und Misstrauen überlagert wird. Ist das Eis erst gebrochen, und das geht nach den Schilderungen der Beteiligten oft recht schnell, ist es wichtig, dass die hilfsbedürftigen Senioren sich bewusst machen, dass nicht nur eine Pflegerin, eine Köchin, eine Gärtnerin und eine Putzfrau in Personalunion ins Haus kommt, sondern ein Mensch mit einer eigenen (Familien-)Geschichte, eigenen Ansichten, Charakterzügen, Wünschen, Einstellungen und Erfahrungen.

In den Gesprächen ist mir immer wieder aufgefallen, dass die alten Menschen sehr auf sich und ihre Hilfsbedürftigkeit konzentriert sind und ihren Blick oft ausschließlich auf sich selbst, ihr Alter und ihre Krankheit richten. Bis zu einem gewissen Grad ist dies verständlich. Dennoch ist es für beide Seiten gewinnbringend, wenn sich nicht alles nur um den Alltag und die Pflege dreht und stattdessen Raum geschaffen wird für offene Gespräche sowie aufrichtiges Interesse aneinander. Ich habe »Pflege-Paare« erlebt, die im Gespräch gemeinsame Hobbys entdeckt haben, sich angeregt über Fernsehsendungen austauschen und sich beim täglichen Spaziergang über die kleinen und großen Alltäglichkeiten unterhalten. Es gibt Senioren und Pflegekräfte, die sich gegenseitig Sprachunterricht geben, die den christlichen Glauben miteinander teilen und vor dem Essen zusammen beten. Das alles ist nur möglich, wenn der Alltag ein Miteinander und kein Nebeneinander ist.

Einige Senioren definieren die Pflegekraft vornehmlich als Angestellte, die ihre pflegerischen und haushälterischen Aufgaben zu erledigen hat. »Schließlich bezahle ich sie doch dafür!«, hieß es oft. Je nachdem, wie gut die Arbeit erledigt wurde, waren die Senioren mit ihr zufrieden oder missmutig. Aus einer solchen Art der Begegnung kann keine menschliche und respektvolle Beziehung erwachsen, wie auch anhand eines Beispiels des Forschungsprojekts »Ausländische Pflegekräfte in Privathaushalten« veranschaulicht wird:

»Zwischen den Beteiligten scheint es ein Beziehungsvakuum zu geben. Weder die Pflegebedürftige noch ihre Tochter haben eine persönliche Beziehung zu der Pflegekraft aufgebaut; diese wird ausschließlich von der Funktionalität ihrer Arbeit her wahrgenommen. Die Beteiligten gestalten ihre Beziehungen untereinander nicht als Beziehungen zwischen Individuen, die jeweils eine eigene Identität sowie eigene Bedürfnisse und Wünsche haben. Nicht nur die Pflegebedürftige, auch ihre Tochter scheint keinen guten Zugang zur Befindlichkeit der anderen Beteiligten zu haben.«

Je mehr sich Pflegebedürftige und ihre Angehörigen auf den Menschen einlassen, der rund um die Uhr für sie da ist, desto wohler werden sich alle Beteiligten in der Pflegesituation fühlen. Sich einzulassen bedeutet, Interesse am Leben des Anderen zu zeigen, ihm zuzuhören und Andersartigkeiten im Bereich Sprache, Temperament und Mentalität offen zu begegnen. Pflegekräfte sollten allerdings nicht zu Ersatztöchtern werden. Stattdessen sollte eine gesunde Balance aus Nähe und Distanz geschaffen werden. Diese Balance zu finden, ist sicher eine Herausforderung, die aber im Ergebnis ausgesprochen lohnenswert ist.

Die Soziologin Agnieszka Satola kritisiert, dass Angehörige und auch Pflegebedürftige nur äußerst selten nach dem bisherigen Leben, den Familien, den Wünschen und Gewohnheiten der Osteuropäerinnen fragen. Die Frauen würden zu sehr funktionalisiert. Dabei wäre es wichtig, sie als Menschen mit eigener Geschichte und eigenen Bedürfnissen nach Freizeit, Kontakt, Privatsphäre und Selbstbestimmung bei der Ausübung ihrer Arbeit zu begreifen.

Genauso wichtig ist es laut Satola, den Frauen Respekt entgegenzubringen für die Arbeit, die sie leisten. Das erfordert Empathie und ein echtes Interesse am Wohlergehen der

Pflegekraft. Es reiche nicht, sie ab und an mit einer Extra-
summe Geld zu belohnen in der Erwartung, dass sie danach
noch besser arbeitet.

Im Kleinen großzügig

Alten Menschen sind Gewohnheiten und Rituale oft sehr
wichtig. Sie strukturieren den Tag und vermitteln ihnen ein
Gefühl von Sicherheit und Geborgenheit. Die Eigenheiten
reichen von ganz bestimmten Essenzeiten über die Art, wie
die Decke nach dem Mittagsschlaf über die Sofalehne gelegt
wird, bis hin zu den ganz eigenen Vorstellungen über ein
gutes Frühstück. Viele Jahre konnten sie alles genau nach
ihren Wünschen gestalten. Jetzt sind sie plötzlich auf fremde
Hilfe angewiesen und können nicht mehr alles bestimmen,
regeln und erledigen, sondern müssen akzeptieren, dass eine
fremde Person von nun an alles ein wenig anders macht, als
sie es gewohnt sind. Auch für Mathilde K. war diese Um-
stellung zwar zunächst nicht leicht, im Gespräch mit der
alten Dame tritt aber dennoch eine große Güte, Nachsicht
und vor allem Großzügigkeit zutage. Sie schimpft nicht über
die Dinge, die anders sind, sondern betont stattdessen all
das, was gut läuft. Sie erzählt vom großen Engagement des
polnischen Ehepaares und dass sie »den Garten pflegen, als
wäre es ihr eigener«. Dass der Ehemann die Gartenschere
manchmal etwas zu weit unten ansetzt und zu viel abschnei-
det, bemerkt sie zwar, aber es ist ihr nicht mehr so wichtig.
»Die Hauptsache ist, dass wir gut miteinander klarkommen«,
sagt sie. Auch das Essen habe früher anders, genau genommen westfälischer geschmeckt. Jetzt schmecke es eben polnisch. »Auch gut«, sagt sie und lobt im selben Atemzug die
liebevolle Art, mit der das Ehepaar täglich den Tisch deckt.
In kleinen Dingen großzügig sein, so könnte ein Leitsatz

für Senioren heißen, die eine polnische Pflegekraft in ihrem Haushalt beschäftigen.

Politische und wirtschaftliche Rahmenbedingungen für die häusliche Pflege

Was die Politik jetzt tun muss

»Die Würde des Menschen ist unantastbar. Alter und Pflegebedürftigkeit dürfen nicht dazu führen, dass Freiheiten und Rechte missachtet werden. Jeder Mensch, unabhängig von Geschlecht, Alter oder Pflegebedürftigkeit, hat Anspruch darauf, dass ihm diese Rechte und Freiheiten zuerkannt werden, und jeder hat das Recht, seine Menschen- und Bürgerrechte zu verteidigen.«

Dieser Auszug aus dem Vorwort der »Europäischen Charta der Rechte und Pflichten älterer hilfs- und pflegebedürftiger Menschen« macht deutlich, dass das Alter eines Menschen keinerlei Relevanz für seine bestehenden Rechte, Pflichten und Verantwortlichkeiten hat. So weit die Theorie. Die politischen und wirtschaftlichen Rahmenbedingungen spielen aber ebenfalls eine entscheidende Rolle für ein würdiges Altern. Die derzeitige Situation legt nahe, dass sowohl Politik als auch Wirtschaft Hilfsbedürftigkeit und Pflege noch immer als Angelegenheit der Familie und somit als Privatsache sehen. Doch die Familien können und dürfen mit dieser schwierigen Aufgabe einer rasant alternden Gesellschaft nicht alleingelassen werden.

Die Entscheidungen, die derzeit auf politischer Ebene im Bereich der Pflege getroffen werden, basieren in weiten Teilen noch immer auf dem traditionellen Familienmodell.

Der Mann arbeitet in Vollzeit und ist der Hauptverdiener und Ernährer der Familie, während die Frau höchstens als Zuverdienerin in Teilzeit fungiert und sich vorrangig um die Kinder und auch um die zu pflegenden Eltern und Schwiegereltern kümmert. Gestützt wird diese Arbeitsteilung vom Prinzip der Subsidiarität, das in der Pflegeversicherung fest verankert ist. Danach sollen Aufgaben und Problemlösungen so weit wie möglich eigenverantwortlich innerhalb der Familie übernommen werden. Für die häusliche Pflege bedeutet dies, dass die Pflege durch Angehörige aus Sicht der Politik stets Vorrang hat. Diese Verlagerung der Verantwortung in das private Umfeld setzt auf eine fragwürdige Arbeitsteilung innerhalb der Familien, wonach die Last der Pflege nach wie vor in erster Linie von den Frauen getragen wird. Auch mit Blick auf die wirtschaftspolitische Bedeutung der häuslichen Pflege zeigt sich, dass sie eher ein ökonomisches Schattendasein führt. Wer zu Hause alte Menschen pflegt, wird dabei nicht als professionelle Kraft angesehen. Die Arbeit wird nicht bezahlt und geht damit auch nicht in die volkswirtschaftliche Gesamtrechnung ein. Das sogenannte Pflegegeld, eine staatliche Transferleistung aus der Pflegeversicherung, steht nicht den Angehörigen, sondern den Pflegebedürftigen zu. Sie allein können darüber verfügen. Erst wenn professionelle Dienste in Anspruch genommen werden, trägt Pflege zum Wirtschaftswachstum bei. Erst wenn Menschen ihr Einkommen mit dieser Arbeit bestreiten, Steuern zahlen und aufgrund ihrer pflegerischen Tätigkeit auch sozial abgesichert sind, wird diese Tätigkeit überhaupt offiziell erfasst.

Ähnlich unbeachtet erscheint die Arbeit polnischer Pflegekräfte in deutschen Privathaushalten. Die Unsichtbarkeit dieser pflegerischen Tätigkeiten wird hier noch dadurch verstärkt, dass die Frauen größtenteils noch immer illegal arbeiten. Sie verschwinden hinter privaten Haustüren und bleiben der öffentlichen Wahrnehmung somit verborgen.

Zwar erhalten sie einen Lohn, dieser bleibt aber Privatsache, wird nicht kontrolliert und ist aufgrund der Tatsache, dass er illegal erworben wird, auch nicht einklagbar.

Etwa 200 000 Frauen und Männer aus Osteuropa leisten derzeit einen bemerkenswerten Beitrag zur Sicherung der häuslichen Pflege in Deutschland. Sie arbeiten aber unter Bedingungen, die in krassem Widerspruch zu seiner Bedeutung stehen. Ihre Leistung schlägt sich in keiner Statistik nieder und wird in der Arbeitsmarktpolitik und im Pflegesystem nicht berücksichtigt.

Die Pflegekräfte brauchen jedoch faire und einklagbare Arbeitsbedingungen, wie zum Beispiel einen gesetzlichen Mindestlohn, der auch für Privathaushalte gilt. Zudem müssen ihre Rechte gegenüber Arbeit- und Auftraggebern gesetzlich gestärkt werden. Auf einem über die Jahre gewachsenen undurchsichtigen grauen Arbeitsmarkt für Pflegemigranten werden sie derzeit zwischen den Interessenslagen von Familien und Vermittlungsagenturen zerrieben. Aus Unwissenheit wehren sich die wenigsten gegen unfaire Behandlung, denn es fehlt an dringend notwendiger Aufklärung und Stärkung ihrer Position als Pflegekraft. Auch Angehörige wissen derzeit so gut wie nichts über die Anstellungsmöglichkeiten einer Pflegekraft und sind schon allein mit den unterschiedlichen Vermittlungsmodellen und der Einschätzung ihrer Folgen und Risiken für sich und die Pflegekräfte überfordert. Vor allem die Agenturen profitieren von der allgemeinen Unsicherheit und dem mangelnden Wissen. Es ist Aufgabe der Politik, diese folgenschweren Wissenslücken bei Pflegekräften und Angehörigen zu schließen und durch umfangreiche Beratungsangebote dafür zu sorgen, dass sie nicht zu Opfern einer dubiosen Schattenwirtschaft werden.

Die Union hat 2011 einen Vorschlag erarbeitet, um dieser Schattenwirtschaft politisch entgegenzutreten. Jens Spahn, der gesundheitspolitische Sprecher der CDU/CSU-Fraktion, kündigte an, die Union wolle den Status schwarzarbeitender Pflegekräfte aus osteuropäischen Ländern legalisieren. Schließlich handelten die Angehörigen oft aus Not und wüssten sich nicht anders zu helfen, als eine Pflegekraft aus Osteuropa zu beschäftigen. In den allermeisten Fällen würden sie schwarz beschäftigt, also ohne Sozialabgaben zu zahlen. Damit solle jetzt Schluss sein. Die Union wolle den Familien einen Weg in die Legalität ebnen. Damit würde die Politik auch die bedrohliche Versorgungslücke zwischen Pflegekräften und Pflegebedürftigen ein Stück weiter schließen können. Der Vorschlag beinhaltet zudem, dass die Pflegekassen in Zukunft die Sozialversicherung für die osteuropäischen Pflegekräfte übernehmen sollen. Dadurch, so Spahn, würde erreicht, dass ein größerer Teil von ihnen »sichtbar« würde. So weit, so positiv.[12]

Die andere Seite dieser Medaille lässt aber offenkundig werden, wie wenig wertschätzend der Vorschlag in Bezug auf die pflegerische Arbeit in Privathaushalten ist. Er befasst sich nicht mit einer grundlegenden Reform von kritikwürdigen Arbeitsverhältnissen. Im Gegenteil: Er manifestiert diese sogar noch durch die Legalisierung. Die Überlastung, der 24-Stunden-Einsatz und vor allem die mangelnde Qualifizierung vieler Pflegekräfte werden gar nicht erst als Probleme wahrgenommen.

Der Deutsche Berufsverband für Pflegeberufe (DBfK) kritisiert das Unionskonzept als »unausgegorenes Papier«, das von »wenig Sachkenntnis« zeuge. Er befürchtet, dass auf diese Weise der Standard in der Pflege auf niedrigem Niveau festgeschrieben wird. In dieselbe Kerbe schlagen auch Wohlfahrtsverbände. Die Arbeiterwohlfahrt mahnt, dass durch diese Art der Legalisierung osteuropäischer Pflegekräfte eine Struktur ermöglicht werde, ungeprüft zu pflegen. Leonhard Stärk vom Deutschen Roten Kreuz warnt: »Kein Mensch kontrolliert, welche Pflege und Betreuungsqualität dann hunderttausendfach zu Hause erbracht wird.« Auf diese Weise würde dem grauen Pflegemarkt ein »Deckmantel der Legalität« umgehängt. Aus seiner Sicht wäre es viel wichtiger, die Pflegeausbildung nachhaltig auf solide Füße zu stellen.[13]

Der Vorschlag von Jens Spahn zeigt eins deutlich: Die Politik sucht in ihrer Hilflosigkeit nach schnellen Lösungen. Das Rezept scheint also zu lauten: Weil wir derzeit keine zukunftsfähige Lösung für den dramatischen Pflegenotstand haben, legalisieren wir die derzeitigen kritikwürdigen Zustände. Es wird deutlich, dass die Politik den gesellschaftlichen Realitäten hinterherhinkt und nur reagiert anstatt zu handeln. Bis heute gibt es daher auf politischer Ebene keinerlei tragfähige Modelle, wie die häusliche Pflege von immer mehr älteren Menschen in Zukunft zu organisieren ist. Von zentraler Bedeutung ist nach Ansicht der Gewerkschaften die Ausbildung. »Nur wenn wir die Beschäftigten qualifizieren, können wir sie an ordentliche Arbeitsverhältnisse heranführen«, so Margret Steffen, Pflegeexpertin bei der Gewerkschaft ver.di.[14]

Österreich hat bei der Reform der Pflege auf eine solche Qualifizierung gesetzt. Wenn eine österreichische Familie eine offizielle, legale Pflegehaushaltshilfe beschäftigt, subventioniert der Staat die Sozialausgaben nur, wenn die Pflegekraft über eine vom Gesetzgeber festgeschriebene Mindestqualifikation verfügt. Diese ist in den Förderrichtlinien des österreichischen Hausbetreuungsgesetzes festgeschrieben:

»Um die Förderung in Anspruch nehmen zu können, muss seit dem 1. Jänner 2009 nachgewiesen werden, dass die Betreuungskraft über eine theoretische Ausbildung verfügt, die einem Heimhelfer entspricht oder seit mindestens 6 Monaten die Betreuung einer pflegebedürftigen Person sachgerecht im Sinne des Hausbetreuungsgesetzes [...] durchgeführt hat oder bestimmte pflegerische Tätigkeiten nach Anweisung,

Unterweisung und unter Kontrolle einer diplomierten Pflegekraft bzw. eines Arztes bzw. einer Ärztin ausübt.«[15]

Auch wenn das Modell des österreichischen Hausbetreuungsgesetzes nicht eins zu eins auf Deutschland zu übertragen ist: Die Grundidee einer finanziellen Unterstützung von legal angestellten und vor allem ausreichend qualifizierten Pflegekräften wäre ein entscheidender erster Schritt zu einer grundlegenden Verbesserung der häuslichen Pflege.

Die Forschungsarbeit »Ausländische Pflegekräfte in Privathaushalten« kommt aber zu dem Ergebnis, dass sich daran in naher Zukunft wenig ändern wird. »Solange es in der Bundesrepublik einen entsprechenden ungedeckten Bedarf und zu geographisch benachbarten Ländern ein beträchtliches Wohlstandsgefälle gibt, wird es wohl auch eine dem Bedarf entsprechende Arbeitsmigration geben – ganz legal oder eben mehr oder minder stark illegalisiert.«

Aufgrund dieser Situation hat sich in Deutschland 2012 ein »Bündnis für gute Pflege« mit rund 30 großen Organisationen wie kirchlichen Verbänden, Gewerkschaften, Selbsthilfeorganisationen sowie Sozial- und Wohlfahrtsverbänden gegründet.[16] Gemeinsam vertreten sie über 16 000 Pflegeeinrichtungen und Pflegedienste, die täglich rund eine halbe Million Menschen versorgen. Der Leitsatz des Bündnisses lautet »Gute Pflege ist ein Menschenrecht«. Jeder, der diesen Satz liest, würde ihn gerne für sich in Anspruch nehmen, denn niemand möchte im Alter Opfer knapper Kassen und mangelnder Versorgung sein. Umso erstaunlicher ist es, dass das Thema Pflege, das früher oder später jeden von uns betrifft, noch immer nicht auf den vorderen Plätzen der politischen Agenda rangiert. Stattdessen verfolgen die Bürgerinnen und Bürger ein ermüdendes Hin und Her bei der seit langem angekündigten großen Reform. Kürzlich kündigte das Gesundheitsministerium wieder eine umfangreiche Neuordnung der Reform an. Der verantwortliche Minister Hermann

Gröhe (CDU) definierte in seinem Reformpapier das Ziel, den Begriff der Pflegebedürftigkeit neu zu definieren. Dabei präsentierte er sich als Macher, der auch vor unpopulären Maßnahmen nicht zurückschreckt. Zum Januar 2015 sollen die Beiträge zur Pflegeversicherung um 0,3 Prozentpunkte steigen. In der Pressekonferenz zur Pflegereform erklärte Gröhe dazu vollmundig: »Die Menschlichkeit einer Gesellschaft muss sich gerade darin zeigen, wie wir mit Pflegebedürftigen umgehen.« Ein großer, ein guter Satz, den der Minister in den letzten Monaten aber verdächtig oft wiederholt hat. Zugestanden, die erste Stufe seiner Pflegereform spült mit 2,5 Milliarden Euro tatsächlich mehr Geld ins Pflegesystem.

Wer sich künftig von heute auf morgen um seine hilfsbedürftigen Eltern kümmern muss, kann dafür bis zu zehn Tage Sonderurlaub bekommen. Das Gehalt übernimmt dann zum größten Teil die Pflegekasse. Außerdem sollen Angehörige mehr als bislang durch Kurzzeit- und Tagespflege unterstützt werden, damit sie sich Auszeiten nehmen können. Darüber hinaus werden – so der Plan – die Zuschüsse für notwendige Umbaumaßnahmen wie zum Beispiel eine barrierefreie Wohnung steigen. Auch in die stationäre Pflege wird ab Januar 2015 mehr Geld fließen, und die Pflegesätze sollen angehoben werden. Alles in allem steigen die Leistungen insgesamt um vier Prozent.

Diese Veränderungen erscheinen auf den ersten Blick durchweg positiv, als Durchbruch kann man sie aber nicht bezeichnen. Die Einzelmaßnahmen bewirken hier und da sicher Erleichterungen, die so dringend notwendige Reform des Pflegebedürftigkeitsbegriffs will Gröhe aber erst 2017 angehen. Erst dann soll einer der Schwerpunkte zum Beispiel auf die bessere Versorgung von Demenzkranken gelegt werden. Ebenfalls 2017 soll ein differenzierteres Hilfsangebot für Pflegebedürftige in Form von fünf statt bisher drei Pflegestufen organisiert werden. Einzelheiten dazu gibt es noch immer nicht, obwohl es dringend notwendig wäre, den Begriff der Pflegebedürftigkeit neu zu fassen. Demnach soll Pflegebedürftigkeit nicht mehr von den körperlichen Defiziten, sondern von den zu stärkenden, noch vorhandenen Fähigkeiten ausgehend definiert werden und kognitive Fähigkeiten bei der Erfassung der Hilfsbedürftigkeit miteinbeziehen.

Der immer lauter werdende Notruf aus den Reihen derer, die täglich die Konsequenzen einer halbherzigen Pflegereform ertragen müssen, ist offenbar noch immer nicht bei den Verantwortlichen angekommen. Ulrich Schneider vom Paritätischen Wohlfahrtsverband spricht im Zusammenhang mit der stationären Pflege auch von der Zeitnot in den Einrichtungen: »Wir haben heute im Durchschnitt 55 Minuten am Tag Zeit, um uns um einen Pflegebedürftigen zu kümmern. Wenn jetzt 60 oder 65 Minuten dabei herauskommen, ist das schön, aber noch lange nicht das, was wir brauchen.«

Initiativen wie das »Bündnis für gute Pflege« müssen endlich von der Politik wahr- und ernst genommen werden. Darin sind Experten aus allen Bereichen der Pflege organisiert, die mit ihren Erfahrungen und ihrem Wissen jede Menge Gutes zu einer fundierten Pflegereform beizutragen hätten. Dieser Erfahrungsschatz muss endlich in die politischen Reformvorhaben einfließen.

Was Unternehmen jetzt tun müssen

Die Mehrzahl pflegender Familienangehöriger ist berufstätig und damit einer schwierigen Doppelbelastung ausgesetzt. Fast immer sind es die Töchter oder Schwiegertöchter, die diesen schwierigen Spagat vollziehen. Im Durchschnitt kümmern sie sich circa acht Jahre lang um die Eltern oder Schwiegereltern. Sie stehen Tag für Tag vor der großen Herausforderung, Erwerbsarbeit und Pflege miteinander zu vereinbaren. Aufgrund starrer Arbeitszeitmodelle in den meisten Unternehmen fühlen sie sich ständig überfordert, weil sie keiner Seite wirklich gerecht werden können.

Nur in weniger als einem Drittel aller deutschen Unternehmen können Mitarbeiter kurzfristig ihre Arbeit unterbrechen, um pflegebedürftige Angehörige zu betreuen. In den meisten Fällen handelt es sich derzeit noch um spontan ausgehandelte Einzellösungen. Dabei werden die sogenannten pflegesensiblen Arbeitsbedingungen in Zukunft zu einem der wichtigsten Wettbewerbsfaktoren im Ringen um qualifiziertes Fachpersonal. Die Vereinbarkeit von Beruf und Pflege dürfte in dieser Hinsicht bald mindestens genauso wichtig sein wie die Vereinbarkeit von Beruf und Kinderbetreuung. Die Statistiken bestätigen diese Einschätzung: In Deutschland leben derzeit etwa 2 Millionen Kleinkinder und 2,4 Millionen pflegebedürftige Senioren. Schon im Jahr 2030 wird Deutschland doppelt so viele Senioren haben wie Kinder. Unternehmen müssen auf diese Entwicklung dringend reagieren.

Die von der Hertie-Stiftung gegründete berufundfamilie gGmbH hat im Rahmen einer Studie festgestellt, dass sich die meisten Firmen noch gar nicht mit dem Thema Vereinbarkeit von Beruf und Pflege beschäftigt haben. Nur einige große Unternehmen wie Siemens, Bosch und Daimler bieten ihren Mitarbeitern zumindest Beratung an und vermitteln in Einzelfällen auch schon mal einen Pflegeplatz. Noch bilden diese Beispiele eher die Ausnahmen. »Viele Arbeitgeber glauben, dass das Thema bei ihnen keine große Rolle spielt. Sobald dann aber eine Mitarbeiterbefragung gemacht wird, zeigt sich, dass das ein Riesenproblem ist«, so Stefan Becker von der berufundfamilie gGmbH.

Die damalige Familienministerin Kristina Schröder bot Firmen im Jahr 2012 eine »Familienzeit« an, ein zeitlich befristetes Teilzeitmodell mit staatlicher Förderung. Bisher wurde dieses Modell aber von kaum einem Unternehmen genutzt. Die Gründe hierfür ergeben sich aus einer Befragung der berufundfamilie gGmbH in zahlreichen deutschen Unternehmen. Ein Drittel der Arbeitgeber sieht sich demzufolge selbst nicht in der Pflicht, etwas für die Vereinbarkeit von Beruf und Pflege zu tun. Vielmehr sehen sie die Verantwortung bei den betroffenen Familien und beim Staat. Der größte Teil der Unternehmen hält betriebliche Angebote zur Vereinbarkeit von Beruf und Pflege zudem für zu kostenintensiv und zeitaufwendig in der Organisation. Auch der Mangel an konkreten Umsetzungshilfen wird von den Arbeitgebern angemerkt, wobei den meisten Unternehmen lediglich das Wissen darüber fehlt. Die wenigen, die sich überhaupt dazu äußern, nennen am häufigsten Teilzeitarbeit als mögliches Angebot für Arbeitnehmer. Dabei gibt es mittlerweile ein breites Spektrum an Praxishilfen. Dazu zählen flexible Arbeitszeitgestaltung und Sonderurlaub, flexible Arbeitszeitorganisation durch Teamarbeit, Jobsharing, Rücksichtnahme bei Mehrarbeit oder Geschäftsreisen und ein flexibler Arbeitsort durch alternierende Teleheimarbeit.

Diese Ergebnisse zeigen, wie sehr deutsche Unternehmen den demographischen Wandel und die damit einhergehenden Folgen für die Wirtschaft unterschätzen. Je mehr Menschen alt und pflegebedürftig werden, desto mehr Arbeitnehmer müssten sich um ihre Pflege und Versorgung kümmern. Allein bis zum Jahr 2020 wird die Zahl pflegebedürftiger Senioren um 20 Prozent steigen. Das heißt, dass sich bis dahin auch 20 Prozent mehr Arbeitnehmer um die Pflege ihrer Eltern und Schwiegereltern kümmern und sie mit ihrer beruflichen Tätigkeit vereinbaren müssen.

Grundsätzlich kommt die Studie zu dem Schluss, dass viele Unternehmen zwar bereit sind, ihren Mitarbeitern Beratungs- und Gesprächsangebote zu machen und sie mit Informationen zu versorgen. Bei konkreten Maßnahmen wie zum Beispiel einer Entlastung oder finanzieller Unterstützung sind die meisten Firmen aber noch immer äußerst zurückhaltend.

Die meisten Arbeitnehmer, die dazu bereit wären, Angehörige zu pflegen, sind davon überzeugt, dass sie dafür zumindest eine Zeitlang ihre Arbeitszeit reduzieren müssten. Arbeit und Pflege zu verbinden ist für Arbeitnehmer aber nicht nur aus finanziellen Gründen notwendig. Wer zu Hause einen Angehörigen versorgt, wird seelisch und körperlich stark belastet und braucht dafür einen Ausgleich. Die Arbeit kann diesen Alltag erleichtern und bereichern, denn soziale Kontakte zu den Kollegen ermöglichen den Pflegenden, sich über die Situation zu Hause auszutauschen. Zu häufig fühlen sich Angehörige im Pflegesetting alleingelassen und isoliert. Soziale Kontakte sind deshalb von zentraler Bedeutung für sie. Unternehmen sollten ihre Mitarbeiter nicht zuletzt aus diesem Grund bestmöglich unterstützen. Nur so können sie qualifiziertes Personal halten und neues hinzugewinnen. Die Initiative sollte dabei vom Arbeitgeber kommen, denn aus Angst vor einem drohenden Arbeitsplatzverlust trauen sich Arbeitnehmer oft nicht, mit ihren Vorgesetzten über das Thema Pflege und ihre Doppelbelastung zu sprechen.

Auch unter Kollegen wird nur selten über familiäre Pflegefälle gesprochen. »Die Fortschritte und kleinen Missgeschicke von Kindern sind nun mal angenehmere Gesprächsthemen als die Symptome fortschreitender Demenz oder die Suche nach dem richtigen Inkontinenzprodukt«, so Stefan Becker.

Ein ermutigendes Beispiel zur Vereinbarkeit von Beruf und Pflege wurde von der berufundfamilie gGmbH vor kurzem in Hessen ins Leben gerufen. Dort wurde ein »Pflege-Bündnis« zwischen der AOK, dem hessischen Sozialministerium und sechs großen hessischen Firmen geschlossen. Es vermittelt Heimplätze, Pflegedienste und bietet in Zusammenarbeit mit anderen Arbeitgebern Schulungen für die häusliche Pflege an. Diese reichen von der Klärung rechtlicher Fragen bis hin zu praktischen Tipps und Übungen.

Jenseits aller Anstrengungen von Seiten einzelner Unternehmen gilt bundesweit für alle Angehörigen von Pflegebedürftigen für den Fall einer zeitlich begrenzten Pflege das sogenannte Pflegezeitgesetz. Darin ist Folgendes festgeschrieben:

Kurzzeitige Arbeitsverhinderung (§ 2 PflegeZG)

»Beschäftigte haben das Recht, der Arbeit bis zu zehn Arbeitstage fernzubleiben, wenn dies erforderlich ist, um für einen pflegebedürftigen nahen Angehörigen (mind. Pflegestufe 1) in einer akut aufgetretenen Pflegesituation eine bedarfsgerechte Pflege zu organisieren oder eine pflegerische Versorgung in dieser Zeit sicherzustellen. Dieser Anspruch besteht unabhängig von einer bestimmten Belegschaftsgröße oder der Dauer der Betriebszugehörigkeit. Der bzw. die Beschäftigte muss dem Arbeitgeber die Arbeitsverhinderung und deren voraussichtliche Dauer unverzüglich mitteilen. Auf Verlangen des Arbeitgebers muss der bzw. die Beschäftigte eine ärztliche Bescheinigung über die Pflegebedürftigkeit des Angehörigen sowie über die Erforderlichkeit der oben genannten Maßnahmen vorlegen. Der Anspruch auf Entgeltfortzahlung ist im Einzelfall zu prüfen.«

Längerfristige Arbeitsbefreiung (§ 3 PflegeZG)

»Beschäftigte in Betrieben mit in der Regel mehr als 15 Beschäftigten können sich auch für bis zu sechs Monate freistellen lassen, wenn sie einen pflegebedürftigen nahen Angehörigen in häuslicher Umgebung pflegen (Pflegezeit). In der Pflegezeit besteht kein Anspruch auf Arbeitsentgelt. Möglich ist auch ein Wechsel auf Teilzeitarbeit. Der Arbeitgeber muss mindestens zehn Tage vor Beginn der gewünschten Arbeitsbefreiung oder -reduktion schriftlich informiert werden. Die

Pflegebedürftigkeit ist unaufgefordert nachzuweisen. Bei der Teilzeitregelung muss die Verteilung der Arbeitszeit mit dem Arbeitgeber schriftlich vereinbart werden. Hierbei ist der Arbeitgeber verpflichtet, den Wünschen der Beschäftigten zu entsprechen, es sei denn, dass dringende betriebliche Gründe entgegenstehen, z.B. wenn die Tätigkeit nicht in Teilzeit erbracht werden kann. In beiden Fällen besteht Kündigungsschutz ab dem Zeitpunkt, zu dem die kurzzeitige Arbeitsverhinderung oder Pflegezeit angekündigt wurde.«

Zusammenfassend lässt sich konstatieren, dass das Thema »Vereinbarkeit von Beruf und Pflege« trotz aller Dringlichkeit noch immer nicht in den Unternehmen angekommen ist und eine problematische, weil untergeordnete Rolle spielt.

Fazit

Es gibt derzeit keinen Königsweg in der Pflege unserer älteren Generation. *Die* beste Lösung existiert nicht, aber es gibt Möglichkeiten, die Pflege so zu gestalten, dass sich sowohl die Pflegekräfte als auch die Angehörigen nicht permanent überfordern und die Senioren mit ihrer Betreuung einverstanden und zufrieden sind. Das kann aber nur gelingen, wenn sie auf mehrere Schultern verteilt wird.

Die Beschäftigung einer ausländischen Pflegekraft darf nicht dazu führen, dass Angehörige sich aus der Betreuung und Versorgung zurückziehen. Erst wenn die Senioren spüren, dass ihre Kinder weiterhin für sie da sind, weichen auch ihre Ängste, abgeschoben zu werden und allein mit Fremden zurückzubleiben.

Für Angehörige ist es wichtig, sich bei der Pflege ihrer Eltern oder Schwiegereltern Verbündete zu suchen, die nicht ausschließlich aus dem familiären Umfeld kommen müssen. Hilfreich sind Kontakte zu den Nachbarn der Eltern, die im Bedarfsfall mal eben vorbeigehen und nach dem Rechten sehen können. Auch die Pflegedienste sind wichtige Berater und können Angehörige mit ihrem Wissen und ihren Kontakten vor Ort unterstützen. Entscheidend ist, dass sich Angehörige mit ihrer Situation nach außen wenden und über ihre »Pflegenot« reden, denn erst durch den Austausch mit Freunden und Verwandten sowie Kollegen und Nachbarn, bei dem es gewiss auch Hemmungen zu überwinden gilt, ergeben sich oft ungeahnte Lösungsmöglichkeiten. Auch das offene Gespräch mit den betroffenen Senioren ist von zentraler Bedeutung. Es sollte in einer Atmosphäre geführt werden, die es den Pflegebedürftigen ermöglicht, auch über ihre ureigenen Sorgen und Ängste offen zu sprechen. Viele von ihnen befürchten, dass sie durch eine fremde Pflegekraft im Haus selbst »nichts mehr zu sagen haben«, dass sie ihre bisherige Autonomie verlieren und ihr Leben jetzt von anderen bestimmt wird. So eine Vorstellung würde altersunabhängig jedem von uns Angst machen. Nur wenn die Pflegebedürftigen sich mit ihren Ängsten ernst genommen fühlen, öffnen sie sich auch für eine häusliche Versorgung durch eine ausländische Pflegekraft. Der Austausch, das Gespräch und die geteilten Sorgen führen in vielen Familien auch zu einer neuen Nähe untereinander. Gemeinsam müssen sie nach Lösungen suchen, sich treffen und absprechen. Viele Angehörige, mit denen ich gesprochen habe, beschreiben das als eine neue, bereichernde Erfahrung. Durch den Austausch entsteht auch ein klareres Bild davon, wie viel Energie und Zeit jeder von ihnen einbringen kann und möchte und welche Hilfe vor diesem Hintergrund wirklich leistbar ist.

Gewiss stellt die Familie noch immer das zentrale Umfeld dar, in dem gepflegt wird. 70 Prozent aller Senioren werden in Deutschland zu Hause versorgt. Dennoch ist das Thema Pflege in unserer Gesellschaft noch immer zu sehr Privatsache. Trotz aller Brisanz ist es in der Öffentlichkeit lediglich in abstrakten Schlagwörtern wie »Pflegenotstand« und »demographischer Wandel« angekommen. Einen wirklich ernsthaften, der Pflegenot angemessenen öffentlichen Diskurs gibt es noch immer nicht. Pflege ist häufig nur ein Thema zwischen den Betroffenen, die sich gewissermaßen als »Leidensgenossen« austauschen und im besten Fall gegenseitig Tipps für die schwierige Bewältigung der Pflege geben. Warum wird das Thema nicht schon in der Schule aufgegriffen? Warum besuchen Schulkassen nicht mal ein Seniorenheim und lassen sich dort von Bewohnern erzählen, wie es ihnen dort ergeht?

Warum wird Pflege nicht genau wie die Eurokrise als wirtschaftspolitisch brisantes Thema, was es ohne jeden Zweifel ist, auf einen vorderen Platz der politischen Agenda und damit auch der politischen Berichterstattung gehoben? Bislang erfahren Zuschauer von diesem so lebensnahen und lebenswichtigen Thema nur im Rahmen ermüdender politischer Detaildiskussionen.

Die Pflege älterer Menschen bleibt hinter unzähligen Haus- und Wohnungstüren verborgen. Sie ist unsichtbar und wird deshalb häufig übersehen, ähnlich wie die ausländischen Pflegekräfte selbst. »Wir müssen unsere Häuser öffnen, uns gegenseitig helfen, und es muss neue, vernetzte Dienstleistungsangebote in der Pflege geben«, appelliert die Pflegeexpertin der Gewerkschaft ver.di, Margret Steffen.[17]

Bei der Geburt von Säuglingen ist die Anteilnahme aus dem Umfeld groß, während sie in Bezug auf das Alter bedenklich nachlässt. Es scheint, als wollten wir nicht hinschauen und lieber verdrängen, was irgendwann unvermeidlich auf uns zukommt. Diese Verdrängung des eigenen Älterwerdens ist gewiss eine wichtige Ursache dafür, warum ein so virulentes gesellschaftliches Thema ein solch erschreckendes Schattendasein führt. Genauso ergeht es auch den Pflegekräften, die völlig unbemerkt von der Öffentlichkeit in unzähligen Privathäusern unsere Eltern und Schwiegereltern versorgen. Beides korreliert ganz offensichtlich miteinander.

Entscheiden sich Angehörige in ihrer Pflegenot für eine polnische Pflegekraft, dann sind es die Familienmitglieder, die für faire Arbeitsbedingungen und ein respektvolles Miteinander sorgen müssen. Um die Frauen zu entlasten, sollten sie zunächst prüfen, ob und wie sie sich selbst unterstützend mit einbringen können. Für den Fall, dass eine Eigenbeteiligung an der Pflege nicht möglich ist, können deutsche Familien heute auf zahlreiche externe Alltagshilfen zurückgreifen. Diese können die enormen Belastungen einer 24-Stunden-

Pflege durch eine polnische Pflegekraft dahingehend abmildern, dass diese zumindest nicht mehr rund um die Uhr im Einsatz sein muss und mehr Freizeit hätte.

Wenn Familien sich an eine der unzähligen Agenturen wenden, dann muss ihnen klar sein, dass diese mit der Vermittlung polnischer Pflegekräfte oft unangemessen viel Geld verdienen, weil sie häufig keine entsprechende Gegenleistung bieten. Sie profitieren sowohl von der wirtschaftlichen Not der Pflegekräfte als auch von der Pflegenot der Angehörigen. Letztere brauchen in der Regel sofort Hilfe und sind deshalb für vollmundige Versprechungen sehr empfänglich. Angehörige sollten sich in keinem Fall für die erstbeste Agentur entscheiden, sondern die Angebote sorgfältig prüfen. Eine Festanstellung der ausländischen Kraft als Haushaltshilfe mit deutschem Vertrag ist im Vergleich dazu eine stets bedenkenswerte Alternative. Der entscheidende Vorteil ist, dass die Pflegekräfte nicht ständig wechseln und die Vertragsgrundlagen nach deutschem Recht gestaltet sind. Wem der bürokratische Aufwand dafür zu groß ist, kann sich an Caritas24 oder FairCare wenden, die den Angehörigen lästige Behördengänge abnehmen. Auch sie berechnen für die Vermittlung eine Gebühr, diese liegt aber weit unter den Vermittlungsgebühren der Agenturen. Beide vorgestellten Anbieter gibt es aber (noch) nicht flächendeckend in allen deutschen Städten.

Als Denkanstoß empfiehlt sich noch ein anderer, ungewöhnlicher Blick auf das Thema Alter und Pflege, der für den einen oder die andere befremdlich klingen mag. »Die Gebrechlichkeit unserer Eltern und Schwiegereltern kann auch eine Chance für positive Veränderungen innerhalb der Familienbeziehungen sein.« So jedenfalls beschreibt es Monika Birkner, die in Frankfurt als Coach für selbständige Unternehmer und Unternehmerinnen arbeitet, auf ihrer Homepage. Ihre Sicht auf die Lebenslaufbahn von alten Menschen lässt uns alle vielleicht anders auf die uns nahestehenden pflegebedürftigen Menschen und auch auf uns selbst schauen.

»Was wäre, wenn wir Älterwerden nicht mehr als pure Regression sehen würden, nicht mehr als Rückkehr in die Kindheit, sondern stattdessen als letzten wichtigen Entwicklungsschritt im Leben eines Menschen? Was wäre, wenn wir den betagten Menschen nicht in erster Linie mit seinem schwachen und kranken Körper identifizierten, sondern mit seiner starken Seele? Was wäre, wenn die Hilfsbedürftigkeit auch ein Geschenk für alle Beteiligten wäre?«

Meine eigene Mutter ist heute 88 Jahre alt, und ich erlebe gerade mit, wie sie ihr Leben »aufräumt«. Sie blickt zurück und resümiert, was gut war und was nicht. Was sie bereut und auf was sie stolz ist. In den Momenten, in denen sie das in meinem Beisein tut, strahlt sie meistens eine große Ruhe und Zufriedenheit aus, als bräuchte es einen Zeugen für dieses letzte Urteil über ihr Leben. Mir wird in solchen Situationen bewusst, wie wichtig es für sie ist, alles noch einmal zu erzählen und zu bestaunen und auch Schwieriges zu betrauern. Dafür braucht es gemeinsame Zeit, Ruhe und Aufmerksamkeit. Ich erlebe solche Stunden mit meiner Mutter erst jetzt, wo sie alt ist. Früher war nie Zeit dazu, denn damals standen andere Dinge im Vordergrund. Heute sind es innige Momente zwischen ihr und mir, die ich nicht missen möchte. Momente, in denen mir ihr Alter und ihre Gebrechlichkeit gewissermaßen einen neuen Weg zu ihr ebnen. Ich bin nachsichtiger mit ihr, empfinde Mitgefühl, wenn die Parkinson-Krankheit sie immer öfter und völlig unverhofft in eine körperliche Starre zwingt und ihre Lebenskräfte sie mehr und mehr im Stich lassen.

Aus dieser Erfahrung heraus möchte ich Angehörige ermutigen, ihre Eltern so weit es ihnen möglich ist, ein Stück zu begleiten auf diesem letzten Weg. Gespräche mit den alten

Eltern können helfen, das eigene Leben besser zu verstehen und einen inneren Frieden mit ihnen und damit auch mit sich selbst zu finden. Regelmäßige Besuche und eine persönliche Anteilnahme an ihrem zur Neige gehenden Leben bergen die Chance einer neuen Nähe zwischen Angehörigen und ihren alten Eltern. Auch wenn es vielleicht etwas Überwindung kostet: Es lohnt sich.

Viele polnische Pflegekräfte erzählen in diesem Buch von sehr persönlichen Begegnungen mit »ihren« Senioren. Sie erleben innige Momente mit ihnen, einige Pflegebedürftige gewähren den Pflegekräften auf eine fast intime Weise Einblicke in ihr Leben. Sicherlich funktioniert das mit Außenstehenden manchmal besser als mit den eigenen Kindern, aber in einigen Fällen schilderten mir Senioren auch, dass sie ihre Söhne und Töchter vermissen. Sie wenden sich dann an die Pflegekraft, weil ihre Kinder nur selten da sind. Nähe ist den alten Menschen wichtig. Nicht zuletzt aus diesem Grund sollte es den Angehörigen wichtig sein, dass eine Pflegekraft angemessen entlohnt, versichert und integriert und von allen Beteiligten respektvoll behandelt wird.

Wichtige Adressen

- Bahnhofsmission Karlsruhe, Projekt cosmobile Haushalts-
  hilfen
  Ursula Zetzmann
  Bahnhofsplatz 1, 76137 Karlsruhe
  Telefon: 0721 30955

- Beratungsbüro für entsandte Beschäftigte in Berlin
  Bettina Wagner, Monika Fijarczyk, Doritt Komitowski
  DGB-Haus
  Keithstraße 1–3, 10787 Berlin
  Telefon: 030 21240145

- Beratungsstelle »Faire Mobilität«
  Dr. Sylwia Timm
  DGB-Haus
  Keithstraße 1–3, 10787 Berlin
  Telefon: 030 21016437
  E-Mail: sylwia.timm@dgb.de
  Für bulgarische Pflegekräfte ist Vladimir Bogoewski unter
  030 21232996 zuständig.

- Caritas Tandem-Modell für polnische Pflegekräfte
  Am Stadelhof 15, 33098 Paderborn
  Telefon: 05251 209-311
  www.caritas24.net/startseite/kontakt/
  Hier sind alle Orte aufgelistet, an denen es Caritas24 mitt-
  lerweile gibt.

- Deutsch-polnisches Verbraucherinformationszentrum
  Karl-Marx-Straße 7, 15230 Frankfurt/Oder
  Telefon: 0335 50080650
  E-Mail: konsument@vzb.de
  Hilft in allen grenzüberschreitenden arbeitsrechtlichen Belangen bei der Vermittlung und Beschäftigung polnischer Pflegekräfte.

- Die Zentrale Auslands- und Fachvermittlung (ZAV) der Bundesagentur für Arbeit in Bonn vermittelt Haushaltshilfen aus Osteuropa.
  Telefon: 0228 7131414

- FairCare – Beratung und Vermittlung für deutsche Familien
  Irena Hoffmann
  Moserstraße 10, 70182 Stuttgart
  Telefon: 0711 2394137
  E-Mail: faircare@vij-stuttgart.de

- FairCare Polen
  Ana Darzynska
  Miodowa 21, 00-246 Warschau
  Telefon: 0048 228870207

- Fraueninformationszentrum (FIZ) Stuttgart
  Maria Simo
  Telefon: 0711 2394125
  Information, Beratung und Unterstützung bei persönlichen wie arbeitsbezogenen Konflikten und Krisen. Die Beratung erfolgt telefonisch oder persönlich auf Deutsch, Polnisch und Rumänisch.

- Kostenlose Pflegeberatung gibt es bei den Pflegestützpunkten für jede Kommune unter www.psp.zqp.de

- Private, kostenpflichtige Pflegeberatung bietet unter anderem CareKonzept in Aachen.
  Heike Bohnes
  Mörgensstraße 8, 52064 Aachen
  Telefon: 0241 8874264

- Wohnortnahe Alltagshilfen für Senioren unter www.netzwerk-alltagsbegleiter.de

Literaturverzeichnis

Biberti, Ilse: *Hilfe, meine Eltern sind alt*, Ullstein, 2006.

Bode, Sabine: *Die vergessene Generation: Die Kriegskinder brechen ihr Schweigen*, Klett-Cotta, 2004.

Grün, Anselm: *Die hohe Kunst des Älterwerdens*, Vier Türme, 2007.

Emunds, Bernhard / Schacher, Uwe: »Ausländische Pflegekräfte in Privathaushalten«, Hans-Böckler-Stiftung (Hrsg.), 2012.

Hochschild, Arlie Russell: *Das gekaufte Herz. Die Kommerzialisierung der Gefühle*, Campus Verlag, 2006.

Lutz, Helma: »Vom Weltmarkt in den Privathaushalt. Die neuen Dienstmädchen im Zeitalter der Globalisierung«, Budrich, 2007.

Rosenberg, Martina: *Mutter, wann stirbst du endlich? Wenn die Pflege der kranken Eltern zur Zerreißprobe wird*, Blanvalet, 2012.

Satola, Agnieszka: »Migration und irreguläre Pflege. Eine biographische Studie«, Dissertation an der Universität Frankfurt a. M., Veröffentlichung voraussichtlich im Sommer 2014.

Thimm, Katja: *Vatertage: Eine deutsche Geschichte*, S. Fischer, 2011.

Dank

Ich möchte mich herzlich bei vier Menschen bedanken, die dieses Buchprojekt entscheidend mit auf den Weg gebracht und unterstützt haben. Die polnische Dolmetscherin Agata Pantel ist mit mir kreuz und quer durch Deutschland gefahren und hat mit viel Einfühlungsvermögen die Erzählungen der polnischen Pflegekräfte für mich übersetzt. Christiane Rennert hat mit mir gemeinsam das Konzept für dieses Buch erarbeitet und meine Kollegen Isabel Reth und Philip Siegel gaben mir den entscheidenden »Schreib-Schubs«. Ohne diese vier Menschen wäre dieses Buch nie entstanden.

Anmerkungen

1 Vgl. www.deutsche-privat-pflege.de/kombinationsleistung-pflegegeld-trotz-pflegesachleistungen
2 www.taz.de/1/archiv/print-archiv/printressorts/digi-arti kel/?ressort=sw&dig=2012%2F04%2F20%2Fa0089&c Hash=fad6bbfeee
3 »Für alle nicht einfach: Wenn Eltern älter werden«, Mitteldeutsche Zeitung, 9.12.2009.
4 www.elternpflegeforum.de
5 Vgl. Interview mit Tomasz Major in der Fachzeitschrift der Polnischen Arbeitgeberkammer, deutsche Ausgabe.
6 Vgl. »Ausgebeutet und alleingelassen«, Monitor, Sendung vom 6.6.2013.
7 Grün, Anselm: Die hohe Kunst des Älterwerdens, S. 38.
8 Vgl. Broschüre »Vermittlung von europäischen Haushaltshilfen« der Bundesagentur für Arbeit: www.arbeitsagentur.de/web/wcm/idc/groups/public/documents/ webdatei/mdaw/mjiz/~edisp/l6019022dstbai641662. pdf
9 www.pflegebegleiter.de/wp-content/uploads/2011/08/ Gegl%C3%BCckte-Pflegebegleitungen.pdf
10 www.zdf.de/sonntags/heraus-aus-der-grauzone-5362 666.html
11 www.respekt-vpod.ch
12 Vgl. www.merkur-online.de/aktuelles/politik/haeusliche-pflege-legalisieren-beihilfe-schwarzarbeit-3284429.html
13 Vgl. Ebd.
14 www.taz.de/1/archiv/print-archiv/printressorts/digi-arti

kel/?ressort=sw&dig=2012%2F04%2F20%2Fa0089&c
Hash=fad6bbfeee

15 Einzelheiten zum österreichischen Hausbetreuungsgesetz finden auf der Seite des dortigen Bundeskanzleramtes unter: www.ris.bka.gv.at/GeltendeFassung.wxe?Abfrage=Bundesnormen&Gesetzesnummer=20005362

16 Vgl. www.buendnis-fuer-gute-pflege.de

17 www.taz.de/1/archiv/print-archiv/printressorts/digi-artikel/?ressort=sw&dig=2012%2F04%2F20%2Fa0089&c Hash=fad6bbfeee

Markus Breitscheidel

Gesund gepflegt statt abgezockt

Wege zur würdigen
Altenbetreuung

Taschenbuch.
www.ullstein-buchverlage.de

Für eine menschenwürdige Pflege

Mit seiner Undercover-Reportage *Abgezockt und tot-
gepflegt* deckte Markus Breitscheidel die skandalösen
Zustände in deutschen Altenheimen auf. Das Buch
wurde sofort ein Bestseller und löste eine breite Dis-
kussion aus. In diesem Nachfolgebuch stellt er neue
Wege und Modelle für eine würdige und finanzierba-
re Altenpflege vor. Dazu gehören verstärkte psycho-
soziale Betreuung, Senioren-WGs und Generationen-
häuser. Persönliche Berichte, Interviews mit Experten
und praktische Empfehlungen zeigen, was Sie bereits
heute für Ihre Eltern und für sich selbst tun können.